Adam Müller

Versuche einer neuen Theorie des Geldes

Mit besonderer Rücksicht auf Großbritannien

Aus Fraktur übertragen

SEVERUS Verlag

Müller, Adam: Versuche einer neuen Theorie des Geldes. Mit besonderer Rücksicht auf Großbritannien
Hamburg, SEVERUS Verlag 2011.

ISBN: 978-3-86347-062-3
Druck: SEVERUS Verlag, Hamburg, 2011
Lektorat: Tobias Albrecht

Bibliografische Information der Deutschen Nationalbibliothek:
Die Deutsche Nationalbibliothek verzeichnet diese Publikation in der Deutschen Nationalbibliografie; detaillierte bibliografische Daten sind im Internet über http://dnb.d-nb.de abrufbar.

SEVERUS Verlag

Vorrede

Das nachstehende Werk wurde in den Jahren 1810 und 1811 zu Wien entworfen. Die große, in Deutschland bei der damaligen Sperrung des Kontinentes fast ganz unbeachtet gebliebene, Streitfrage über die Depreciation der Londner Banknoten, und eine meisterhafte praktische Erörterung derselben von Herrn Hofrath und Ritter von Gentz waren die unmittelbaren Veranlassungen meiner Schrift.

Als die wesentlichen Grundlegungen meiner Theorie, welche ich hiermit dem Publikum übergebe, vollendet und bereits abgedruckt waren, wurde ich durch die Gnade Sr. Maj. des Kaisers von Österreich zu einer praktischen Laufbahn berufen. Unter den Erfahrungen eines reichhaltigen Dienstlebens in Tyrol und Italien, in Frankreich und Deutschland ist das innerliche Wesen meiner Ansicht der Staatswirtschaft von keiner Seite erschüttert worden: ich trage daher kein Bedenken meine fleißige und wohlgemeinte Arbeit, auch in ihrer fragmentarischen Form, ans Licht treten zu lassen.

Mit Gottes Hülfe gedenke ich nach einigen Jahren eine vollständige Darstellung des unzertrennlichen Ganzen der Staatswissenschaften nach den hier angedeuteten Grundzügen erscheinen zu lassen.

Adam Müller

Inhaltsverzeichnis

Einleitung

Die vorhandenen staatswirtschaftlichen Theorien sind durch untergeordnete Probleme veranlaßt worden. Es war insbesondere die große Aufgabe einer ordentlichen und gerechten Besteuerung, welche um die Mitte des letztverflossenen Jahrhunderts, eine nähere Untersuchung, der Quellen des Staatsreichtums herbei führte. Hierauf sind nach Maßgabe der einzelnen Bedürfnisse, die sich mit äußerer Zudringlichkeit anmeldeten, auch die einzelnen Hauptmaterien der Wissenschaft bearbeitet worden; so die Lehre vom Getreidehandel in Folge des Mißwachses von 1772 in Frankreich, und des großen Mangels in Großbritannien im Anfange dieses Jahrhunderts; so die Lehre vom Gelde insbesondere in Folge der durch gebieterische Umstände im Jahre 1797 bewirkten Restriktion der baren Zahlungen an der Bank von England. Bei allen diesen Gelegenheiten ergaben sich neue und glänzende Resultate: es war natürlich, daß man eine ganz unbekannte Wissenschaft entdeckt zu haben glaubte. Unglücklicher Weise fiel dieser Wahn in eine Zeit gänzlichen Verfalls aller gesellschaftlichen Ansichten: die rechtlichen Grundlagen der Staaten wurden von der öffentlichen Meinung in Zweifel gezogen, und so konnte es nicht fehlen, daß die Verkündiger des neuen ökonomischen Lichtes alles Unheil aus den ökonomischen Einrichtungen der blinden Vorfahren herleiteten. Nichts desto weniger hat niemand einsehen wollen, daß eine solche Zeit der Zerrüttung aller politischen Verhältnisse und Meinungen am wenigsten zur Erfindung einer Wissenschaft von der Staatshaushaltung geeignet sei: in der gereihten Stimmung aller Gemüter, und bei dem Drange der Gegenwart war eine unbefangene Würdigung des bisher Gewesenen unmöglich. Diese politische Gegenwart war bloßer Zwischenzustand, Übergang aus einem Zustand in den andern, oder vielmehr, wie sich nunmehr ausgewiesen hat, Übergang der natürlichen aber bewußtlosen ökonomischen Weisheit der Väter, durch den Vorwitz der Kinder, zu der verständigen Anerkennung jener Weisheit von Seiten der Enkel: und dennoch wurden alle Vorstellungen von den Bedürfnissen und der Bestimmung der einzelnen Menschen, wie der Staaten und der ganzen Menschheit, mit Verleugnung jedes anderen Musters, ausschließend aus dieser verwirrten Gegenwart hergenommen. Es ist auch von andern Seiten her bekannt genug, wie breit sich gerade dieses Geschlecht gemacht, mit welchem Hohn es auf die Vergangenheit, mit welchem Eigendünkel es auf die Zukunft herabgesehen; so daß dann, wie es sich gebührt, die größte Unsicherheit der Zeit mit den frechsten Anmaßungen der Menschen, und dem übermütigsten Selbstvertrauen der Wissenschaft zusammen getroffen.

Demnach sieht jedermann ein, daß von den allgemeinen Principien der politischen Wissenschaften dieser letztverflossenen Zeit wenig zu brauchen ist, wie lehrreich auch die Geschichte dieser hochmütigen Irrtümer für uns alle gewesen sein möchte. Wir gehen also in der nachfolgenden Darstellung von der natürlichen Haushaltung der Europäischen Staaten unseren eigenen Gang, und erwarten von den Unbefangenen der Zeitgenossenschaft wie der Nachwelt das Zeugnis, daß wir uns gehorsam gegen die wahren Lehren der Geschichte erwiesen, und das ewige Bedürfnis des Menschen treu beachtet haben.

Erstes Kapitel
Familienvermögen und Privatvermögen

Der Leser denke sich ein mit allen Bedürfnissen und Annehmlichkeiten des Lebens wohlversehenes Haus: Hausherr, Kinder, Dienstboten an ihrer natürlichen Stelle. Das Ganze macht den Eindruck der Wohlhabenheit, des Reichtums; jedes einzelne Glied des Hauses, wie niedrig auch seine Funktionen sein mögen, genießt das Selbstgefühl des Ganzen. Setzen wir den Fall: der Hausherr sterbe, und das ganze bisherige Gemeinvermögen werde geteilt unter Kinder und Dienstboten, in eben so viele Vermächtnisse und Legate. Jeder von uns wird sich eines solchen Falles erinnern, und (obgleich die Substanz des bisherigen Vermögens zwar geteilt, doch dieselbe geblieben) dennoch das Gefühl gehabt haben, als besäßen nunmehr die einzelnen Nachgelassenen zusammen genommen weniger, als alle vereinigt im Vaterhause besessen haben. Es wird uns vorkommen, als sei des Reichtums durch die Auseinandersetzung wirklich weniger geworden; und unser Gefühl hat Recht. Alle Familienglieder hatten im Vaterhause, außer ihrem besondern Besitz, noch eine Eigentumsempfindung vom Ganzen; jetzt ist zwar ihre besondere Portion vermehrt, aber das Selbstgefühl im Reichtum des Ganzen ist dahin; jeder ist der Zahl nach reicher, dem Gefühl und dem Wesen nach, ärmer geworden.

Die rechten Kinder dieser Zeit werden sagen: dafür seien auch alle diese einzelnen Familienglieder frei geworden, sie hätten die unbedingte Disposition über ihr Erbteil erhalten; jenes Gefühl sei ein Vorurteil, diese Unabhängigkeit sei das einzige wahre Gut. Wenn sie also den in seiner Grundherrlichen Familie bisher auf ähnliche Weise gestellten Bauer, aus dem Familienzusammenhange herausreißen, oder, wie sie sich ausdrücken, befreien können; wenn sie den in dem großen Vaterhause der bürgerlichen Gesellschaft bisher als Familienglied eingeschlossenen Staatsbürger emanzipieren, und zu einem abgesonderten Privatetablissement verleiten können, so glauben sie das Nationalglück wahrhaft befördert zu haben.

Das nun ist das wahre Verhältnis der alten Europäischen Staats-Haushaltung, zu der neuen, die auf allen Gassen gepredigt wird. In der ehemaligen Ökonomie der Staaten wurden alle Privathaushaltungen im Zusammenhange gedacht; jeder Einzelne fühlte seinen Besitz, aber noch außerdem fühlte er sich teilnehmend an einem größeren Besitz; es war dem Einzelnen weniger zugeteilt, aber die Gemeinde deren Glied er war, und die große Corporation aller Gemeinden, der Staat, besaß mehr, und da dies Gemeindevermögen durch die Jahrhunderte und durch weise Gesetze befestigt war, und da der Hausvater dieser großen Familie durch dieselben Gesetze unsterblich gemacht worden, so verlor die Verschiedenheit der individuellen Glücksumstände ihre ganze Gehässigkeit; der Einzelne war nur deshalb mehr begünstigt als der andere, damit er das Gemeindevermögen, dessen Gefühl wieder dem Niedrigsten zu Gute kam, besser erhalten, vermehren und verteidigen konnte.

Fehlt dieses Ganze, wie die neuen Theorien wirklich darauf keine Rücksicht nehmen, so entsteht derjenige Wetteifer und Wettlauf unter den Einzelnen, woraus, zu Folge jener Theorien, sich die höchste Wohlhabenheit aller, unserer Ansicht nach sich das unvermeidlichste Verderben aller entwickeln muß. Keiner, wie hoch er auch stehe, wie sehr er auch vom Glücke begünstigt seie, kann nunmehr mit dem ihm zugekommenen Erbteile zufrieden sein; jeder will leben wie er im Vaterhause gelebt hat, desselben Gefühles teilhaftig sein; jeder will in eigener Person und auf eigene Hand die Wohlhabenheit des Ganzen darstellen, und so zerstören sich natürlich die einzelnen Reichtümer untereinander: die allgemeine Armut ist notwendiges Resultat.

Also das rechte Verlangen des Menschen, seinen Wirkungskreis durch Besitz, durch Mittel des Lebens zu erweitern, ist doppelter Art: zuerst will er besonderes besitzen; dann aber will er auch wenigstens im Geiste wieder alles besitzen; er will im Einzelnen leben, und doch nur, damit ihm das Ganze, worin er lebt, und dessen er teilhaftig ist, desto deutlicher einleuchte. Schneidet ihr ihm das Ganze weg, hebt ihr den Staat auf, wenigstens das Gemeinwesentliche am Staate, so muß der Einzelne durch die Ausdehnung seiner Person und seines Besitzes, sich ein Surrogat für das Ganze zu verschaffen streben, so entsteht eine natürliche aber menschenfeindliche Begierde nach ausschließendem Besitz, die kein Eigentum, wie groß es auch sei, und zuletzt auch keine Krone befriedigen kann. Es offenbart sich dann, wiewohl auf falschem Wege, das richtige Verlangen nach dem Ganzen; und es ist nichts abgeschmackter, als wenn ein Philosoph die Gemeingüter der Menschheit zerstören hilft, und hinterher über den Eigennutz und Egoismus der Menschen klagt. –

Wenn ihr den Einzelnen aus seinem Vaterhause emanzipiert, und darauf laufen doch eure Freiheitsproklamationen hinaus, so habt ihr sein Schicksal dem Zufall anheim gestellt, der feindseligen Begierde die Welt preis gegeben, die! Ungleichheit aller vor dem Schicksal anstatt der Gleichheit vor dem Gesetze konstituiert, und von Staatsordnung ist nicht weiter die Rede.

Die Schranken, die ihr ihm hinterher durch den Buchstaben eines Gesetzes stellt, habt ihr im Voraus durch den Widerspruch schon aufgehoben, daß ihr ihm erlaubt, nach allem Besitze überhaupt zu streben. Wenn der vaterhäusliche Geist verschwunden, der befriedigend in die geheimsten Falten des Herzens drang, dann wollen wir sehen, wie weit ihr mit eurem Privatrecht und euren Polizeigesetzen kommt, die an der Außenseite des Menschen umherspielen, und die er, der Einzelne auch wieder spielend abzufertigen wissen wird. Wenn der Einzelne erst die gehörige Macht erreicht hat, so wird er alle privatrechtlichen Schranken zu schonen, und dennoch alle eure Besitztümer sich anzueignen wissen.

Der Unterschied größerer und geringerer Glücksumstände, größeren und geringeren Privatreichtums ist notwendig, wenn eine bürgerliche Ordnung, eine Disziplin und Subordination möglich sein soll. Diese Disziplin nun unter den einzelnen Reichtümern macht es möglich, daß alle ökonomischen Funktionen der bürgerlichen Gesellschaft, zusammenhängend, eine die andere unterstützend vor sich gehen können. Diese Ungleichheit und daraus konstruierte Disziplin muß dauerhaft sein, weil das Geschick zur Verwaltung des größeren wie des geringeren Vermögens, der auf allgemeine wie auf besondere, gemeinnützige Geschäfte gewendeten Kraft, Zeit braucht, um erlangt zu werden, und weil die meisten besonderen Kräfte innerhalb des Staates sich nur erst im Fortgang langer Jahre in ihrer vollen Wirksamkeit bewiesen. Wenn eine solche Disziplin also möglich sein soll, so muß jeder Einzelne in seiner Station, und wenn es auch der Ärmste wäre, für die Dauer befriedigt werden können: die jedem Einzelnen angeborne Begierde, das Ganze zu umfassen, muß im Voraus für immer bedacht sein.

Nun aber zeigt sich, daß, wer zum Beispiel, die Luft sich ausschließend aneignen wollte, in sie zerfließen müßte, und doch nichts besitzen würde; wer hingegen sie als Gemeingut an seinem besondern Ort, und mit seinem besondern Organe gebrauchte und atmete, auch aller Wohltaten und Segnungen dieses Elemente teilhaftig werden würde. So auch, wer sich an seinem besondern Ort und in seinem besondern Geschäft eines gewissen ewigen Eigentums nicht der einzelnen Dinge, aber des Ganzen, welches sie durch die bürgerliche Ordnung mit einander ausmachen, bewußt wäre, und mit jedem Atemzuge dieses geistige Element empfände, der würde durch den wirklichen Besitz aller Dinge im Umkreise des Staates nicht für den Verlust dieses Elementes entschädigt werden können; denn er müßte ja erst die besonderen durch Geburt, Gewohnheit, Erziehung entwickelten Organe aufgeben, um den neuen Besitz zu empfinden. In solche Lage werden die Menschen durch unvernünftige Emanzipationen und Freiheitsproklamationen versetzt; man nimmt ihnen das Glück, wofür sie Organe haben, und erweckt die Begierde nach einem andern, wofür die Organe fehlen.

Jeder also braucht besondere Organe, besonderes Eigentum, besonderes Glück, um des Allgemeinen teilhaftig zu werden; aber nur dadurch, daß er des Allgemeinen wirklich teilhaftig wird, kann er sich bei seinem besondern Glück, dauerhaft beruhigen. Wer also das Gefühl des Ganzen, welches alle einzelnen Besitztümer in sich schließt, dem Einzelnen versagt, der entzieht dem Einzelnen zugleich auch seinen besondern Besitz, und jede Erweiterung dieses Besitzes ist schon im Wesen verloren, ehe sie noch diesem Einzelnen scheinbar zu Teil wird.

Es ist also klar, daß alle einzelnen Bürger im Staat nur in so fern viel haben, besitzen, ruhig und dauerhaft produzieren können, in wie fern sie mit einander ein großes, wohlhabendes und sicheres Haus ausmachen, das heißt: in wie fern jeder als unzertrennliches Glied des Ganzen, ein unwandelbares Gefühl von der dauerhaften Wohlhabenheit des auch ihm zugehörigen Ganzen hat. Stirbt der Hausherr, geht das alte Gemeinwesen und das lebendige Gesetz desselben unter, so müssen alle Einzelnen, und wenn sie vor der Hand auch allen besondern Besitz behielten, und wenn auch das ganze Staatsvermögen verhältnismäßig geteilt würde, und jedem einzelne Besitze zuwüchsen, sich ärmer fühlen, weil die Bürgschaft fehlt für die Dauer und für das Recht, weil der einzelne nichts Allgemeines empfindet, weil die Luft fehlt, die allen Lebensgenuß anfrischte und belebte, weil Jeder nunmehr nur das sieht, was ihm fehlt, nicht mehr das, was er besitzt.

Der Reichtum eines Staates ist also unendlich mehr, als die Summe der einzelnen Reichtümer im Staate; es ist ein großes Wesen darin, welches sich durchaus nicht in Zahlen bestimmen läßt, durch dessen Mangel alle Zahlen zunichte werden, und durch dessen Hinzukunft alle Zahlen wachsen. Könnt ihr bei den Vorstellungen des Reichtums und der Ökonomie durchaus nicht die Zahlen entbehren, so merkt euch, daß es eine Rechenkunst gibt, nach der 1 und 1, auf lebendige Weise zusammen gesetzt, 3 und mehr als 3, auf tote Weise zusammen gesetzt, nur 1 und weniger als 1 geben. Verbindet ihr 1 und 1 auf produktive Weise, wie Mann und Frau in der Ehe, wie eure Arbeitskraft mit dem Kapital in jedem möglichen Gewerbe, so kommt zu den beiden bleibenden Wesen ein Drittes dazu. Soll aber ein solches Drittes hinzu kommen, so müssen 1 und 1 auf dauerhafte Weise verbunden sein, denn alle Produktion braucht Zeit. Es muß also außer den beiden produzierenden Wesen noch eine Kraft geben, welche ihre Verbindung verbürgt. Da nun aber auch im Großen das Wesen der bürgerlichen Gesellschaft darin besteht, daß sie wachse, daß allenthalben aus 1 und 1 drei wurde, so muß in der bürgerlichem Gesellschaft eine die Summe aller einzelnen Kräfte überwiegende Kraft vorhanden sein, welche, da sie die produktiven Verbindungen aller Einzelnen verbürgt, und sie also erst produktiv macht, durch ihr Vorhandensein alle Werte erhöht, durch ihre Abwesenheit alle Werte vernichtet.

Wenn ich die in einer wahren und ordentlichen, vaterhäuslichen Staatswirtschaft enthaltenen sämtlichen besonderen Reichtümer addiere, so hat diese Summe freilich eine wahre Bedeutung, weil in den gleichförmigen Preisen aller Dinge innerhalb solcher Haushaltung die Werte, welche die allgemeine Staatskraft hinzu tut, schon enthalten sind. Fehlt hingegen die gemeinschaftliche Kraft, so schwanken und sinken alle Werte; die Zahlenbestimmungen, die wie Traumbilder wechseln, geben durchaus kein Resultat, und wäre die Summe der Privatreichtümer in solchem Zustande der Gesellschaft noch sehr beträchtlich, so ließe sich daraus nur der Schluß ziehen, daß diese Reichtümer sich unter einander um so lebhafter verzehren, und, da sie eine um so größere Lockung für den auswärtigen Feind sein möchten, auch um so unvermeidlicher untergehen würden.

Aller Reichtum, oder da dieser Ausdruck vielen Mißverständnissen unterworfen sein möchte, alles Vermögen hat notwendiger Weise zwei Elemente: die Kraft des Einzelnen und die Kraft des Staates: ich nenne diese beiden Kräfte Elemente, weil eine ohne die andere nicht besteht, ja nicht einmal wirklich da ist. Alles Einzelne im Umkreise eines Staates Vorhandene, ist nur tätig und produktiv vorhanden, in wie fern es in beständiger Wechselwirkung mit dem Allgemeinen und Gemeinschaftlichen steht.

Das Staatsvermögen ist also der gesamte Inbegriff derjenigen Kräfte, unter deren sichtbaren und unsichtbaren Einfluß das Privatvermögen entsteht, wächst, sich verteidigt und behauptet. Es besteht also keineswegs allein in den Erträgnissen des Staatseigentums und der verschiedenen Abgaben, oder in dem Kapitalwert dieser Einkünfte; die gesamten Verteidigungskräfte der Menschen wie des Bodens, Armeen, Festungen, Waffen, die administrative Kunst des gesamten Ziviletats, ja die Verfassung, die Gesetze, alle großen Nationalerinnerungen sind Bestandteile des Staatsvermögens. Ja, aus dem Standpunkte des Einzelnen muß die Gesamtkraft aller übrigen Individuen als integrierender Teil des Staatsvermögens angesehen werden, denn auch diese beschränkt, also befestiget und verbürgt dem Einzelnen seine besondere Existenz, mit allem derselben untergeordneten Beiwesen. Alle diese Dinge müssen beharren und wachsen, wenn der Einzelne mit dem Seinigen beharren und wachsen soll, und jede Veränderung die sich auf ihrer Seite zuträgt, reagiert notwendig auf der Seite des Einzelnen. So nun beginnt alle Einsicht in die Haushaltung einer Nation, mit der deutlichen und sichern Erkenntnis der von der Vorsehung in allen menschlichen Geschäften angeordneten, unendlichen Gegenseitigkeit, Bezüglichkeit und Bedinglichkeit. Wer also über die Nationalhaushaltung gründlich reden, sicher urteilen, oder sie förderlich regieren will, der muß zuforderst einsehen, daß er es überall mit Verhältnissen und Wechselwirkungen zu tun hat, daß er nichts Einzelnes tun kann, ohne zugleich das Ganze zu afficiren, daß er den sächlichen Reichtum oder den reinen Ertrag der einzelnen Produktionen nicht verändern kann, ohne zugleich auch auf der andern Seite die persönliche und produktive Kraft des Staates zu verändern; kurz, daß er zuerst und vor allen Dingen streben müsse, nach einer beständigen, umsichtigen und allseitigen Gerechtigkeit gegen alle gleich wesentlichen und unter einander innig verschränkten Glieder der großen Familie.

Zweites Kapitel
Verhältnis der Personen und Sachen zu einander und zum Staat

Man erwäge die Forderung, welche an die Wissenschaft der Nationalökonomie gewöhnlich gemacht wird: sie soll die Quellen erforschen, aus, denen diejenigen Erscheinungen herfließen, die man mit dem Worte Nationalreichtum zusammen zu fassen pflegt, und ihre beste Benutzung nachweisen. Nationalreichtum in der allgemein angenommenen Bedeutung, ist aber nicht mehr, als eine gewisse Fülle derjenigen Mittel oder Sachen, die zur Erhaltung, Erleichterung, Verschönerung des äußeren Lebens der Menschen wesentlich gehören. Da nun der Wert dieser Sachen einerseits nur relativ ist, und durch die Natur, wie durch das Bedürfnis derjenigen Menschen bestimmt wird, die sich derselben bedienen sollen; da andererseits die gesamte und fortgesetzte Tätigkeit aller Glieder der bürgerlichen Gesellschaft in Anspruch genommen werden muß, um diese Sachen zu gewinnen und herbei zu schaffen; da endlich alle diese Tätigkeiten nicht bloß durch ihre abgesonderte Anstrengung, sondern nur durch eine gewisse gliederartige Verschränkung unter einander, oder durch einen zusammenhängenden Organismus den beabsichtigten Zweck erreichen, so sieht man leicht ein, daß die Herbeischaffung der Sachen nur der scheinbare Zweck der Nationalökonomie sei.

Immer wird es eben so sehr darauf ankommen, daß die gewonnenen Sachen wieder die produktive Kraft der Personen erhöhen, also könnte man eben so einseitig, jedoch mit nicht minderem Rechte die Produktionskraft der Personen zum Zweck der Nationalökonomie erheben. Wir wollen also dem am Ende des ersten Kapitels aufgestellten Grundsatze gemäß, die Nationalökonomie so definieren, daß sie die Wissenschaft der Erhaltung, Belebung, Verinnigung, erstlich, des Verhältnisses der Personen und Sachen zu einander, zweitens, des Verhältnisses der Personen und Sachen zu dem Staate sei. Es kann nicht fehlen, daß wir wegen dieser Erklärung den Vorwurf hören werden, was wir meinten, sei die Staatslehre überhaupt, und unsere Definition könnte eben so gut für die Wissenschaft des Rechtes, als für die Nationalökonomie gelten. Darauf erwidern wir: die Ökonomie, das Recht, ja auch die militärische Verteidigung des Ganzen, und die Religion wie die Erziehung, treffen alle in höchster Instanz zusammen. Nur in wie fern der Gelehrte oder der Staatsmann sich auf den Standpunkt hin begibt, wo sie alle zusammen treffen, und wo sich eine abgesonderte Definition einer von ihnen nicht weiter geben läßt, kann er das ökonomische, juristische, militärische, diplomatische Interesse des Ganzen wahrhaft übersehen und besorgen, nur in so fern kann er das religiöse Band, welches alle diese Interessen unauflöslich verknüpft, festhalten und schützen.

Das Recht und die Waffen, haben wir oben gesagt, müssen als integrierende Teile des Staatsvermögens angesehen werden: auch die Zeit ist nicht mehr fern, wo man die Religion als letzte und höchste Quelle allen Kredits und aller Macht, und als die mächtigste Gewährleisterin alles Besitzes öffentlich anerkennen wird. Es wäre ein ganz hoffnungsloses Geschäft, irgend eines dieser Interessen darzustellen oder zu besorgen, wenn man nicht des Beistandes der übrigen gewiß wäre; es wäre unmöglich von der Staatswirtschaft zu handeln, wenn es nicht erlaubt wäre, alle Dinge innerhalb des Staats, Personen und Sachen, ja den Staat selbst als eben so viele ökonomische Werte zu betrachten.

Der Mensch begehrt Dinge, um seine Unvollkommenheit zu ergänzen, um der Vergänglichkeit abzuhelfen, die er an sich spürt: der roheste Hunger und Durst, und die ausgebildetste Begierde nach dem raffiniertesten Lebensgenuß, sind nur Offenbarungen jenes Triebes. Er begehrt Personen von entgegengesetztem Geschlecht, um die Einseitigkeit seines Geschlechts zu ergänzen, um die Vorstellung eines vollständigen und dauerhaften Menschen, die er in seiner Seele trägt, zu verwirklichen. Der Mensch von einer gewissen Gewerbsgattung begehrt Menschen von der entgegengesetzten Gewerbsgattung, der Produzent den Fabrikanten, der Gelehrte den Künstler, jeder um sich zu vervollständigen, um sich abzurunden, um sich zu einem Ganzen zu erheben. Er strebt sich zu verbinden mit Personen und Dingen; er strebt nach Eigentum und nach Verpflichtungen; um etwas Höheres hervorzubringen als er sich selbst fühlt, um weiter zu sehen, zu greifen, zu wirken, als seine isolierten Kräfte reichen.

Es scheint freilich, daß sich die Sachen bloß durch die Willkür einseitig aneignen lassen, indessen gegen Personen, die selbst an sich, und dann auch zur Behauptung und Erhaltung der Sachen unentbehrlich sind, gilt nur Verpflichtung, gegenseitige Aneignung. Wenn also auch nur nach dem Eigentume gestrebt würde, so müßten die Menschen sich deshalb schon wie in ein großes Gewebe gegenseitig verschränken; jeder müßte in eine Wechselverpflichtung zu allen Übrigen treten: das Eigentum ließe sich nicht erweitern, ohne diese persönlichen Verpflichtungen zu vermehren. Wer diese Verpflichtungen zerrisse, schwächte auch das Eigentum und verursachte eine Wertverminderung desselben.

Gesetzt nun also, die Nationalökonomie hätte es bloß mit dem Eigentum zu tun, und nicht mit der wechselseitigen Verschränkung und Verbürgung des Eigentums, welche durch persönliche Verpflichtungen vollzogen wird, so würde sie eben so wenig von der ökonomischen Erweiterung des Eigentums Rechenschaft geben können, als eine Rechtslehre, die nur von den persönlichen Verpflichtungen handelte, aber die Realrechte versäumte, über die juristische Sicherstellung der Kontrakte Rechenschaft geben könnte. Wie also die Jurisprudenz Personen und Sachen als Subjekte des Rechts behandelt, so soll die Staatswirtschaft Personen und Sachen als ökonomische Objekte betrachten. Der erste Zweck der Nationalökonomie ist also Erhaltung, Belebung, Vereinigung des Verhältnisses der Personen und Sachen zu einander.

Wenn nun also Personen und Sachen beide als ökonomische Werte sich in einander gewoben, und durch einander verbürgt haben, so entsteht die Fülle, die Ganzheit, der dauerhafte und vollständige Mensch, wonach alle Einzelnen gestrebt haben. Alle müssen zusammen treten, zusammen wirken, sich zusammen verpflichten, damit er für jeden Einzelnen wirklich werde. Dieser vollständige Mensch, an dem sich alle Einzelnen erheben, durch den sich alle Einzelne vervollständigen, ist der Staat, ist dasjenige, was wir oben unter dem Bilde des Vaterhauses dargestellt. So wäre nun die Vorstellung von einem vollständigen und unvergänglichen Menschen, welche die Seele mit sich umher trug, realisiert. Aber wie kann man dieses Wesen, welches immer außerhalb des Menschen bleibt, und das er sich nie vollständig anzueignen vermag, eine Verwirklichung seines Ideals nennen? Ich antworte: alles was der Mensch sich aneignet, ist nur in so fern sein eigen, als er selbst dafür Verpflichtungen eingegangen, als er durch Verpflichtungen gegen Personen sein Eigentum selbstätig verbürgt hat. Der Staat, diese größte unter allen Sachen und zugleich diese größte unter allen Personen, ist als Sache in so fern wirklich sein eigen, als er sich ihm in seiner persönlichen Qualität persönlich und selbsttätig verpflichtet hat. Der andere Zweck der Nationalökonomie ist demnach, da der Staat unaufhörlich die ökonomische Existenz des Einzelnen garantiert, in wie fern der Einzelne für die ökonomische Erhaltung des Ganzen lebt, die Belebung des Verhältnisses der Personen und Sachen zum Staate.

Da nun aus dem Verhältnisse des Menschen zu den Sachen, sich die zu den Personen, und die zum Staate ganz von selbst und notwendig ergeben: da der Mensch an allen Orten und zu allen Zeiten in ökonomischer Rücksicht zu den Sachen in dreifacher Relation steht, zuerst um ihrer selbst Willen, dann um der Personen, und endlich um des Staates Willen, wie er in juristischer Rücksicht in dreifachem Verhältnis zu den Personen steht, zuerst um der Personen Willen (in dem jure personarum) dann um der Sache Willen (in dem jure rerum im weitesten Sinne des Wortes, wohin dann das jus obligationum und actionum gleichfalls gehört) und endlich um des Staates Willen (in dem jure publico) — so entstehen drei große Grundformen des Eigentums, die allenthalben, wenn der natürliche Zustand der Dinge keine Störung erlitten, auf der gleichen Stufe der Ausbildung stehen werden, weil sie sich alle unter einander verbürgen: zuvorderst reines Privateigentum oder Verhältnis des Menschen zu den Sachen um ihrentwillen, dann korporatives Eigentum, da der Mensch vermittelst persönlicher Verpflichtungen in einem Verhältnisse zu den Sachen steht, wohin alle Arten des Familien- und Gemeinde-Eigentums, und das Fideikommissarische, das Lehen, kurz alle die Formen des Eigentums gehören, die von persönlichen und Dienst-Verpflichtungen unzertrennlich sind, endlich Staatseigentum, da der Mensch im Verhältnis zu den Sachen um der Erhaltung des Ganzen Willen steht.

Wenn wir die Sache wissenschaftlich streng nehmen, so tritt diese dreifache Relation bei jedem einzelnen Eigentume ein, und da sich alle drei unter einander verbürgen und bedingen, so hat der Einzelne überhaupt nur ein Eigentum, in wie fern er das Objekt desselben zugleich als Privateigentum, als korporatives und als Staatseigentum betrachtet und behandelt, mit andern Worten, in wie fern er die ihm eigentümliche Sache mit den Personen zu teilen, und dem Staate hinzugeben, allezeit bereit ist. In diesem Sinne nur hat er auch das Eigentum seiner eigenen Person, und das führt seine ganze Stellung als Glied eines großen Ganzen unaufhörlich mit sich, daß er seine sächliche und persönliche Eigentümlichkeit zu teilen und aufzuopfern an allen Orten bereit sei. Das wird das Kennzeichen sein, ob er sich jenes Ideal eines vollständigen und dauerhaften Menschen, das er in sich trug, und das nur die Gesellschaft im Ganzen realisieren kann, tüchtig und innig angeeignet hat; ob sein Streben nach Fülle und Unvergänglichkeit, worin sein menschlicher Charakter und seine Vernunft sich offenbart, wirklich befriedigt ist; und ob er das einzig sichere Eigentum erlangt hat, zu dem er nur herangelockt wurde, durch den vergänglichen Schein des Privateigentums, wie er überhaupt zu allen höheren Befriedigungen seines Daseins, durch den gemeinen Hunger und Durst herangewöhnt worden ist.

Dem gemeinen Auge erscheint nur da, wo ihm Privateigentum zugestanden wird, wirkliche Befriedigung; wo es teilen muß, oder mit dem Ganzen besitzt, sieht es nur Nießbrauch — gerade wie dem kindischen Auge die

Erde zu ruhen, und der Himmel sich zu bewegen scheint. Dringt aber dieses Auge in die Wesenheit der Verhältnisse, so sieht es das wirkliche Eigentum nur in dem gemeinschaftlichen Besitz, und in allem Privateigentume nur Nießbrauch und Vergänglichkeit, obwohl einen für das Ganze sehr wesentlichen Nießbrauch, und eine unentbehrliche Vergänglichkeit, weil das höhere wirkliche und dauerhafte Eigentum dadurch erst möglich und sichtbar wird. Nun ist es entdeckt, daß der Himmel ruhe, und sich die Erde bewege, daß das wahre Eigentum des nach Sicherheit und Ruhe strebenden Geistes dort hinüber fallen müsse, und nicht hierher, und daß durch den früheren Schein einer ruhenden Erde, die Seele nur an ein Bedürfnis der Ruhe herangewöhnt werden sollte, welches aber die Erde allein nicht befriedigen konnte.

Vielleicht gibt es noch eine höhere Stufe des Eigentums, wo, wenn die bewegte Erde in ihrem Verhältnis zu dem ruhenden Himmel, der vergängliche Einzelne in seinem Verhältnisse zu dem bleibenden Staate lange betrachtet worden, nun auch die Bewegung des Himmels wie die des Staates wahrgenommen wird, und die mit dem Bedürfnis der Ruhe und des sicheren Eigentums nun ganz verwachsene Seele, ein ganz unbedingtes Eigentum und eine ganz ungestörte Ruhe entdeckt. — Hier ist nur eine Andeutung möglich, aber eine zur Vollständigkeit meiner Darstellung sehr wesentliche Andeutung: denn das ist die Gründlichkeit der Behandlung eines solchen Gegenstandes, daß er an alle höheren Bedürfnisse des Menschen, an seine vollständige Natur angeknüpft werde, und nicht bloß durch seine innere Fülle und Ordnung gelte, die, wie die Unzugänglichkeit der bisherigen vorwitzig abgeschlossenen Theorie zeigt, auch nur in Verbindung mit der übrigen äußeren Weltordnung zu zeigen ist.

Ich kann nicht, wie es bisher geschehen, in der Nationalökonomie die Sachen und ihre Herbeischaffung von den Personen trennen; denn das ganze Leben der Sachen, ihr sich vermählen unter einander und produzieren, kommt ja aus den Personen: deshalb muß ich so gut wie der Jurist vor allen Dingen vom Eigentum handeln: er betrachtet das Eigentum vielmehr wie es durch den Willen der Menschen ist, der Ökonom vielmehr, wie es durch die Natur der Sache und der Verhältnisse wird. Der ganze Nationalreichtum aber ist in letzter Instanz nur in so fern etwas wert, als er einer bestimmten Nation natürlich und sicher und unauflöslich angeeignet ist, wie auch von ihr behauptet werden könne: da nun der gegenwärtige Jurist nur nach dem Willen fragt, der das Gesetz gegeben, und das Eigentum konstituiert hat; die Macht hingegen, welche die Gesetze ausführt, und das Eigentum behauptet, nur präsumiert, so begreift ein Kind, daß die sichere Aneignung, von der alle Werte unseres Reichtums, und alle Bürgschaft unsers ökonomischen Erwerbes abhängen, nicht von der dermaligen Rechtslehre garantiert werden könne. Demnach müssen wir uns diese Garantie selbst schaffen, und unsern Reichtum so entstehen und wachsen lassen, daß er sich selbst behaupten könne.

Es kommt eine Zeit, und sie ist nicht entfernt, denn der Motive ihre Ankunft zu beschleunigen gibt es unzählige, wo auch die Rechtslehre sich mit einer bloßen Präsumtion der Macht, oder mit einem bloß idealischen Rechte nicht mehr begnügen, und wo sie, wie wir, einsehen wird, daß sie nur bestehen könne, in wie fern sie sich mit uns in den Mittelpunkt alles politischen Lebens begibt.

Indes merke der Leser wohl die bedeutende Abweichung unserer Lehre von der des Locke, Hume, Adam Smith und der Ökonomisten, daß wir nämlich vor allen Dingen von der Idee des Eigentums ausgehen, die bei jenen Autoren ohne weiteren Anspruch der Jurisprudenz höflichst überlassen worden ist.

Drittes Kapitel
Feod und Allod

Die Institutionen des Mittelalters bezeugen alle, daß man in jenen Zeiten zwei Hauptgattungen des Eigentums anerkannte, das Feod und Allod, unbeschränktes und auf Treu und Glauben überlassenes Eigentum. Das Feod hat nach aller Geschichte und allen Rechtsansichten jener Zeit die Priorität, die ihm von wegen Gott und der Natur der Dinge an allen Orten zukommt; das Allod kennt man nur als erwachsend aus dem sparsamen Nießbrauch des Feod, und von allen Seiten bedingt und beschränkt durch dieses. Das laufende Jahrhundert erklärt hingegen, daß es dem Feod, dem Eigentum, welches auf die Bedingungen dafür zu leistender Dienste und eventuellen Heimfalls überlassen wurde, und, welches in der Kindheit der Staaten zur Befestigung derselben beigetragen haben möge, nunmehr entwachsen sei; daß es die reichen und in alles politische Leben (wie alle Jugendeindrücke) tief verwachsenen Spuren des Feod, oder den sogenannten Feudalismus, verfolge und zerstöre wo es könne; daß es nur eine Form des Eigentums, nämlich das nach Maßgabe des Römischen Privatrechts umgeformte Allod anerkenne, und, weil die Kunst, vermittelst einer bloßen Subordination der Individuen, einer Konzentrierung der Macht, und der trefflichen Erfindungen des Pulvers und der stehenden Heere, alles Privateigentum zu beschützen und in seinen Schranken zu erhalten, von den Fortschritten der Zeit herbeigeführt worden, nun auch die Sanktion des Glaubens oder einer gegenseitigen Dienstverpflichtung nicht weiter vonnöten sei.

Es folgt aus meiner ganzen obigen Darstellung, daß, wenn alles Eigentum einseitiger Natur ist, wenn es gar keine Beziehung von Wechselverhältnissen und Wechselverpflichtungen der Personen auf Sachen gibt (wie solche zwischen dem Lehnsherrn und seinen Vasallen mit Beziehung auf das verliehene Grundstück existiert) auch keine Wechselverpflichtung zwischen den Regierenden und Untertanen, mit Beziehung auf das große gemeinschaftliche Eigentum, welches Staat heißt, stattfinden könne.

Wie vieles wäre gewonnen, wenn diejenigen, welche sich in diesen Tagen der Zerrüttung, zu den sogenannten guten Grundsätzen, oder den Grundsätzen der Ordnung und des Rechts bekennen, einsehen möchten, daß sie mit den besten Absichten doch nur an der Oberfläche verweilen, so lange, bis ihnen der Grundsatz, daß es nur eine Art des Eigentums, nämlich das ganz unbedingte Privateigentum geben könne, als der oberste oder innerste Grundsatz der Zerstörung einleuchtet. Gibt es nur Privateigentum, steht alles Eigentum abgesondert für sich um den isolierten Eigentümer her, so kann die Regierung, wie liberal und wohlmeinend sie auch sei, ihre Bestimmung, Eigentum und Eigentümer zu schützen, nur durch Zwang, durch ein eisernes Band erreichen, welches sie um das Bündel isolierter Eigentümer, die durch keine gegenseitigen Verpflichtungen in einander gewachsen sind, umher wirft.

Alle Staatslehren unserer Tage haben sich bewußtlos an solche Römische Rechtsbegriffe von der Alleinherrschaft des Privateigentums angeschlossen, und sie bestätigen die Wahrheit meiner Folgerung, indem sie kein Mittel der Regierung anerkennen, als den Zwang, und somit eingestehen, daß die Personen in den Händen der Staatsgewalt nichts anderes sind, als ihren juristischen Lehrer zu Folge, die Sachen in den Händen der Person, nämlich Privateigentum. Sie konstituieren die Staatsgewalt zum unbedingten Despotismus. Daß sie das Recht erzwungen, und nach dem Gesetze die Personen gezwungen wissen wollen, ändert die Sache nicht: denn, wenn man eine geraume Zeit hindurch zwingen will, so muß man wohl nach einer gewissen Regel zwingen.

Die freie Anerkennung aller macht erst das Gesetz zum Gesetz; diese freie Anerkennung offenbart sich aber nicht durch eine Stimmensammlung, der gerade in diesem Augenblicke, dem Zwange des Gesetzes unterworfenen, sondern in dem Ursprung des Gesetzes aus dem Kontrakte, nicht aus dem ein für allemal abgeschlossenen **Contrat social**, sondern aus dem freien und unendlichen Kontrahieren und Wechselverpflichten der Personen unter sich, und mit dem Staate und seinen Repräsentanten, welches ich oben beschrieben, wovon in der ganzen Weltgeschichte nur die Staaten der neuern, der christlichen Zeit ein Beispiel geben. Dies heißt: freie Anerkennung des Gesetzes; so wird erst das Gesetz zum Rechte: und dieses Recht mag dann auch immerhin rechtlich erzwungen werden. —

Die einzige Staatsform, welche die kursierenden Staatslehren statuieren, ist der Despotismus, wie sehr sie ihn auch dämpfen wollen, dadurch, daß sie die gesetzgebende Macht und ihre Mittel, die Rede- und Pressefreiheit, dem Volke anvertrauen, und somit die ganze Staatsgewalt wieder als ein idealisches Privateigentum dem Volke unterwerfen. Könnte sich das Volk auch wirklich als oberster Privateigentümer der Staatsgewalt, und dadurch seiner selbst konstituieren, so hätten wir nur die alte Fabel: ein Riese trägt die Erde, der Elephant den Riesen, den Elephanten eine Schildkröte u.s.f. und beim Despotismus bliebe es: wer ihn ausübte, wäre gleichgültig.

Die Freiheit ist also nur, wo Wechselverpflichtungen

sind; wo mehrere Arten des Eigentums sich unter einander zugleich dämpfen und verbürgen; wo das Privatrecht an allen Stellen durch einen echten Feudalismus gemäßigt ist. Denn gesetzt auch, eine milde und menschliche, aber auf Römischen Prinzipien beruhende Staatsgewalt, wüßte innerhalb des eisernen Bandes, allen Zwang so zu vermenschlichen, daß das Leben wirklich nach Freiheit schmeckte, so bleibt diese Freiheit vor dem Gesetz, wenn sie auf dem unbedingten Privateigentum errichtet wird, doch nur ein vorübergehender Euphemismus; bei dem ersten Stoß eines auswärtigen Siegers wird die Gebrechlichkeit der Sache weltkundig werden, und man wird das Kind bei seinem wahren Namen nennen.

Was man dem Staat an äußerer Macht durch stehende Armeen, Festungen, durch eine weise Subordination und durch Zwang hinzu tut, ist sehr wichtig; aber es ist sehr unbedeutend gegen die uralte, durch die Bedürfnisse langer Jahrhunderte befestigte innere Bindung des Staats, durch ein über seine ganze Oberfläche hin gewachsenes Netz von Wechselverpflichtungen und gegenseitigen Verbürgungen, zumal, wenn diese Verpflichtungen über das Eigentum aller Eigentume, über die Erhaltung des Staates selbst, oder doch über das Grundeigentum, wie beides in dem verrufenen Verhältnisse des Lehnsherrn zum Vasallen, und in dem Verhältnis des Grundherrn zu seinem Pflichtigen Bauer der Fall ist, eingegangen worden sind. Es bedarf ein Jahrhundert, um solche feudalistische Bande zu zerstören, und den darauf gegründeten eigentlichen Freistaat zu unterjochen; eine kurze Zeit gehört hingegen dazu, um die in dem Römischen Zwangsstaat schon hinreichend isolierten Privateigentümer vollends aus einander zu setzen, oder zu sprengen. —

Auch ich weiß es und erkenne es an, daß in unsern

Tagen an unzähligen Stellen die feudalistischen Bande drücken, wie eiserne Römische: aber die feudalistischen Eigentümer, die den Fluch der Zeit teilen, die den Glauben brechen, dem sie ihr Eigentum verdanken, die ihre Vasallen und Dienstleute und das Grundstück dazu, wie Römisches Privateigentum behandeln, die von keiner Gegenseitigkeit, sondern nur von Römischer Einseitigkeit des Besitzes wissen, beweisen nichts, als was wir so oft erfahren, daß das Herrlichste durch den Mißbrauch zum Verworfensten, und das Beste in der Entartung zum Schlechtesten wird. Wissenschaft und Gesetzgebung müssen um so fester an den gemißbrauchten Institutionen halten, das verblendete Geschlecht über den alten Geist derselben erleuchten; zeigen, daß alle Rettung und alle Zukunft davon abhängt ihn zu behaupten; tätig angreifen, um ihn zurück zu führen, und die unmittelbaren Spuren die er hinterlassen, aufrecht erhalten, wo sie sich vorfinden mögen, bis, wie es in einem Europäischen Lande der Fall ist, der Geist der Wechselverbürgung sich in alle geheimsten Adern des Staates verstößt hat, und dann die äußeren ursprünglichen Formen dieses Geistes weniger notwendig sind.

Wenn wir nunmehr die ökonomischen Angelegenheiten der Völker näher ins Auge fassen, so ergibt sich, daß nur der kleinste Teil aller ökonomischen Geschäfte privative und mit isolierten Kräften getrieben werden könne. Die Meister der ökonomischen Schulen haben uns selbst von dem ungeheuren Wachstum der Wirkung unterrichtet, die durch Teilung der Arbeit, das heißt: durch die Verbindung mehrerer zu einem Geschäfte erreicht werden kann: ferner ist, wie allgemein bekannt, auch die Europäische Ökonomie dahin gediehen, daß alle für den Einzelnen, der Einzelne für alle arbeitet, das heißt: daß alle sich für das Geschäft der ökonomischen

Versorgung des Einzelnen verbinden müssen, und, wenn der Einzelne sein besonderes Geschäft soll mit Erfolg treiben können, sich auch die Bedürfnisse aller auf dem Markte vereinigen müssen.

Diese Vereinigung vieler Produzenten für die Befriedigung eines einzelnen Bedürfnisses, und vieler Bedürfenden um den Produktionen eines einzelnen Produzenten zu genügen, ist freilich nur eine ganz mechanische Vereinigung, und auf dem ersten Blick scheint sie auf dem bloßen Privateigentum zu beruhen. Der einzelne Arbeiter trägt das Privateigentum seiner mehrstündigen Kraft täglich in die Manufaktur, und erhält dafür ein gleichgeltendes Privateigentum an Tag- oder Wochenlohn zurück: er bleibt in allen dem, was er außer dem Privateigentum seiner Kraft noch hat oder ist, unbeschränkter Gebieter über seine eigene Person. Eben so der Unternehmer der Manufaktur, ohne sich zu einer weiteren persönlichen Sorge für seinen Arbeiter in Fällen von Krankheit, Unglück, Alter zu verpflichten, gibt das Privateigentum seiner Vorschüsse, Auslagen, Ablehnungen für das andere Privateigentum des fabrizierten Produktes hin. Kurz wir sehen nur Tausche des Privateigentums gegen einander: die Persönlichkeit der Tauschenden bleibt fast ganz außer dem Spiel, außer der Verpflichtung. Eben so, ohne weitere persönliche Verbindung der Käufer, versammelt der Kaufmann die verschiedenartig Bedürfenden (wie der Fabrikant die verschiedenartig Arbeitenden) verteilt unter ihnen das Privateigentum der verschiedenen Waren, und erhält dafür von ihnen das, der verschiedenen Preise, Auslagen, Unkosten, Zinsen etc. ohne daß weiter irgend eine persönliche Verpflichtung entstünde. — Es sollte also scheinen, es sei im ganzen Gebiete der städtischen Gewerbe und Manufaktur von nichts als Privateigentum die Rede, und hier könne alle weitere persönliche Gemeinschaft mit Beziehung auf die Sachen entbehrt werden?

Aber so ist es nicht: das ganze Geheimnis steckt im Gelde. Im Gelde, in einer allgemein gültigen, jedem annehmlichen Ware verbirgt sich die gesamte Persönlichkeit, verbirgt sich das persönliche Band, welches diese Arbeiter und diese Bedürfenden unter einander verknüpfte. Der beste Beweis, daß nur das Geld sie verbunden hat, ist, daß das Band zerreißt, so bald das Geld fehlt, daß der Arbeiter alsbald seinen Prinzipal, der Kaufmann seinen Kunden fahren läßt — oder, daß unmittelbar eine persönliche Verpflichtung an die Stelle des Geldes tritt: ein Wort, ein Wechsel, eine Schuld — woraus unmittelbar folgt, daß das Band der Manufaktur und des Marktes, eigentlich ein persönliches ist, wie auch das Geld, welches nur zirkulierend, von einem zum andern übergehend, und zwischen zwei Personen vermittelnd zu denken ist, niemals ein Gegenstand des unbedingten Privateigentums sein kann. — So offenbart sich dann die unglückliche Richtung aller unserer Arbeit auf das Privateigentum, und die Reaktion des versäumten Feod auf das Allod, teils in den Stockungen des Marktes der Arbeit und der Waren, teils in dem steigenden Schuldenwesen des Staats und der Privaten. —

Adam Smith gesteht ein, daß die Teilung der Arbeit ohne Dazwischenkunft des Geldes nicht vollführt werden könne: sehr wahr, wegen der Unendlichkeit von Krediten, die zugestanden werden müssen. Aber die Sache liegt noch etwas tiefer: durch die Teilung der Arbeit entstehen verfeinerte Gegenstände des Privateigentums; aber in den Anfängen der bürgerlichen Gesellschaft gibt es, wie schon oben bemerkt, meistenteils nur Feod, nur persönliche Verpflichtungen der Menschen mit Beziehung auf Sachen: die Arbeit teilt sich auch nicht, weil niemand des Produktes dieser geteilten Arbeit bedarf. So bald sich aber aus und neben dem Feod ein Allod entwickelt hat, das heißt: aus und neben dem Gemeindeeigentum ein Privateigentum, eben so bald ist auch ein Bedürfnis da, das Gemeindeeigentum in das Privateigentum umzusetzen und umgekehrt. Dieser Umsatz geschieht entweder vermittelst eines persönlichen Mittels: des Wortes oder des Kredits, das heißt: vermittelst des persönlichen Glaubens oder der persönlichen Allgemeingültigkeit, die sich ein Mensch zu verschaffen gewusst – oder vermittelst eines sächlichen Mittels: einer allgemein gültigen Ware. Dieses Mittel, es sei persönlicher oder sächlicher Natur, oder beides, welches man mit dem alle diese verschiedenen Naturen umfassenden Namen: Geld belegt, ist im Grunde nur ein Substitut des Staates oder der bürgerlichen Gesellschaft selbst. Etwas in gewissem Sinne Allgegenwärtiges sagt für unsere künftigen Bedürfnisse, für die nicht gerade zur Stelle anwesenden Waren, die wir brauchen, gut: wer kann dies anders, als der an allen Orten innerhalb seines Bezirks, und bei allen Geschlechtern innerhalb seiner Zeitdauer, gegenwärtige Staat.

Die Macht der Ware, die um des Beieinanderseins Willen mit Allen von Allen gesucht wird, die Macht des Wortes oder des Glaubens, worin sich viele oder alle Mitglieder der bürgerlichen Gesellschaft vereinigen: beide Mächte sind nur Offenbarungen des Bedürfnisses aller bei einander zu sein, oder sich doch ohne Ende auf persönlichem oder sächlichem Wege zu berühren; also der Gesellschaft, also des Staates. Das Geld demnach, wo es erscheint, und wie es erscheint, ob als Wort oder als Metall ist nur Geld, in wie fern es kein Privateigentum, sondern in wie fern es wie der Staat selbst, Gemeindeeigentum möglichst vieler, ja aller ist. Denn noch einmal: nur im Moment des Umsatzes oder der Zirkulation sind die Substanzen des Geldes wirklich Geld: und in diesem Moment sind sie Feod. —

Mehrerlei bisher verbundene Arbeit kann sich also nur teilen, in wie fern Privateigentum möglich ist, aber Privateigentum ist nur möglich, in wie fern der Staat selbst, oder das Bedürfnis der persönlichen und sächlichen, Gemeinschaft schon mächtig genug ist, um die verschiedenen Gegenstände desselben persönlich, in der Gestalt des Geldes unter einander zu vermitteln. — So würde ich die Vorstellung des Adam Smith von dem Verhältnis des Geldes zur Teilung der Arbeit periphrasieren.

Zugleich hätten wir nunmehr gezeigt, daß die drei gleich notwendigen Formen des Eigentums, Privateigentum (Allod), Gemeindeeigentum (Feod) und das beide umfassende Staatseigentum, sich notwendig aus einander ökonomisch entwickeln, und einander fortgehend bedingen; ferner, daß es eine bloße Täuschung sei, wenn man wähnt, daß irgend ein ökonomisches Geschäft, zum Beispiel: das städtische Gewerbe, auf einer Basis von bloßem und absolutem Privateigentume vor sich gehen könne; endlich, daß, wenn man bei solchem Gewerbe, verführt durch den Umstand, daß das Geld auch eine Ware, und, wenn es ruht, Gegenstand des Privateigentums ist, allen persönlichen und feudalen Verpflichtungen ausweicht, und sich bloß auf das absolute Privateigentum stützt, wie es zum Beispiel geschieht, wenn man in unseren Theorien das Manufaktursystem durchaus an die Stelle des Zunft- und Innungssystems setzt – dieses Gewerbe in ein allgemeines Schuldenwesen, und in die Brotlosigkeit der Arbeiter ausgehen, also verderben müsse.

Jedermann wird mir nach diesen Betrachtungen einräumen, daß, wenn alles feudalistische Wesen aufgehoben wäre, auch das prahlerische System unserer Industrie notwendig zusammensinken müßte. Schon in dem gegenwärtigen Zustand der Dinge, wo doch noch die meisten unserer bürgerlichen Einrichtungen im Zusammenhange mit der feudalistischen Quelle stehen, und eigentlich erst in wenigen einzelnen Fällen die alten persönlichen Verpflichtungen in Geldprastionen und privatrechtliches Eigentum verwandelt worden, ist ein viel drückenderes persönliches Verhältnis an die Stelle der aufgehobenen getreten: das Staats und Privatschuldenwesen. Keine Dienstpflichtigkeit der Welt, weder des Vasallen gegen seinen Lehnherrn, noch des Untertanen gegen seinen Grundherrn, noch des Gesellen gegen seinen Meister u.s.f. wie diese Dienstverhältnisse auch von dem alten Charakter der Gegenseitigkeit abgefallen sein mochten, ist wohl an innerlicher Schmach und Demütigung mit dem Verhältnis des Schuldners gegen seinen Gläubiger zu vergleichen: und so ist die Welt auf der einen Seite dem Druck natürlicher Verpflichtungen entlaufen, um sich auf der andern Seite nur desto tiefer in ein ganzes Netz solcher Verpflichtungen künstlich zu verstricken.

Die Macht des Geldes liegt darin, daß es zwischen dem Privateigentum und dem persönlichen Verhältnisse (zwischen Sachen und Personen) zu vermitteln im Stande ist: je lebhafter die Wechselwirkung zwischen diesen beiden gleich notwendigen Elementen alles Verkehrs ist, um so mehr hat das Geld zu vermitteln, und um so leichter geht diese Funktion des Geldes von statten. So bald aber die Zeit, in unglücklicher Verblendung, gegen eines dieser beiden Elemente des politischen Lebens zu wüten anfängt, und es ihr, selbiges zwar nicht zu vertilgen, doch zu schwächen gelingt, so läßt die Wechselwirkung, also die Gewalt des Geldes notwendig nach: das Privateigentum, die Waren, die Sachen, fangen einerseits an sich zu häufen, und die Arbeiten teilen sich im Wege des Privatrechts ins Unendliche; aber da andererseits die persönliche Kraft unterdrückt, und die große Wechselgemeinschaft unter den Personen und Sachen aufgehoben wird, durch die, wie oben erwiesen, erst die Teilung der Arbeit rätlich und möglich wird, so muß der Markt in seinen Waren ersticken, die geteilte Arbeit an allen Enden überflüssig werden, unzählige Kontrakte müssen unsaldiert bleiben, Schulden sich über Schulden häufen, und das Geld in seinem Werte mehr und mehr sinken (oder die Teuerung zunehmen, wie man sich im gemeinen Leben ausdrückt) schon weil die Persönlichkeit im Gelde, der sich darin offenbarende Staat nicht mehr, und weil es nur als eine Ware unter vielen Waren geachtet wird.

Anstatt des natürlichen Glaubens an die Kraft der bürgerlichen Gesellschaft im Ganzen, und an die Dauer aller der einzelnen persönlichen Wechselverpflichtungen, auf denen sie beruht, hätten wir nunmehr unser künstliches Kreditwesen, das sich nur auf die alberne Hoffnung möglicher, künftiger, besserer Zeiten, und auf nichts Gedenkbares anderes stützt. Die Zahlungsunfähigkeit muß weiter um sich greifen, in dem Maße, wie die Macht des Geldes abnimmt; die Macht des Geldes muß nachlassen, in dem Maße als die Wechselwirkung der politischen Elemente durch die Unterdrückung eines dieser Elemente, nachläßt; denn der Staat ist diese Wechselwirkung und die ganze Macht des Geldes von ihm abgeleitet.

Die Raserei, die auch das Grundeigentum im Allgemeinen zum Gegenstande des absoluten Privateigentums machen will, und alle persönlichen daraus erwachsenen Wechselverpflichtungen abzustreifen unternimmt, habe ich bereits an einem anderen Orte in ihr gehöriges Licht gestellt. Die Familie endlich, sollte man glauben, wäre doch eine Zuflucht für den Feudalismus, aus der er von keiner Macht der Erde verdrängt werden könnte; mit Beziehung auf die Familienglieder müsse das Gemeineigentum und ein persönliches Wechselverhältnis aufrecht erhalten werden, wenn auch in allen andern Rücksichten das Privateigentum die Oberhand behielte. Sicherlich ist die christliche Vorstellung von der Ehe eine Hauptquelle des Feudalismus, und ihre Natürlichkeit und Unzerstörbarkeit die sicherste Bürgschaft für die Fortdauer desselben. Aber auch hier hat die moderne Theorie der Gesetzgebung schon privatisiert und das Interesse isoliert, wo sie gekonnt hat: die Erfolglosigkeit dieser Versuche leuchtet nicht deutlicher ein, als wenn man sich mit den unendlichen Schwierigkeiten der Gesindepolizei unserer Zeit näher bekannt macht.

Viertes Kapitel
Die Ehe und die Familie, als Schema aller Haushaltung

Die Vorstellungen, welche von der Teilung und Privatisierung aller ökonomischen Geschäfte dermalen in Umlauf sind, stehen mit der Realität dieser Funktionen in einem schneidenden Widerspruch. Ich habe bereits in meinen Elementen der Staatskunst gezeigt, daß die wesentliche Bedingung aller Produktion in der Wechselwirkung zweier Kräfte liege: Werkzeug und Material, die Kraft des Bodens und der Arbeit müssen in ein Verhältnis lebhafter Gegenseitigkeit treten, wenn ein Produkt erfolgen soll, und der Prozeß der Erzeugung des Menschen ist das einzige vollständige und allumfassende Schema jeder gedenkbaren Produktion. Aber solche entgegengesetzte Kräfte müssen in eine dauerhafte und gewissermaßen ausschließende Wechselverbindung treten, wenn die Produktion einen gewissen Grad der Vollkommenheit erreichen soll: auch von dieser Seite ist die Ehe nach christlichen Vorstellungen das genügendste Schema für alle ökonomischen Zustände und Funktionen. Hierin wenigstens wird uns die Industrie-Philosophie unserer Zeit beipflichten: auch sie verlangt, daß sich der Produzent auf eine bestimmte ökonomische Funktion ausschließlich und für die Dauer beschränke, oder in einer Art von Monogamie mit seinem Gewerbe lebe.

Erwägen wir aber, daß das Wesen der Ehe nicht in dem mechanischen Beieinandersein und Aneinanderhalten beruhe, daß vielmehr beide verbundene Kräfte entgegengesetzter Art sich lebendig durchdringen, beide, die eine höhere Kraft, die sie durch ihre Wechseldurchdringung formieren, gründlich empfinden müssen, wenn etwas Menschliches nicht bloß produziert, aber auch ausgebildet werden soll, so ergibt sich, daß die bloß mechanische oder tierische Vereinigung, der mechanisch oder tierisch geteilten Kräfte zur Vollständigkeit des Produkts keineswegs hinreiche. Es kommt nämlich darauf an, daß das Produkt auch selbst wieder eine dauerhafte und fruchtbare Verbindung (eine Ehe) schließen könne; kurz es kommt darauf an, etwas Produktives zu produzieren. —

Die gesamten Funktionen, aus welchen die Haushaltung eines Staates besteht, müssen allerdings geteilt werden, und in gewissem Sinne ohne Ende geteilt werden; aber es ist wesentlich notwendig, daß sie alle in einer eben so unendlichen Wechselverbindung bleiben. Dieser unendliche Zusammenhang aller ökonomischen Funktionen, diese Durchdrungenheit Aller von Allen, ist dasjenige, was wir die Haushaltung des Staates nennen. Wenn die Teilung der Kräfte zunimmt, muß die Macht der Vereinigung gleichförmig wachsen, und da keine Sache, wie allgemein beliebt sie auch sei, da nur die Lebenskraft, da nur der Geist diese Vereinigung vollziehen kann, diese Lebenskraft des Geistes aber nur in der Fülle der menschlichen Persönlichkeit zu finden ist, so kann die Teilung der Kräfte nur fortschreiten, in wie fern die Persönlichkeit des Menschen, und alle die lebendigen feudalistischen Verbindungen, von denen sie sich nährt, immer deutlicher und kräftiger heraustreten. So weit war unsere Darstellung schon im vorigen Kapitel gelangt.

Die richtige, von keiner vorwitzigen Theorie gestörte Ansicht unserer Vorfahren von der wesentlichen Gestalt des politischen Lebens zeigt sich insbesondere noch darin, daß sie unter aller Teilung der bürgerlichen Gewerbe für eine kräftige Vereinigung derselben allenthalben sorgten. Die Künste, die Wissenschaften sonderten sich von einander ab, aber nur in wie fern sie sich in eine desto engere Korporation zunftmäßig verbanden. Je mehr sich die Funktionen eines bürgerlichen Geschäftes unter verschiedene Hände verteilten, um so kräftiger griff der Meister die zertrennten Fäden wieder in ein Ganzes zusammen; aber er selbst, der Meister stand wieder als Geselle, als einzelner Arbeiter in dem Körper der Zunft; die einzelne Zunft lebte wieder in einer Art von Ehe mit der Korporation der bürgerlichen Gewerbe; das bürgerliche Gewerbe strebte wieder nach einer Wechseldurchdringung mit dem ländlichen Geschäft, welches der Adel repräsentierte, und, wenn auch dieses höchste Verhältnis; der ökonomischen Gegenseitigkeit im Staate, nirgends ganz und vollkommen erreicht wurde, so finden wir doch alle ökonomischen Funktionen in einer entschiedenen Richtung dahin begriffen.

So nun ist es auch in der ewigen Natur der Dinge begründet: wie jeder einzelne Arbeiter im Kleinen seine Arbeit und sein Material durch fortgesetzte Kunstübung zu einer immer innigeren Durchdringung bringt, damit sie streitend und nachgebend, sowohl durch ihre Trennung als durch ihre Vereinigung, mit einander ein wahrhaftes und durch seine Lebendigkeit ansprechendes Produkt erzeugen, so im Großen ist der Staat selbst der Meister, welcher das städtische Geschäft und das ländliche im Ganzen, seine Arbeit und sein Material in eine ewige unendliche produktive Wechselwirkung bringt, die gleichfalls von der Ehe ihr höchstes und vollkommenstes Schema erhalten wird.

Wie nun die geheimsten Fugen des ganzen Staatsverbandes in der Ehe liegen; wie die gesetzliche und sittliche Behandlung der Ehe das sicherste Kennzeichen von der tüchtigen Ausbildung aller gesellschaftlichen

Verhältnisse eines gegebenen Staates darbietet; wie der Hausvater, der Meister der Familie, auf der einen Seite die ganze Familienvereinigung, die ganze Ehe repräsentiert, und auf der anderen Seite wieder als Glied einer höheren Familie, als dienender Ehegatte in einer höheren Ehe mit dem Allgemeinen, mit dem Staate lebt; und wie alle Personen im Staate durch eine wunderbar verschränkte Gegenseitigkeit ihr besonderes Hauswesen herrschend repräsentieren, während sie wieder dem andern größeren Hauswesen als dienende Glieder unterworfen sind — so koordinieren sich auch wieder alle Geschäfte im Umkreise des Staates (ja das gesamte Staatsgeschäft selbst nicht ausgeschlossen) in wie fern sie sich subordinieren, und eben so wird man sie auch nie für den Zweck einer gemeinschaftlichen Wirkung subordinieren können (worin ja das ganze Problem der Staatskunst liegt) ohne sie einander nach dem Gesetz einer innerlichen Gegenseitigkeit, deren einzig richtiges Schema die Ehe darbietet, wieder zu koordinieren. Darin daß man, statt dieses reineren Schema, das der väterlichen Gewalt aus dem Römischen Rechte entnommen, mit andern Worten, darin, daß man die Subordination durch die Subordination hat erreichen wollen, während sie nur durch die Koordination bewirkt und garantiert werden kann, darin liegen alle Irrtümer, alles Umherschweifen der heutigen Staatskunst.

Die Wahrheit des Grundsatzes, den wir am Schlüsse des ersten Kapitels aufstellten, daß es nämlich der Staatswirt insbesondere mit Verhältnissen zu tun habe, und, daß eine unbefangene, gerechte Würdigung derselben die Bedingung aller weiteren ökonomischen Einsicht und Tätigkeit sei, wird nunmehr heller einleuchten, nachdem gezeigt worden, daß jedes ökonomische Geschäft aus einem Verhältnis zweier Wechselwirkenden

Elemente bestehe, ferner, daß sämtliche ökonomische Geschäfte wieder in solchem Verhältnisse zu einander stehen, und, daß die Staatshaushaltung im Ganzen alle diese nach der Ordnung der Familien lebendig zusammengreifende Wechselwirkungen, die sich zuletzt in das große einfache Verhältnis der städtischen und ländlichen Wirtschaft auflösen, umfasse.

Alle diese Verhältnisse erfordern, wenn sie produktiv sein sollen, einen gewissen Grad der Dauerhaftigkeit; je mehr Kräfte zusammengreifen, um so mehr brauchen sie Zeit sich unter einander zu fügen, und im Zusammenhange zu entwickeln; je dauerhafter das Produkt sein soll, um so sicherer und beständiger muß die Verbindung, die Ehe sein, aus der es hervorgeht. So nun schließt sich das vergänglichere an das bleibendere Verhältnis, und dieses wieder an die ewige Wechselwirkung des ländlichen und städtischen Gewerbes, alles verwebt sich ineinander und verbürgt einander seine Dauer, so wie die große Ehe des Staates alle die kleineren Ehen im Staate trägt, und von ihnen getragen wird; und diese Wechselverbürgung aller Geschäfte mit einander und aller Personen mit einander verwächst im Laufe der Jahrhunderte in sich und mit dem Boden, der sie alle trägt. Die so entstandene Bindung ist die Basis aller politischen Macht.

Man sieht nunmehr was man von den ökonomischen Lehren zu halten hat, die unter Nationalreichtum nicht mehr meinen, als den Inbegriff einer Fülle von Objekten des Privateigentums. Setzen wir den Fall, die Masse dieser Objekte vermehrte sich über die in unserem Staate obwaltenden Verhältnisse hinaus, und wir vernachlässigten über das Streben nach den Sachen die persönliche Kraft, ja wir zerstörten, um vorgeblich den einzelnen Privatarbeitern für ihre isolierten Arbeiten Luft zu verschaffen, alle die unzähligen Wechselverpflichtungen, unter deren vereinigten Schutz und Schirm, und durch deren Gegengewicht die Absonderung und Isolierung unzähliger ökonomischer Funktionen erst möglich geworden — so wird uns vielleicht anfänglich der Welthandel täuschen, wir werden uns einstweilen mit dem Überflusse unserer Produktion an die Persönlichkeit der Nachbarstaaten anschließen, und ein Schein üppigen Fortschreitens wird uns eine Zeit lang blenden; aber die Schwankungen des Welthandels, die ewigen Wechsel der äußeren politischen Verhältnisse werden uns bald belehren, daß wir mehr verloren als gewonnen, daß wir nie ein Gut eintauschen können, welches uns für den Verlust unseres inneren Gleichgewichts entschädige.

Je gewinnreicher unser Handel ist, je mehr und je vielfältigere Gegenstände des Privateigentums wir uns dadurch aneignen, um so unsicherer und augenblicklicher wird unser Besitz, weil er immer mehr außer Verhältnis tritt, zu der Persönlichkeit die ihn trägt. Der aktive Seehandel allein hat die glückliche Eigenschaft, daß dort die Gefahren des Elements den Lebensmut um so viel steigern, als die Privatgenüsse die er verschafft, ihn schwächen würden. Auch liegt England ganz außer dem Umkreise unserer Betrachtung, wenn nicht gerade die ungeheure tausendjährige unverletzte, alle Institutionen und Gesetze, ja alle einzelne Bürger durchdringende Persönlichkeit seiner Verfassung, mit deren Hülfe es die Last des Welthandels auf leichten Schultern trägt, das lehrreiche Beispiel für die Wahrheit unsere Systems darböte, wenn nicht gerade die politischen Verhältnisse ausgebildeter, und die Wechselwirkung nach allen Richtungen der menschlichen Tätigkeit hin lebendiger wäre in England, als irgendwo sonst. —

Aber alle diese Theorien haben die Vorstellung dessen, was dem Staate seine Haltung gibt, so ganz verloren, daß sie dem großen Warenlager ihres Staates nur noch ein großes Comptoir für den Welthandel hinzuzufügen brauchen um ihr ganzes Geschäft zu vollenden. Freilich kann das große Warenlager die kleinen, das große Comptoir die kleinen, die es umschließt, weder beschützen noch verbürgen. Diese Sorge wird den Gerichtshöfen, wird der Polizei, und zumal den Armeen zugewiesen. Die militärische Macht insbesondere soll dann dieses schwankende, zerrissene, sich nach außen hinaussehnende, nach innen unbefestigte, fliegende, vergängliche Wesen verteidigen, nachdem der Stoff, welcher das Heer bildet, selbst entartet, von allen männlichen Gefühlen abgewendet, in wucherischen Friedensfaulheiten erzogen worden, und kein höherer Antrieb in den Herzen zurück geblieben, als die klügelnde Begeisterung, welche Warenlager und Comptoirs einflößen können.

Entwöhnt euch zuförderst, den Reichtum nach bloßen Massen und Summen und Zahlen zu schätzen! Erwägt wie unendlich gerecht sich diese Massen verteilen müssen, damit jeder Einzelne zu rechter Stunde, an seinem Ort, so viel und von der Art hat als er braucht! Erwägt, daß schon die gerechte Verteilung, und um wie viel mehr, was wir erwiesen, der weise Erwerb dieses Nationalreichtums unzählige persönliche und kriegerische Kräfte in Anspruch nimmt; wie unzählige persönliche Verhältnisse sich fügen und ordnen, wie die Jahrhunderte still mitwirken mußten, damit das Fundament von Ruhe und Macht sich aufbauen konnte, worauf ihr jetzt in euren merkantilischen Träumen gefühllos schwärmet, und das ihr aufreißen möchtet, um Raum für neue Vorräte zu gewinnen! —

Fünftes Kapitel
Die Ökonomie in der Bewegung betrachtet

Wer über die Ökonomie eines Staates zu reden, oder auf sie zu wirken unternimmt, der muß die vielfältigen ökonomischen Gebiete und Geschäfte im Umkreise dieses Staates wie mit einem Blicke umfassen. Käme es bloß auf den isolierten Wert und die abgesonderte Bedeutung jedes Einzelnen von ihnen an, so wäre kein Bild davon aufzufassen, sondern höchstens eine summarische Rekapitulation des Ganzen in Zahlen fest zu halten: es würde sich bei der ganzen Operation eigentlich nichts Höheres ergeben, als ein mehr oder weniger, ein Hinzufügen, ein Erweitern; kurz, ein Plusmachen wäre das ganze Objekt der finanziellen Wirksamkeit. So bald aber die Verhältnisse der Dinge unter einander betrachtet werden, und diese Verhältnisse sich gleichfalls unter einander wieder zu größeren Verhältnissen gruppieren und fügen, gliederweis sich wie die Organe des menschlichen Körpers vor den Augen des Zeichners ordnen, und sich zuletzt eine unendliche Symmetrie, ein glückliches Gleichgewicht in allen Teilen offenbart, dann ist ein deutliches Bild des Ganzen möglich, ein Bild, wo man mit den größeren Umrissen zugleich alle die unzähligen Organe wahrnimmt, aus denen sie geformt werden.

So bald man ein solches umfassendes Bild von der Haushaltung eines Staates vor der Seele entworfen hat, so hat man vieles gewonnen, aber das Schwerste ist noch zurück; um von dem Leben dieses großen Körpers Rechenschaft geben, um das gymnastisch und medizinisch ihm Rätliche und Ersprießliche zeigen zu können, muß man ihn in der Bewegung, in vielerlei Stellungen und Zuständen gesehen haben. Seine Organe, seine

Muskeln, seine Umrisse, werden noch eine viel tiefere Bedeutung erhalten, wir werden noch ein ganz anderes Bild vor unserer Seele erhalten, wenn wir ihm im Laufe durch lange Jahre gefolgt sind. Dies ist so schwer als unerläßlich: die Geschichte schweigt über die ökonomischen Bewegungen der Völker, oder gibt uns wenige, unzusammenhängende Fragmente. Was sie indes gibt, muß mit Gehorsam und Hingebung gebraucht werden. Das Allerwesentlichste aber kann die Seele des Betrachters, aus sich selbst, aus ihrer eigenen Haushaltung, aus der umgebenden Welt hernehmen, die besonders in unsern Tagen ökonomische Revolutionen von allen Formen und Farben darbietet.

Es kommt also nicht bloß darauf an, die ökonomischen Gebiete und Geschäfte unseres Staates in ihren wahren Verhältnissen, neben einander symmetrisch zu übersehen; wir können uns durch das Räumliche nicht zufrieden stellen lassen, sondern wir müssen, weil die ökonomischen Operationen Zeit brauchen, sich zu entwickeln, weil es in der Ökonomie vielfältiges scheinbares Gleichgewicht gibt, dessen Wesenlosigkeit sich nur im Fortgange der Zeit ausweist, kurz, weil die Dauer die Probe aller ökonomischen Werte ist, noch mehr die Zeit beachten; wir müssen das ökonomische Leben in der Bewegung selbst wahrnehmen.

Es wäre schon viel gewonnen, wenn man den Gegenstand der Nationalökonomie statt des mißverständlichen Wortes Nationalreichtum, mit dem Worte Nationalbereicherung bezeichnete. Man sucht den Stein der Weisen oder die Quadratur des Zirkels, so bald man in den Spekulationen über den Staat nach der vollständigen abgeschlossenen Einheit der Kräfte oder nach einem ein für allemal vollzogenen ewigen Frieden strebt: da doch einmal von der Vorsehung der irdischen Dinge die

Eigenschaft der Bewegung oder des Lebens in der Zeit gegeben ist, so kann der diesen allgemeinen Gesetze folgende, sich selbst bewegende Denker, wohl keine Befriedigung von irgend einem stillstehenden Zustande, wie vollkommen dieser auch für den Augenblick sei, erwarten. Die Vollkommenheit des Staates nun, die den Denker, den Bürger, den Staatsmann befriedigen soll, muß sich bewegen und wachsen, wie er selbst sich bewegt und wächst. Wir drücken uns also richtiger aus, wenn wir sagen: alles Leben und Denken für den Staat strebt nach ewiger Vereinigung der Kräfte, und nach ewiger Befriedigung der Verhältnisse. Der im Staate ewig sich erneuernde Zwiespalt der Kräfte, die notwendig immer wiederkehrende Zerrüttung der Verhältnisse, deren wir nie mächtig werden konnten, so lange wir den Frieden und die Einheit handgreiflich erreichen wollten, werden nun eine Bedingung der immer gründlicheren Einheit, des immer innigeren Friedens; ja sie mögen zunehmen: unsere Kraft wird wachsen mit der Last die sie zu tragen hat. Ferner kommt es im bürgerlichen Leben nicht sowohl auf Gleichheit, als auf die Möglichkeit einer unendlichen Ausgleichung, nicht auf die Freiheit an sich, sondern vielmehr auf eine ewige Befreiung, ein ununterbrochenes Freierwerden an. Eben so ist es nicht sowohl um das Recht selbst, als um die ewige Berichtigung und Rechtfertigung zu tun: das absolut fixierte Recht wäre das höchste Unrecht (summum jus, summa injura) der absolut fixierte Friede würde unmittelbar zum absoluten Kriege, die absolut fixierte Einheit zum absoluten Chaos, und was aus den absolut fixierten Begriffen der Freiheit und der Gleichheit wird, hat die Welt gesehen.

Also durch die Umwandlung in das Wort: Bereicherung, wollten wir dem Reichtum eine Seele einhauchen;

wir wollten diesem verführerisch bestimmten Worte, das eben durch den Schein der Bestimmtheit uns mit so unglücklichen Erfolgen bedroht, als einst die allzubestimmten Begriffe der Freiheit. und Gleichheit nach sich zogen, die Beweglichkeit mitteilen, durch die es erst recht bestimmt wird. Das gemeine von den Irrtümern der Zeit befangene Auge mag den aufgestapelten Nationalreichtum Englands bewundern; wir halten nichts bewundernswürdig, was sich bloß in Zahlen ausdrücken läßt; auch verbürgt dieser Nationalreichtum der Britischen Nation ihre Existenz für keinen einzigen Tag: der unglückliche Wahn dieser kalkulatorischen Zeit, daß, wer den letzten Taler in der Tasche haben werde, den Sieg erringen müsse, ist von den Weltereignissen glücklich widerlegt: merkwürdig aber und unendlich lehrreich finden wir, wie die Nationalhaushaltung von Großbritannien sich durch die verschiedenartigsten und schrecklichsten Krisen hindurch gerettet, und wie sie bis jetzt aus dem Zwiespalt der Kräfte immer einfacher, aus der Zerrüttung der Verhältnisse immer befriedigter hervorgegangen ist.

Wir betreten eine neue Bahn, oder vielmehr wir kehren nach langer Verirrung auf die Bahn der Natur und der Geschichte zurück, indem wir die erhabenen Gegenstände der Staatswissenschaft nicht bloß so darstellen, wie sie sind, sondern darauf dringen, daß allenthalben darauf geachtet werde, wie sie es geworden sind: das haben wir in einem früheren Werke genannt: sie in der Bewegung, im Fluge, oder zugleich mit dem Gesetze ihrer Bewegung auffassen; die Dinge allenthalben darstellen, wie sie in der Zeit sind; dazu gehört nichts als ein bewegliches Auge, eine bewegliche Seele, ohne die aber überhaupt kein richtiges wissenschaftliches oder praktisches Streben zu denken ist. Das was wir verlangen, haben große Staatsmänner in ihrem Leben bewußtlos ausgeübt, auch wohl Staatsgelehrte stellenweis, besonders wo sie von der Gewalt des praktischen Gegenstandes, den sie behandelten, gelegentlich überkommen waren, betätigt. Die Harmonie der Theorie und der Praxis in Staatssachen kann auch nicht hergestellt werden, als in wie fern die Beweglichkeit des praktischen Lebens der Wissenschaft mitgeteilt wird. Wir wollen zusammenhängend und gründlich wissen, wie die inneren Staatsverhältnisse geworden sind, damit wir anzugeben wissen mit einer höheren Bestimmtheit, was sie für die Dauer sind, und was sie weiter werden können und sollen. Man verwechsle mit meiner Forderung nicht die gewöhnliche Vorschrift, daß sich der Staatsgelehrte an die Geschichte halten solle: diese Vorschrift sagt weniger als ich verlange, wenn sie nicht vielmehr die historische, das heißt: die künstlerische Disposition meint, in die sich die Seele versetzen soll, als die eigentlichen niedergeschriebenen Geschichten. In diesem höheren Sinn freilich, kann ich es mir gefallen lassen, wenn man mein ganzes Streben so erklärt, als wollte ich die höchste geschlechtsartige und produktive Durchdringung der Politik und Geschichte, gerade so, wie ich oben von dem Meister einer Kunst die höchste Durchdringung seiner mit den Werkzeugen bewaffneten Arbeit mit dem Material verlangte.

Wie also eine Welt von wunderbar verschlungenen und konzentrierten, sich gegenseitig bedingenden und verbürgenden ökonomischen Verhältnissen, durch alle Stürme und Wechsel der Zeiten hindurch lebe; wie sie sich selbst unter mancherlei vorübergehenden Geschlechtern in ihrem Zusammenhang erhalte, indem sie sich nach einem stetigen und natürlichen Gesetze ewig erneuert, verjüngt und kräftiger befestigt; wie sie dem vorübergehenden Zeugen und Teilnehmer das Schauspiel einer fortschreitenden Bereicherung darbietet, welches aber nur die Außenseite des großen Gegenstandes ist, indem der wahre und innerliche Gewinn dieser Fortschritte die tiefere Verschlungenheit, und die lebhaftere Wechselwirkung aller Verhältnisse ist, aus denen sie besteht — dies ist der Gegenstand aller Untersuchungen der Nationalökonomie.

Wir haben uns an die summierende Veranschlagung auch des Privatreichtums so gewöhnt, ferner spielt die Umsetzbarkeit des Reichtums in Geld oder der Markt bei allen unsern Vermögensabschätzungen, wegen der Unsicherheit, Veränderlichkeit und Launenhaftigkeit dieser Zeit, eine so ungebührlich große Rolle, daß heut zu Tag keine Vorurteile schwerer zu bekämpfen sind, als die ökonomischen. Indes die vielen Erfahrungen des Entstehens und Verschwindens von Privatreichtum selbst an denen Stellen wo wir mit den Vermögensumständen des Besitzers, in so weit Zahlen zur Bestimmung derselben ausreichten, vollständig bekannt waren und also um so empfindlicher in unserer Ansicht der Sache getäuscht wurden, müssen der Verbreitung besserer Taxations-Grundsätze zu Hülfe kommen.

Daß insbesondere beim Grundeigentum, welches man bisher insgeheim für den sichersten Wert gehalten hat, die Taxation dieses Wertes in Zahlen die allerunsicherste ist, wird ziemlich allgemein bekannt. Keine Art des Eigentums ist ihrer Natur nach so wenig geeignet, Objekt des Privateigentums zu werden; an keine Art der Güter hat der Staat selbst einen so unmittelbaren Anteil als an diese; und so veranlassen die äußeren politischen Verhältnisse und die Veränderungen in der innern Konsistenz des Staates beständige unsichtbare Schwankungen in dem Werte der liegenden Gründe, worauf keine der bisherigen Veranschlagungsmethoden Rücksicht nimmt, auch nicht Rücksicht nehmen kann, so lange bloß in Zahlen taxiert wird; ferner steht das Grundeigentum allen andern beweglichen Gütern im Staate eben wegen seines bleibenden Charakters so direkt und so geschlechtsartig entgegen, daß alle die ganz unberechenbaren Schwankungen und Strömungen unter den beweglichen Gütern, welche Markt und Welthandel veranlassen, unmittelbar auf dem andern Arm des Hebels empfunden werden; die leiseste Veränderung im Zinsfuße, da dieser die Zahl hergeben muß, womit wir die Erträgnisse des Ackers zum Kapital erheben, alle Veränderungen in dem höchst beweglichen Verhältnisse zwischen Geld und Waren oder in den Preisen der Dinge, reagieren gewaltig auf den Wert des Grundeigentums, und alle diese Veränderungen verbergen sich nun noch hinter den ungeheuren Differenzen der Produktion der ländlichen Industrie ein Jahr unter den andern betrachtet; endlich aber ist überhaupt an seiner andern Stelle so viel unsichtbarer, außer aller Zahlbestimmung liegender Wert, und andererseits wieder so viel ganz wesenloser Zahlenschein, als im Grundeigentume.

Ein unnatürlicher Friedensstand, eine zufällige Begünstigung des Welthandels oder äußerer politischen Konjunkturen kann alle diese Umstände für eine geraume Zeit verschleiern: mit um so furchtbareren Symptomen aber werden sie zum Vorschein kommen, wenn, wie dieser Fall notwendig eintreten muß, jene äußern Bedingungen plötzlich verschwinden. Dann wird einleuchten, daß diese große Ware überhaupt nicht für den Markt gehört; daß der Markt, der im Durchschnitt den Wert aller andern Waren erhöht, den Wert des Grundeigentums zerstört; und daß keine Ware in so hohem Grade vielmehr durch dasjenige gilt, was sie im Laufe ganzer Jahrhunderte wird, als durch das, was sie in einzelnen vergänglichen Augenblicken ist, daß folglich die Zahlenveranschlagung des augenblicklichen Reichtums eines Landwirtes, dem Werte, den sein Vermögen in der Bewegung, im Fortgange der Wirtschaft oder der Bereicherung hat, fast durchgängig widerspricht. —

Dessen ungeachtet ist der Wert des Grundeigentums, nach den Prinzipien einer höheren Veranschlagung, der sicherste von allen, und es hat also der Instinkt des großen Haufens Recht, wiewohl dessen Gründe nicht viel verfangen wollen. Es ist der sicherste, weil ein Mißbrauch dieses Wertes für die Dauer nicht zu denken ist, weil alle administrativen Verirrungen und alle unglücklichen Erfahrungen, welche der Staat im Ganzen nur irgend machen kann, notwendig auf eine gerechtere Würdigung des Grundeigentums zurückführen müssen, und weil an allen anderen Stellen eine voreilige Theorie lange und ungestört ihr Wesen treiben kann, hier aber notwendig die Natur, die Gewohnheit, die Zeit, ihre Rechte behaupten müssen. Es ist der sicherste Wert noch ganz besonders deshalb, weil die Bewirtschaftung des Grundeigentums ohne alle Dazwischenkunft des zirkulierenden Geldes, und der damit verbundenen Täuschungen und Irrtümer vor sich gehen kann, weil der Landwirt so gestellt ist, daß er allenthalben Verhältnisse regieren, geschlechtsartig geteilte Arbeit in Wechselwirkung führen, die Zeit aber und ihre wechselnden Einflüsse unaufhörlich beachten, und seinen Reichtum notwendig allezeit in der Bewegung anschauen muß; weil er unter beständiger und gleichwiegender Direktion der Natur und des Staates steht; kurz, weil er von den oben entwickelten ersten Grundsätzen aller Wirtschaft nicht ungestraft abfallen kann.

Fassen wir alle diese Umstände zusammen, so ergibt

sich die Eigentümlichkeit des Grund und Bodens, daß er unter allen Gütern besonders eine Bürgschaft seines gerechten Gebrauches mit sich führt, daß man bei diesem Geschäft nicht wohl für die Dauer von dem Gesetze des Staates, und von seinem dringendsten Interesse abweichen kann, ohne den Wert seines Eigentums zu zerstören.

Nichts desto weniger belehren uns die gegenwärtigen Weltumstände, daß alle diese wichtigen Rücksichten auf eine Zeitlang vergessen werden können, daß ein Geschlecht, geblendet durch den Reitz vergänglicher Güter, die Natur des Grundeigentums verleugnen kann, und, daß alle Theorien der Gesetzgebung sich ausschließend auf das absolute Privateigentum werfen, und im Gebiete der Landwirtschaft alles Gemeinde- oder Familieneigentum aufopfern wollen können, durch dessen kräftige und persönliche Gegenwirkung, meiner Darstellung nach, doch erst ein gesichertes Privateigentum möglich wird. Daß ein solcher Irrtum ein ganzes Zeitalter ergreifen, und wenigstens in den Köpfen der Philosophen auch fortdauern kann, erklärt sich nur dadurch, daß das Gesetz der Natur und der bürgerlichen Ordnung, gleichgültig gegen die Gedanken der Menschen ungebeten und unerfleht sein segenreiches Regiment fortführt, daß die Staatstheorien, da sie nur die Oberfläche der Dinge erkennen, auch nur an der Oberfläche zu zerstören wissen, und, daß der natürliche und gerechte Fleiß der vergangenen Jahrhunderte so tiefe Wirkungen, so vielen unsichtbaren Reichtum hinterlassen hat, daß keine einzelne Generation ihn verschwelgen oder verschwärmen kann.

Wenn man nun diesen Charakter des Grundeigentums im Ganzen erwägt, so muß man einsehen, daß, wiewohl es schon durch seine bloße Natur sich als liegend, bleibend und dauernd ankündigt, diese Eigenschaft der Zuverlässigkeit doch erst im fortgesetzten Gebrauch recht klar wird. Es ist ihm die andere Eigenschaft eines gewissen ruhigen Fortschreitens, einer stillen Bewegung beigegeben, ein dauerhafter Gang, ein Bleiben in der Zeit, wodurch es erst recht fest wird. Darin sind Grundeigentum und Landwirtschaft die deutlichsten Muster der Staatshaushaltung selbst: auch hier kommt alles darauf an, der Bewegung eine Gemessenheit, einen Rhythmus mitzuteilen, und, weil die Wandelbarkeit der Dinge sich nicht nur nicht aufheben läßt, sondern wesentlich notwendig ist, um ihr Bleiben zu erreichen, die Ruhe durch die Bewegung und diese durch jene zu garantieren.

Der Mensch kann von den Gesetzen seines isolierten wie seines bürgerlichen Daseins nicht ganz abfallen; auch seine Irrtümer, seine Krankheiten müssen sich unter einander balancieren und zerstören. So nun wird, daß Ruhe und Bewegung die beiden Elemente der politischen Haushaltung, und beide gleich notwendig sind, dadurch erwiesen, daß unsere Zeit einerseits eine absolute Festigkeit will, indem sie das absolute Privateigentum zur Bedingung aller Haushaltung macht, andererseits aber auch eine Fabel von vorgeblich reißenden Fortschritten der Menschheit mit sich umherträgt und glaubt. Von diesen beiden Wesen aber denkt sie jedes für sich in seiner besonderen Rohheit und Wildheit, während sie nur sich gegenseitig sanft beschränkend, bedingend und durchdringend existieren; daher glaubt sie die Festigkeit, da, wo die absolute Unsicherheit und Veränderlichkeit, das Fortschreiten, da, wo ein beruhigtes Auge, wenn überhaupt eine Bewegung, doch nur eine rückschreitende wahrnimmt.

Bei der Befestigung des Einzelnen durch das Privateigentum, indem man Person und Sache wie an einander nagelt und kreuziget, bliebe immer die Frage: Wozu? bei den reißenden Fortschritten des Ganzen, auch, wenn sie wirklich neben jener rohen Befestigung möglich wären, die Frage: Wohin? unbeantwortet. Alles aber wird klar, so bald man beide gleich wesentliche und noch unter allen Irrtümern sich offenbarende Verlangen, das nach dem Bleiben und das nach der Bewegung, in der Verbindung, in der Durchdrungenheit denkt, und, wenn nunmehr der ruhig bewegte Mensch, einen ruhig bewegten Zustand der Dinge begehrt. Wenn man das Verständnis dieser großen Aufgabe auf keinem anderen Wege zu gewinnen weiß, wenn in der Zerrüttung der irdischen Dinge das Maß und Gesetz dieser höchst natürlichen Ordnung nicht zu finden ist, so wende man sich an das große Schema, welches die Gestirne und die Erde, welche unsere ganze Haushaltung trägt, täglich beschreiben. Dadurch, daß alle Bewegung unseres Lebens auf einen ruhigen Mittelpunkt bezogen wird, dadurch beruhigt sich das Ganze, ohne daß irgend eine Bewegung aufgeopfert wird *): jeder Punkt verfolgt frei seine eigentümliche Bahn, und doch sind sie alle einem so gewaltigen als leichten Gesetze untergeordnet.

Ich bediene mich dieses Bildes, nicht bloß Gleichnisweise, sondern weil dasselbe Gesetz, welches alle Kräfte der Natur überhaupt, auch wieder die menschliche Haushaltung ordnet. Aber auch als bloßes Bild wäre es schon notwendig, weil es darauf ankommt, ein anderes und falsches, in den Köpfen der heutigen Menschen vorwaltendes Bild zu zerstören: es ist eben jenes Fort-

* Auf gleiche Weise wird die Ruhe erst wahrhaftig ruhig, durch die Bewegung. So bedarf die frische und natürliche Ruhe des Kindes der Wiege.

schreiten, jener Wettlauf nach einem unbekannten Wohin? nach einem Ziele, welches sich in dem Maße entfernt, als man sich ihm zu nähern glaubt, womit also die ewige Unruhe gegeben ist.

Alle Geschäfte des bürgerlichen Lebens, jedes an seinem besonderen Orte, also in seiner eigentümlichen Kreisbahn, laufen um die dauerhafte Bewirtschaftung des Grundeigentums her, wie alles vergängliche Wesen an der Oberfläche der Erde um den großen gemeinschaftlichen Träger: alle stehen in ununterbrochener Beziehung auf dieses mittelste Geschäft, fügen und ordnen sich nach ihm; sie können sich aus tiefer einzig wesentlichen Wechselwirkung nicht etwa hinausheben oder hinausschwärmen; sie werden allenthalben mit starkem Arme festgehalten, und müssen über kurz oder lang in ihr angewiesenes Bette zurückkehren. Aber gemeinschaftlich mit ihrem großen Träger beschreiben sie eine höhere Kreisbahn um einen Mittelpunkt höherer Ordnung, und sie werden demnach durch ein noch dauerhafteres Gesetz verbürgt. In der Ruhe, die das Grundeigentum, und der darauf an allen Stellen bezogenen Bewegung, die das vergängliche Eigentum offenbart, erzeugt sich und waltet eine Ruhe höherer Ordnung: — die Nationalkraft selbst, welche nun Licht und Wärme über alle diese Sphären untergeordneter Tätigkeit verbreitet. Wer kann aus dieser Ordnung der Dinge die Ruhe oder die Bewegung einzeln herausscheiden? Wo ist hier irgendetwas fest, durch sich selbst und außer der Bewegung und anders als durch die Bewegung?

Das heißt nun die Zeit und die Bewegung in den ökonomischen Kalkül mit aufnehmen, und ein vollständiges, lebendiges Bild der Staatswirtschaft an die Stelle der summarischen Anschauungen setzen, mit denen sich bisher die Theorie begnügt hat. Glaube niemand irgend eine Bewegung im Staate, zum Beispiel: die cirkulation des Geldes zu verstehen, der nicht zugleich das Bleibende und Ruhende darin nach dem hier angedeuteten Gesetze erkannt hat. Eben so gibt es andererseits in der ganzen Nationalökonomie nichts Unbewegliches: wäre das Grundeigentum unbeweglich, wie man es bisher genannt, so würde es sich mit dem übrigen beweglichen Besitz ewig nicht vertragen können. Aber es ist, wie ich gezeigt, beweglich in sich; es ist bleibendes Vermögen mit Rücksicht auf das bewegliche Vermögen, das es trägt, und das darauf unaufhörlich bezogen wird. Wir werden es daher durch den ganzen Verlauf unserer Darstellung, zur Vermeidung aller Mißverständnisse, bleibendes und nicht unbewegliches Eigentum nennen.

Sechstes Kapitel
Von dem Werte, den die ökonomische Kraft durch ihre Richtung erhält

Die bisherige Theorie der Nationalökonomie war eine ziemlich willkürliche Mischung mathematischer und historischer Bestandteile. Daher waren es auch, nach der Fächerabteilung, die bisher auf dem Felde der deutschen Gelehrsamkeit beliebt worden, meistenteils Mathematiker oder Geschichtsforscher von Profession, welche die Staatswirtschaft zu fördern unternahmen. Es gab in unserer Wissenschaft unzählige Größenanschauungen, welche mehr in das Gebiet der Mathematik hinüberzufallen schienen; daß aber auch die historischen Bedingungen, die Lokalumstände, kurz die Qualitäten neben den Quantitäten der Dinge nicht versäumt werden durften, fiel leicht in die Augen. Da es aber unter den Wissenschaften der Mathematik und der Geschichte, welche, die gleichwesentlichen historischen und mathematischen Elemente der Staatswirtschaft in Verbindung zu setzen, unternahmen, selbst keine Art von Berührungspunkt gab; da die mathematische und die geschichtliche Wahrheit in einem Zustande offener Feindseligkeiten lebten, so durfte man von den Verarbeitungen einer dritten Wissenschaft, welche von einer Einzelnen unter jenen beiden Wissenschaften unternommen wurden, sich eben nicht bedeutende Erfolge versprochen.

Es würde zu weit von dem speziellen Gegenstande unserer gegenwärtigen Untersuchungen abführen, wenn wir hier zu zeigen unternähmen, was an einem anderen Worte auf eine befriedigende Weise geschehen soll, daß wir nämlich diese Präliminarverhandlung, diese Ausgleichung aller Differenzen zwischen der mathematischen und historischen Wahrheit vollzogen, und beide an die eine ewige Quelle aller menschlichen Erkenntnis zurückgeführt haben. Es soll damit nicht etwas Großes, oder Neues, oder Außerordentliches, sondern nur das Natürliche geschehen, und der Weisheit früherer Jahrhunderte die ihr gebührende Rechtfertigung widerfahren.

Für jetzt aber genügt es mir, daß diejenigen unter meinen Zeitgenossen, die auf denselbigen Schlußstein aller Wissenschaft wie alles praktischen Lebens gestoßen sind, und deren es mehrere geben muß, da dieselben Notwendigkeiten auf andere wie auf mich einwirkten, es meiner Darstellung ansehen müssen, daß sie eine bereits vollzogene Versöhnung und Durchdringung der mathematischen und historischen Erkenntnis voraussetzt. — So ist dann das ganz Eigentümliche meiner bisherigen Behandlung der Staatswirtschaft, daß ich neben den Größen, den Massen, den Summen, nicht etwa bloß gemeine Resultate der historischen Erfahrung geltend gemacht, was viele getan, und deshalb eben so einseitig am letzten Orte doch nur das Mehr oder Weniger, und die Quantitäten des ökonomischen Ertrages und der ökonomischen Produktion beachtet haben, sondern, daß ich die Qualitäten der Dinge, ihr Geschlechtsverhältnis, ihre Wechselwirkung unter einander vindicirt, und dadurch die Existenz einer festen und dauerhaften ökonomischen Größe, erst als möglich erwiesen habe.

Wie nämlich in der Geometrie, die in neuerer Zeit mit großer Blindheit behandelt, und als Magd zu bloß arithmetischen Zwecken gemißbraucht worden, eine ganz andere Idee einheimisch ist als die Größe, und wie die Mathematik, in so fern sie die Geometrie in sich begreift, unendlich mehr ist, als bloße Größenlehre; wie das Verhältnis und das Zusammentreten zweier verschiedenartig gerichteten Linien, oder der Winkel, ursprünglich nichts mit der Größe zu schaffen hat — so haben auch die verschiedenen, alle nach einer Vereinigung strebenden und sie vollziehenden Richtungen der menschlichen Tätigkeit, an und für sich nichts mit der Größe oder der quantitativen Extension dieser Richtungen zu schaffen. Ihr Verhältnis untereinander ist etwas von der Größe durchaus Unabhängiges. Die Landwirtschaft und die Stadtwirtschaft können auf einem sehr kleinen Gebiete in gerechtem Verhältnisse stehen, während auf einem unendlich größeren Gebiete jene diese, wie im ehemaligen Polen, oder diese jene, wie im ehemaligen Hamburg, bei weitem überwiegt. Da nun in diesen drei Fällen die Frage nicht sein kann, wo der dauerhaftere Nationalreichtum und die bedeutendsten ökonomischen Werte werden gefunden werden, und da, bei der Entscheidung dieser Frage die Richtung der Kräfte vielmehr in Anregung kommt, als die Größe derselben, so fühlt man das völlig Ungenügende einer staatswirtschaftlichen Ansicht, bei der die Lehre von den Richtungen oder den Verhältnissen der ökonomischen Kräfte nur subsidiarisch um der Größe Willen, nur als Magd wie die Geometrie in der bisherigen Mathematik auftritt. Diese Lehre von der Richtung der Kräfte zur Würde der Hausfrau, neben die Lehre von der Größe der ökonomischen Kräfte (die bisher allein und ausschließend das Regiment im Hause geführt hat) zu erheben, ist der Zweck meines gegenwärtigen Werkes, wie ich späterhin der Geometrie denselben Dienst zu erzeigen hoffe. —

Dasjenige was bisher mit höchster Unbestimmtheit Wert genannt worden, wollen wir durch den ganzen Fortgang unserer Untersuchungen von dem was Preis heißt, aufs strengste unterschieden wissen. Der Wert einer Sache ist die Bedeutung, welche sie durch die größere oder geringere Gerechtigkeit des Verhältnisses, aus dem sie hervorgegangen, oder worin sie selbst zu den übrigen Sachen steht, erhält. Die Gerechtigkeit dieser Verhältnisse ist die Bedingung ihrer Dauer, und die Werte der Dinge sollen nur durch die Dauer bestimmt werden. Der Preis einer Sache ist die summarische Größe, die Masse von Kraft die sich für den Augenblick darin verbirgt, und die sie für den Augenblick auszuüben im Stande ist. Da nun alle Verhältnisse der ökonomischen Objekte untereinander, wie oben gezeigt worden, sich mit einander, wie die verschiedenen Familien, notwendig verschränken und verketten, und zuletzt ein großes Hauptverhältnis bilden, welches der Staat selbst regiert, und worin er selbst immerdar verjüngt wieder ausgeboren wird; so folgt daraus, daß, in wie fern die Bedeutung eines ökonomischen Objektes mit Rücksicht auf ein Verhältnis, oder den Wert desselben richtig bestimmt wird, auch zugleich die Bedeutung dieses Objekts mit Rücksicht auf alle diese Verhältnisse, oder den Staat selbst abgeschätzt werde. Der Wert einer Sache ist also die Bedeutung derselben im Staat und, für die ewige Verjüngung des Staates. —

Wird der Wert eines ökonomischen Objekts bestimmt, so denken wir uns selbiges lebendig, persönlich und produktiv; wir denken uns eigentlich nur das in dem Objekt verborgene, ewige Leben, die darin verborgene Kraftrichtung, das heißt: das Verhältnis zu andern Kraftrichtungen, und da alle diese Richtungen nach der Vereinigung streben, die Richtung nach dem Mittelpunkt. — An dem unendlich symbolischen Schema der Kugel wird sich die Sache am besten verdeutlichen lassen. Denken wir uns alle ökonomischen Tätigkeiten als Linien, die bekanntlich weder breit, noch dick, sondern nur lang sind. Wir wissen daß je zwei ökonomische

Tätigkeiten zusammen streben müssen, wenn nicht nur ein Produkt herauskommen, sondern wenn sie überhaupt nur fortdauern sollen. In dem Material eines Handwerkes, zum Beispiel: in dem Leder das der Schuhmacher gebraucht, ist die Anlage zu einer ökonomischen Tätigkeit; in seinem mit Werkzeugen bewaffneten Händen schlummert gleichsam die andere ökonomische Tätigkeit. Noch arbeitet er nicht; actu sind die beiden ökonomischen Tätigkeiten noch nicht vorhanden. Man übersehe nicht, daß das Leder, wenn die Arbeit anfangen wird, sich wehren wird, gegen die Angriffe des Pfriemens, daß es seine eigentümliche Kraft hat, die nachgiebig behandelt, ja sogar geschont werden muß, wenn der Schuh zu Stande kommen soll; kurz die nicht etwa roh zu erzwingen ist, wie ja auch dies bestimmte Leder durch anderweite vorhergehende Arbeit erst herbeigereitzt werden mußte. Jeder tüchtige Meister dieser edeln Kunst würde mich verstehen; denn er zeigt schon durch die wachsende Liebe, die er zu dem Materiale trägt, daß mit demselben eine andere Kraft der Kraft seiner Hände und Werkzeuge (die ja nichts anders sind als die künstlich zugerichtete und erweiterte Hand) hülfreich entgegen kommt. Die Arbeit fängt also an, sobald die Kraft der bewaffneten Hand und die andere Kraft des Materials sich einander entgegen neigen. Diese Konvergenz der beiden Kräfte äußert sich darin, daß ein Schuh entsteht, zuförderst ein sehr unvollkommener Schuh, aber in der fortgehenden Verbesserung des Produktes zeigt sich, daß sich die beiden Kraftrichtungen mehr und mehr ihrem Vereinigungspunkte nähern. —

Kurz die Bedingung der fortgehenden Schuhmacher-Produktion und jedes möglichen gedenkbaren Gewerbes einzeln genommen, ist die fortgehende Konvergenz zweier entgegengesetzter Tätigkeiten. Da nun aber jedes einzelne Gewerbe nicht bloß aus zwei konvergierenden Kraftrichtungen besteht und entsteht, sondern auch wieder der beständigen hülfreichen Entgegenkunft anderer Gewerbe, anderer Kraftrichtungen bedarf; ja, da es den Beistand aller übrigen voraussetzt — so sind alle diese verschiedenen Kraftrichtungen nur zu denken, in wie fern sie von allen verschiedenen Seiten her nach einem gemeinschaftlichen Mittelpunkt konvergieren*. Dergestalt werden nun alle diese verschiedenen Linien zu den Radien einer Kugel, welche die Haushaltung eines Staates unter allen gedenkbaren Figuren am richtigsten abbildet.

Wenn es dagegen erlaubt ist, den Theorien unserer Zeit, die in ihren durcheinander schwelgenden Widersprüchen eigentlich kein einziges bleibendes und festzuhaltendes Kennzeichen aufkommen lassen, ein mathematisches Schema unterzulegen, so möchte ich in ihren vorwalteten Grundsätzen über die Richtungen der ökonomischen Tätigkeiten die Parallellinien des Euklides wieder erkennen: die Kräfte könnten nach ihnen in alle Ewigkeit neben einander fortlaufen und Wettlaufen, ohne sich je zu berühren oder in dem präsumierten Ziele zusammen zu treffen.

---

* Eine gerade Linie individualisiert sich, wird zur bestimmten Linie, nur durch eine andere auf sie in Beziehung gesetzte, das heißt: mit ihr in der Verlängerung konvergierende Linie. Meisteils vergessen wir, daß der Rand der Tafel oder des Papiers, worauf wir unsere Linie verzeichnen, diese Linie schon individualisiert, oder die Antilinie darbietet, durch die sie erst zu einer Linie wird, und so übersehen wir den wichtigsten Umstand in der Geometrie, daß es nämlich zwei Linien geben müsse, damit eine. Daher die Unmöglichkeit die Parallellinien auf dem gewöhnlichen Wege zu demonstrieren. Es sind identische Linien, wie sich ausweist, wenn sie, wie beim Euklides geschehen, durch eine dritte konvergierende Linie individualisiert werden.

Jedermann sieht hierbei ein, daß die Größe und die Menge der Tätigkeiten gar nicht in Betracht kam. Sind die Richtungen aller in einander greifender ökonomischer Kräfte wirklich konvergierend, so wird sich die Größe aller dieser Kräfte von selbst schon verhältnismäßig, und so, daß die gesamten Richtungen der Tätigkeiten dabei bestehen können, ergeben. Hingegen folgt umgekehrt aus der augenblicklichen Größe der einzelnen Kräfte die gerechte und konvergierende Richtung derselben noch nicht. Die einzelne Kraft kann heraustreten aus dem konzentrischen Vereine, in dem sie sich entwickelte, sie kann in Beziehung treten auf einen Mittelpunkt, der außerhalb dieses Vereines, oder des Staates liegt, und augenblickliche große Wirkungen hervorbringen, wie diejenigen Kräfte eines Staates, die an dem Welthandel Teil nehmen: wer möchte aber aus der Größe dieser Wirkungen einen Schluß auf die dauerhafte Richtung solcher ökonomischer Tätigkeit ziehen. Was aber wäre von einem Geschlecht zu halten, das, berauscht durch den augenblicklichen Glanz dieser Wirkungen, den bestimmten vaterländischen Mittelpunkt ganz außer Acht ließe, die Erhaltung der alten konzentrischen Richtungen der ökonomischen Tätigkeit (ich darf mich jetzt des Ausdrucks bedienen) des geometrischen Verhältnisses der Kräfte unter einander für unwesentlich hielte, oder die Bedeutung dieser Richtungen nur anerkennen wollte, in wie fern sie einem solchen divergenten Streben nach dem Weltmarkt hinderlich wären. — Dies ist der innerste Sinn der Klagen über den Feudalismus und der Verfolgungen desselben: es war allerdings in allen ökonomischen Kräften des Mittelalters eine gewisse innere Richtung nach einem Mittelpunkt, nach einer von allen Einzelnen empfundenen höchsten Kraft, nach einem höchsten Gute; allerdings widerstrebt diese Richtung hartnäckig und dauerhaft jenem leichtfertigen Umherschweifen nach augenblicklicher Größe und vergänglichem Glänze, und die höhere bewährtere Macht wird den Sieg davon tragen, wie auch dieser Augenblick widersprechen mag, eben weil er Augenblick ist. —

So wenig sich aus der Größe einer ökonomischen Tätigkeit der Schluß ziehen läßt, daß auch die Richtung derselben die natürliche und gemeinwesentliche sei, so wenig läßt sich aus den Preisen der Dinge auf ihre Werte schließen. Vielmehr, wie eine augenblickliche jähe Steigerung der ökonomischen Kräfte bei einer Verwirrung aller Richtungen der ökonomischen Tätigkeit sehr wohl möglich ist, so kann auch eine Steigerung aller Preise sehr wohl mit einem Sinken aller Werte zusammen treffen.

Diese Werte nun, die Bedeutungen der Dinge, in wie fern sie leben und Leben erzeugen, in wie fern sie sich durch eine Wechselverbürgung der Ewigkeit des Staates teilhaftig machen, sind es, welche der vollständige Mensch, oder auch nur der Instinkt eines vollständigen Menschen, den jeder Einzelne mit sich umher trägt, begehrt. Wenn ein ökonomisches Objekt in dem Organismus des Staates durch wirkliche Wechselwirkung eintritt, und nunmehr bestimmt wird, was es, als mehr oder minder wesentliches Organ des Ganzen für das Bestehen, und die höhere Belebung dieses Organismus gilt, so wird sein Wert bestimmt. Da begreift nun jeder, daß eine gemeinwesentliche Sache in sehr vielen Fällen unendlich mehr wert sehn kann, als eine egoistische Person; und, daß den Staatswirt diese Werte der Dinge vielmehr als die Preise, und, daß eigentlich nur allein sie ihn interessieren können.

Siebentes Kapitel
Produktion und Konsumtion

Alle ökonomische Produktion zerfällt in zwei Teile: in die Produktion des zur Konsumtion bestimmten, und in die andere, des zur Fortpflanzung der ökonomischen Produktion, oder zu weiterer Produktion bestimmten. Die Kornproduktion eines Gutes teilt sich in Wirtschaftskorn und Saatkorn: das Wirtschaftskorn nehme ich in dem weiteren Sinne des Worts, nach welchem nicht bloß das in der Wirtschaft konsumierte Korn, sondern auch das für die Anschaffung von anderweiten wirtschaftlichen Konsumtibilien verkaufte Korn, dahin gerechnet wird: eben so Saatkorn in dem umfassenderen Sinne, da alles zu Ameliorations- oder anderen produktiven Zwecken verkaufte Korn dem Saatkorne beigezählt wird. Mit andern Worten: ein Teil der Produktion wird für die Bedürfnisse des Augenblicks angewendet, der andere Teil für die bleibende Erhaltung und das Wachstum der Wirtschaft selbst, oder für die Fortdauer der Produktion überhaupt.

Man versteht aber diese Einteilung nur, in wie fern man auch wieder alles Produzierte, einmal als Gegenstand der Konsumtion, und dann als Produzierendes zu betrachten im Stande ist. In diesem Verstande der Sache wird zuerst alles, was die Produktion erzeugt hat, im Laufe der Zeit konsumiert, und diese konsumtiblen Produkte sind nur verschieden nach den längeren und kürzeren Zeiträumen, in denen sie verzehrt werden. Ob der Magen der Produzierenden und der Käufer des Wirtschaftkorns, oder ob die Erde und der Magen der Käufer des Saatskorns die Konsumtion vollzieht, ist aus diesem Standpunkte gleichgültig; eben so gleichgültig ist es, ob die Konsumtion unmittelbar wie bei den meisten Nahrungsmitteln, oder ob sie im lange fortgesetzten Gebrauch allmählich vollzogen wird, wie Kleidungsstücke, Mobilien, u. s. f. Kurz die gesamte ökonomische Tätigkeit der Gesellschaft kann zuerst gedacht werden, als ein Allverzehrendes, als eine unendliche Konsumtion. Dann aber kann auch alles von der Produktion Erzeugte gedacht werden, als ein weiter Produzierendes, und dann sind alle diese produktiven Produkte nur verschieden, je nachdem sie unmittelbar produktiv wieder eingreifen in den allgemeinen Erzeugungsprozeß, oder mittelbar dasselbe bewirken, indem sie durch die Konsumtion neue Produktion und Reproduktion der ökonomischen Kräfte veranlassen, oder überhaupt auch nur möglich machen. So würde dann die gesamte ökonomische Tätigkeit andererseits als ein Allerzeugendes erscheinen. Es käme bloß auf eine leichte Veränderung des Standpunktes an, so würde das vorherige Reich des Todes sich als ein allgemeines Reich des Lebens darstellen. Jede Konsumtion, selbst die luxuriöseste wäre eine Steigerung der produktiven Lebenskraft, wie in der vorherigen Ansicht jede neue Produktion dem verzehrenden Feuer der bürgerlichen Gesellschaft nur neue Nahrung geben würde. —

Wie nun der aufmerksame Forscher der Natur durch alle Erscheinungen, die sich ihm darbieten, auf einen Doppelgesichtspunkt geleitet wird, und ihm, wenn er sein Urteil frei und unbefangen erhält, bald eine allgemeine Wechselwirkung, ein unendliches gegenseitiges Sichbedingen des Verzehrens und des Erzeugens, des Lebens und des Todes einleuchten muß; wie er allenthalben im Tode die höchsten und lebhaftesten Vorbereitungen neuen Lebens wahrnehmen und wie sich gerade in den blühendsten üppigsten Lebenserscheinungen ihm die unmittelbare Nachbarschaft des Todes aufdringen muß — so wird der Ökonom in ähnlicher Untersuchung auf dieselbe Wechselwirkung auch der ökonomischen Kräfte geleitet werden, und er wird die beiden entgegengesetzten Offenbarungen derselben Erscheinung zuförderst mit Ruhe erwägen lernen, da sie beide sich mit gleicher Notwendigkeit bedingen. Er wird einsehen, daß, da das Verzehren und Erzeugen in einer Wechselabhängigkeit stehe, und sich wie Avers und Revers derselben Münze verhalte, das Resultat der Ökonomie durchaus nicht durch ein bloßes Vermeiden und Beschränken des Verzehrens zu fördern; eben so, daß ein bloßes Antreiben und Ermuntern und Befördern des Erzeugens gleichfalls unzulänglich sei.

Nun aber sind die beiden Hauptoperationen aller bisherigen Systeme der Ökonomie: Verminderung der Konsumtion (Sparsamkeit) und Vermehrung der Produktion (Industrie), es zeigt sich also auch hier, daß man nur mit Zahlbegriffen, mit Summen, mit Massen, mit dem Mehr und Weniger zu hantieren gewußt, dagegen die Qualitäten und Verhältnisse der Dinge durchaus versäumt hat. Der Erfolg mußte ungefähr derselbe sein, als wenn man in der Naturforschung dem Zwecke der Natur durch ein bloßes Ausdemwegegehen des Todes, und durch ein Häufen der Lebenserscheinungen hätte auf die Spur kommen wollen; wie solches dann, da die Korruption einer Wissenschaft allezeit auch in die übrigen Wissenschaften einzugreifen pflegt, mit der Naturforschung des vorigen Jahrhunderts wirklich der Fall gewesen ist.

Dem Leser könnte nunmehr die unendliche Bedinglichkeit der Konsumtion und Produktion, und die Unzulänglichkeit der Theorien, welche in diesem erhabenen Verhältnis; nur mit gemeiner Addition, oder Subtraktion zu manövrieren wissen, klar sein, und doch die Frage aufstoßen: was denn, wenn in letzter Instanz alle Produktion und Konsumtion einander aufheben, und, wenn nichts dem allgemeinen Schicksal der Konsumtion entgehe, zuletzt für ein Resultat der ganzen Haushaltung übrig bleibe? — Die gewöhnliche Theorie, konsequent in der Inkonsequenz, hätte darauf etwa folgende Antwort: es sei von der Natur eine gewisse Überlegenheit der Produktionsfähigkeit des ökonomischen Staats, über seine Konsumtionsfähigkeit, wenn beide auf gleiche Höhe getrieben wäre, angeordnet; diese Überlegenheit zeige sich dann in der jährlichen Entstehung und Vermehrung der Kapitalien: der ökonomische Staat wachse, wenn dieses Naturgesetz befolgt werde, wenn die Produktion fortgehend die Konsumtion übersteige, also die Kapitalien, die Bedingungen weiterer Vervielfältigung der Produktion zunähmen; der ökonomische Staat verfalle hingegen, wenn die menschliche Willkür an die Stelle jenes Gesetzes trete, wenn die Konsumtion die Produktion übersteige, also die Kapitalien erst zu Konsumtionszwecken gemißbraucht, und dann gänzlich verzehrt würden. —

Zuvorderst aber ist diese Überlegenheit der Produktion an und für sich, über die Konsumtion nur scheinbar: denn, wenn für einen kurzen Zeitraum die Produktion auch die Konsumtion merklich zu überschreiten im Stande wäre, so würde die Erwägung längerer Zeiträume offenbar das Gegenteil ausweisen, also die Sache wieder ins Gleichgewicht kommen. Es gibt aus dem gewöhnlichen und natürlichen Standpunkt der ökonomischen Betrachtung, wenn man die Konsumtion sowohl, als die Produktion im Ganzen und in ihren tausendfältigen, oft sehr verdeckten Erscheinungen betrachtet, kein gedenkbares Motiv der Produktion als die Konsumtion: die Gewalt des Todes muß wachsen, wenn das Leben sich erhalten und zunehmen soll; denn ohne Feind kein Sieger, ohne Krieg keine Kraft. — Betrachten wir bloß einerseits das äußerliche Produkt, und die mit Industrie, Kapital, Maschinen, gesegnete Produktion, andererseits die Konsumtion als bloße Erscheinung, worüber sich doch die Ansicht unserer ökonomischen Theorie niemals erhebt, so erscheinen sie beide in einem völlig toten Gleichgewicht, und das höchste Resultat ist die bloße Lebensfristung. Wäre ferner die gesamte Industrie wirklich im Stande, die gesamte Konsumtion zu überfliegen, wäre das Kapital ein wirklich selbstständiger Überschuß der Produktion, so müßte bei nachlassender Konsumtion die Industrie zu wachsen, oder doch sich zu erhalten vermögen, das Kapital hingegen sich auch ohne die Konsumtion in seinem Wesen zu behaupten vermögen, was niemand behaupten wird.

Versuchen wir eine bessere und gründlichere Antwort: Wie in der Seele des Naturforschers unter den wechselnden Erscheinungen des äußeren Lebens wie des äußerlichen Todes, daferne nur beide Erscheinungen mit gleicher Gerechtigkeit von ihm behandelt werden, und mit gleicher Stärke auf ihn wirken, sich ein steigendes Gefühl eines gewissen höheren Lebens entwickeln muß, eines Lebens, welches beides, jenes äußere zuerst beobachtete Leben, und den äußeren Tod unter sich begreift, und welches aus jedem neuen Konflikt der Lebens- und Todeserscheinung, die sich dem Beobachter darstellt, in seiner Seele reiner und deutlicher ausgeboren wird — so wächst und belebt sich, vor den Augen aller einzelnen Zeugen der großen Wechselwirkung des Lebens- und Todesprozesses in unserer Nationalhaushaltung, ein höheres Produkt, welches jene Wechselwirkung zwischen den gemeinen Produkten und der gemeinen Konsumtion regiert, umfaßt und garantiert, auch bei jedem neuen Konflikt der Produktion und der Konsumtion, wieder reiner und deutlicher geboren wird, es ist der Kredit, der Nationalkredit, die Nationalmacht, es ist der Glaube an den Staat, also der Staat selbst.

Wenn dieses Resultat, das einzige gedenkbare und würdige, welches sich aus dem ungeheuren Gewühl der ökonomischen Geschäfte ergibt, den Predigern der Sparsamkeit und Industrie allzu idealisch erscheinen sollte, so liegt dies vorläufig in ihrer Unfähigkeit, es kriegerisch im Kampfe gegen das Gespenst der Konsumtion, und gegen den Götzen der Produktion zu erwerben, zu erobern; es liegt in ihrer sehr natürlichen Ohnmacht, das Wesen der Produktion überhaupt zu begreifen, in der Unnatur ihrer Stellung gegen die Welt wie gegen die Wissenschaften. Daß ihre Sparpfennig ihnen unter ihren Händen zerfließen, ihre Warenlager ihnen unter ihren Schlössern und Riegeln verderben, ohne dieses idealische Wesen, kurz die gewaltige Realität desselben soll in diesem Buche offenbar werden.
Wenn man, habe ich eben gesagt, alles Produkt zuerst als Gegenstand der Konsumtion; dann aber auch dasselbige Produkt wieder als weiter Produzierendes zu begreifen im Stande ist: dann hat man das eigentliche Wesen des Produkts erkannt, eben so wie man in den Nachforschungen der Natur das Wesen des Lebendigen erkannt hat, und fortgehend immer reiner erkennt, wenn man dasselbe Lebendige sowohl als Lebenserscheinung, als auch als Todeserscheinung aufzufassen — eben so wie man ferner das Wesen der Empfindung erkannt, so bald man sie gleich ruhig als Freudens- und als Schmerzenserscheinung anzuerkennen vermag. Man hat das Wesen der Empfindung erkannt, heißt, man hat eine über Freude und Schmerz, erhabene und beide umfassende Lust erkannt, die nun bei jedem neuen Konflikt

der Freude und des Schmerzens reiner und dauerhafter ausgeboren wird. Es ist die eigentliche Lust, die aus solchen wechselwirkenden Elementen entsteht, das eigentliche Leben, welches in solcher Naturforschung erkannt und erlebt wird; es ist das eigentliche Produkt, welches in solcher Wechselbetrachtung des Verzehrens und des Erzeugens, vor unserer Seele entsteht. —

Wenn auch der Einzelne von seiner Natur abgefallene Mensch immer von neuem wieder versuchen sollte, aus einem Zusammengeizen der Lust und einem Vermeiden des Schmerzes, die Lust selbst; aus einem Haufen der Lebenserscheinungen und einem Ausweichen der Todeserscheinung, das Leben; aus einer Verminderung der Konsumtion und einer Vermehrung der Produktion, sein Produkt zu extrahieren — so wird doch die vollständige gesunde Natur, auch ohne es zu wissen oder nachweisen zu können, an den Wert und an die Dauerhaftigkeit nur derjenigen Lust, desjenigen Lebens und eines solchen Produktes glauben, welche auf dem von mir nachgewiesenen Wege entstanden sind. — Jedermann wird vielleicht täglich die untergeordnete Lust, mit der aus Freude und Schmerz erzeugten höheren Lust, das außer dem Tode gestellte Leben, mit dem über den Tod erhabenen Leben, das gemeine Produkt mit dem höheren unter allem Erzeugen und Verzehren sich entwickelnden Produkt verwechseln, aber glauben, Kredit gehen, wird er nur dem höheren Produkt, dem Produkte des Produkts, dem Leben des Lebens, der Lust in und über der Lust.

Wer nunmehr, meine ich, diese innere göttliche Ordnung aller Haushaltung anerkannt und ausgeübt (und der Glaube daran ist schon Ausübung) — dem mag man auch immerhin das äußere Ebenbild dieser Ordnung im augenscheinlichen und handgreiflichen Gange unserer irdischen Haushaltung zeigen. Ein solcher wird, wenn ich ihm sage, wie im Anfang dieses Kapitels, daß alle Produkte in einen weiter produzierenden und in einen zur Konsumtion bestimmten Teil, daß das produzierte. Korn in Wirtschafts- und in Saatkorn zerfalle, einsehen, daß diese Teile nur die augenblicklichen Bilder jener ewigen Elemente sind; er wird also deshalb, weil ihm zur weiteren Produktion augenblicklich mehr übrig bleibt, als die augenblickliche Konsumtion hinweg nimmt, noch nicht glauben, daß er etwas gewonnen, sondern nur in wie fern die Wechselwirkung zwischen seiner Produktion und seiner Konsumtion überhaupt lebhafter wird, wird er an das Heil seiner Wirtschaft glauben – weil die augenblickliche Ordnung seiner Haushaltung nunmehr dem ewigen Gesetz aller Ökonomie mehr entspricht, weil das Resultat jener Wechselwirkungen, ein steigendes Kraftgefühl, mit dem höheren Resultate aller Wechselwirkungen überhaupt, welches der Gegenstand alles seines Glaubens ist, übereintrifft und sich daran schließt, sich dadurch verbürgt.

Dieses Produkt aller Produkte in der kleinen wie in der großen Haushaltung, wie in der Ordnung der Weltgeschäfte selbst ist der Kredit: die größere Zuverlässigkeit, die größere Sicherheit des ökonomischen Daseins wird produziert, und mit ihr fällt uns die größere Fülle der Güter von selbst zu. Aber diese Fülle der Güter an sich beweist nichts und befriedigt niemand: der Kredit ist es, wonach, vornämlich jetzt, sich jedermann sehnt, er ist der nackte Sinn aller der vielfältig verkleideten ökonomischen Klagen, die unsere Zeit vernehmen läßt.

Wie aber entsteht der Irrtum, daß der Produktionsüberschuß eigentlicher Zweck aller Wirtschaft sei, aus dem sich dann der „heitere Lebensgenuß“ des Grafen

Soden, und „die ersehnten bessern Tage“ des Professor Lüder ergeben sollen? — daß alle diese Herrlichkeiten nur dürre Lebensfristung und übrigens völlig wesenlos sind, habe ich schon erwiesen, aber es ist noch dem Irrenden die Möglichkeit seines Irrtums zu erweisen, wenn er gründlich belehrt werden soll. —

Es ist denen, welche an die Wunder der Arbeitsteilung glauben, längst bekannt, daß so lange jeder für sich produziert, und das Produzierte selbst konsumiert, und nur produziert, was er zu eigener Konsumtion bedarf, die Wirtschaft selbst nicht fortschreitet. So bald sich die Arbeit teilt, so bald der Einzelne für die Konsumtion der Übrigen zu produzieren, und von ihrer Produktion zu konsumieren anfängt, so erweitert sich die Wirtschaft. Bis hierher ist in der Darstellung des Adam Smith ein richtiges Schema von Wechselwirkung, also können wir auch so weit mit ihm einverstanden sein. Nun aber bleibt er bei dem größeren Produkte, daß diese fortschreitende Wirtschaft nachher absetzt, stehen, und nimmt für ein Resultat, was doch nicht mehr als ein Symptom ist. Er muß zugeben, daß genau, wie das Produkt wächst, sich auch der Markt, der Absatz, kurz die Konsumtion erweitern muß, daß also nur, in wie fern man den Augenblick und den einzelnen Produzenten betrachtet, ein scheinbarer Überschuß stattfinden kann, der aber wieder verschwindet, wenn man ihn in Beziehung auf den ganzen Umfang und die ganze Dauer der bürgerlichen Gesellschaft bringt. Der Irrtum liegt also zuförderst darin, daß man das Verhältnis der Privathaushaltung zur Staatshaushaltung nicht versteht, und eine Erscheinung auf die Nationalökonomie überträgt, die durch den Staat nur möglich, aber, wenn man den Staat dabei fortdauerndem Auge behält, auch unmittelbar wieder aufgehoben wird.

Denn auch in der Privatökonomie findet eigentlich kein Überschuß statt: das über die Konsumtion Erworbene oder Ersparte, muß von der Gesellschaft konsumiert werden, oder in einer erweiterten Produktion des Erwerbers angelegt, das heißt: von dieser Produktion verzehrt werden; was diese erweiterte Produktion ergibt, eben sowohl als der dabei angewendete Überschuß muß weiter konsumiert werden, und die umfassendste Produktion dieser Art wäre vergeblich, wenn sie über die Konsumtion oder den Absatz oder das Bedürfnis hinausschritten. Also stoßen wir nirgends auf einen absoluten an sich selbst geltenden Überschuß, und so lange wir bei den äußeren Erscheinungen stehen bleiben, hat die gesamte Ökonomie gar kein Resultat.
Die Lage der Sache aber ändert sich von Grund aus, wenn wir auf jenes innerliche, unsichtbare und dennoch höchst vernehmliche Produkt Rücksicht nehmen, welches durch alle Produktion hindurchläuft, und sich unter allen Erzeugungen und unter allem Verzehren befestigt und wächst, wie der Baum unter beständiger Wiederkehr einer Zeit der Blüte, der Frucht und der Entblätterung: die bürgerliche Gesellschaft, die anerkannte, der Glaube an sie, an die Sicherheit und Zuverlässigkeit des gesamten Beieinanderseins und Miteinanderwirkens, kurz der Kredit.

Der Irrtum eines bloß körperlichen und handgreiflichen Überschusses bei Adam Smith und allen Theorien entsteht, und wird erklärlich auf dieselbe Weise, wie der Irrtum des absoluten Privateigentums, zu Folge meiner früheren Auseinandersetzung; nämlich durch das Geld. Die Überschüsse der Produktion, werden auf Metall reduziert, und darin umgesetzt; unter allen körperlichen Waren sind es die Metalle, deren Konsumtion am langsamsten und unmerklichsten von Statten geht, und so sind sie es auch die am meisten den Wahn begünstigen, als gebe es wirklich etwas von der Konsumtion Eximiertes, weshalb die Merkantilisten denn auch ihre Acquisition für den Hauptzweck aller Haushaltung hielten: es scheint nun etwas über die Konsumtion Erhabenes, dem ökonomischen Tode Entzogenes vorhanden zu sein, welches Kapital genannt wird. Dennoch aber muß auch dieses Kapital wieder angelegt werden, wenn die Welt es nicht selbst totes Kapital nennen soll: es kehrt also zur Konsumtion zurück, es kann also nur dadurch lebendig erhalten werden, daß es wieder verzehrt wird; wenn es dem Verzehren, das heißt: dem Tode abgegeizt oder entzogen würde, so wäre es erst, dadurch recht tot. Aber, wirft man mir ein, das Kapital verbleibt doch nun dem, der es angelegt hat. Was verbleibt? der Eigentümer, wenn er es bei einem Einzelnen, oder bei einer Korporation, oder bei dem Staate, oder in der Erweiterung seines eigenen Gewerbes angelegt hat, erhält dafür einen Kredit bei der bürgerlichen Gesellschaft. Was er von seinen Einkünften nicht selbst konsumiert, muß immer wieder bei der bürgerlichen Gesellschaft angelegt, das heißt: von ihr konsumiert werden. Es ergibt sich also für den Eigentümer nie und an keiner Stelle ein absoluter Überschuß, welcher Gegenstand des ausschließenden Privateigentums für ihn werden könnte: es ergibt sich für ihn nichts, als ein unsichtbares aber immer festeres zuverlässigeres Band an die bürgerliche Gesellschaft. Anstatt des vermeintlichen Überschusses wird er nur tiefer und tiefer in die Haushaltung, und zugleich in die Gesetze der bürgerlichen Gesellschaft verwoben, und weil er in größere Wechselwirkung mit dem Ganzen tritt, und den Kredit des Ganzen mehr empfindet und deutlicher repräsentiert, als die Übrigen — fühlt er sich reicher, nennen wir ihn reicher als die

Übrigen.

Dem aufmerksamen Leser kann es unmöglich entgangen sein, daß wir, indem durch das Bisherige der Wahn eines absoluten handgreiflichen Überschusses der Produktion über die Konsumtion, des Ertrages über den Aufwand zerstört worden, zugleich in einer ganz andern Manier, als es in einem früheren Kapitel geschehen, die Unmöglichkeit eines absoluten Privateigentums erwiesen haben: denn nur das der Konsumtion der bürgerlichen Gesellschaft oder ihrem Mitgenuß Entzogene; das in dem Staat, in der Gemeinschaft mit den Übrigen Erworbene, hernach aber aus dem Staat Herausgestellte, wäre wahrhaftiges Objekt des absoluten und ausschließenden Privateigentums. Da aber, wie hinreichend erwiesen, was aus der großen Wechselwirkung der Produktion und der Konsumtion (oder des lebenserzeugenden Todes und zum Tode strebenden Lebens) innerhalb des Staates, heraustritt, nunmehr und deshalb für völlig und absolut tot zu achten ist, so kann erstens die gesamte Haushaltung keinen anderen und geringeren Zweck haben, als den Nationalkredit oder den Glauben an den Staat, und zweitens kann kein absolut abgesondertes Privateigentum Statt finden.

Der Einzelne kann nur Eigentümer sein, in wie fern er selbst wieder mit allem was zu ihm gehört, Eigentum des Staates ist, besitzt nur, in wie fern er selbst wieder besessen wird, und wird also genau auf dieselbe Weise wieder besessen vom Staate, als in der er selbst sein Vermögen besitzt. Besitzt er also dies Vermögen auf natürliche und gerechte Art, als Feod, als ein Kredit, das die bürgerliche Gesellschaft an ihm hat, so wird er es an einem innern Kraftgefühle, an einem Selbstbewußtsein seines Reichtums, an dem Vertrauen, an der Sicherheit, die sich in ihm festsetzen, merken, daß die bürgerliche

Gesellschaft auch ihm ein gleichgeltendes Kredit zugesteht, daß sie seine wirkliche und solvente Schuldnern ist in höheren Dingen, als die ihm jemals wirklich und handgreiflich ausgezahlt werden könnten, dass sie auch ihn wieder als Feod besitzt, das heißt: mit der Schonung und Milde, die ein auf höherem Glauben, anvertrautes Gut verdient.

Achtes Kapitel
Von der Welthaushaltung und den edeln Metallen

Wenn also die Güter des Lebens an und für sich nichts sind, wenn sie nur durch einen gewissen symbolischen Gebrauch Etwas werden, wenn eine bestimmte ökonomische Tätigkeit deswegen, weil sie das handgreifliche Produkt der Ökonomisten oder des Adam Smith veranlaßt, noch nicht produktiv zu heißen verdient, wenn erst durch die Richtung der Kraft, das heißt: durch das Verhältnis dieser Richtung zu allen übrigen Kräften und dem gemeinschaftlichen Vereinigungspunkt, oder dem Staat, ein bestimmter und realer ökonomischer Wert entsteht — so wird man mir einwerfen, es gäbe de facto mehrere solche Vereinigungspunkte der ökonomischen Kraft, oder Staaten, oder Staatshaushaltungen an der Oberfläche der Erde; ja man könnte sich darauf berufen, daß ich an einem andern Orte* selbst behauptet hätte, der Staat, damit er zu einer vollständigen und abgeschlossenen Selbsterkenntnis; gelangen könnte, bedürfe seines Gleichen so gut als der einzelne Mensch; es müsse demnach mehrere, ihrer selbst bewußte Staaten geben, wenn es überhaupt Einen solchen geben solle: aus dieser Mehrheit der Staaten folge nunmehr, daß der einzelne Staat sich unmöglich bei einem solchen in ihm selbst ruhenden Kredite, bei einem solchen bloßen Glauben an sich selbst beruhigen könnte, als, meiner Darstellung nach, das Resultat der gesamten Staatshaushaltung sei; es müsse doch, bloß um die Unkosten der sehr beschwerlichen Nachbarschaft anderer Staaten zu decken, sich aus der innern Haushaltung ein Überschuß ergeben, der, wenn man sich ihn auch nur unter dem

---

* Elemente der Staatskunst. I, Theil.

Bilde solcher auf der ganzen bewohnten Erde geltenden Waren, wie die edeln Metalle und das Eisen, denke, dennoch den gesamten inneren Staatskredit erst vollständig verbürge.

Wenn ich ihn nicht vollständig zu widerlegen im Stande wäre, so würde ich keinen Einwurf ehren wie diesen; denn mir sind die regierenden praktischen Merkantilisten, welche wenigstens überall die Notwendigkeit eines besonderen Staates unter den Staaten dadurch anerkennen, daß sie seine Besonderheit, seine eigentümliche Existenz, wie es allein möglich ist, durch etwas Allgemeingültiges, und sollte es auch nur das Metallgeld sein, vor allen Dingen garantieren zu müssen glauben, unendlich ehrwürdiger, und sie erscheinen mir ohne Vergleich natürlicher und gerechter, als die theoretischen Ökonomisten und Industriephilosophen, die sich vom Gelde emanzipieren wollen, dafür aber auch das im Gelde liegende große gesellschaftliche Verpflichtungs- oder Glaubensband fahren lassen, und um die Profite der bürgerlichen Gesellschaft recht sicher zu gewinnen, alle Schranken, sogar die Schranke, welche den Staat von seinem Nachbarstaat trennt, einreissen, und sich dafür allen Winden und Strömungen des Welthandels, und aller Sklaverei des Universalstaates preis geben.

Weit davon entfernt meine Untersuchungen der Staatswirtschaft mit der modischen Geldverfolgung anzufangen, habe ich vielmehr einstweilen die vorhandenen Vorstellungen vom Gelde, und sogar die Vorliebe für das Metallgeld noch fortwalten lassen, ohne sie einer Kritik zu unterwerfen, bis meine Argumentation stark genug geworden sein wird, um alle Unwesentlichkeiten, daran haftenden Vorurteile und Mißbräuche abzuschütteln, und dennoch die Kette der Gesellschaft, welche sich in diesen abgöttischen Zeiten ganz in das Geld zurückgezogen und verborgen hat, mit starkem Arme festzuhalten. — Jetzt sind wir so weit gediehen, und die nähere Erwägung des Verhältnisses der Haushaltung des einzelnen Staates zur Welthaushaltung, bietet uns dazu die beste Gelegenheit dar.

Es sollte eine Welthaushaltung, eine große ökonomische Gemeinschaft der Staaten dieser Erde geben, denn es ist ihnen ein Glauben dargeboten worden an ihre Gemeinschaft untereinander, und es ist in Folge dieses Glaubens eine Erkenntnis solcher Gemeinschaft möglich geworden, in der sich jeder Nationalglaube seinem ganzen wesentlichen Gehalte nach wieder finden wird — wieder finden muß: denn alle die großen Verhältnisse der Gegenseitigkeit und Wechselwirkung, aus denen allein, wie ich hinlänglich gezeigt, ein Nationalglaube, ein Nationalkredit, das heißt: ein realer Staat, hervorgehen kann, und die das Altertum bis auf Rom hinab nicht gekannt, weshalb es sich dann, statt des Nationalglaubens, mit dem Wahne des Privateigentums, allerhand irdischer Überschüsse, „heitern Lebensgenusses“ und der „Sehnsucht nach bessern Tagen“, hat begnügen müssen — sind erst aus der Idee der Menschheit als einer großen Familie, aus der Idee ihres Wohnplatzes, als eines großen Vaterhauses hergeflossen.

So lange jedes einzelne Volk noch seinen besonderen Gütern und Göttern nachging, war es wohl vergeblich, sie unter einander verbinden zu wollen: wo wir im Altertum einzelne kleine Völkerschaften und Stämme unter einander im Bunde finden, da zeigen sich reinere Nationalvorstellungen von den göttlichen Dingen, als die einzigen Gewährleisterinnen solchen Bundes; auch würden wir demjenigen alles historische Urteil unbedingt absprechen, der die Vergänglichkeit solcher Bündnisse aus irgend einer gemeineren Ursache hinleiten wollte, als aus der Beschränktheit und Unzulänglichkeit der religiösen Vorstellungen, welche den Bund verbürgten. Vor allen Dingen zerfielen sie, weil das den Bund beschirmende Göttliche, wie ein ausschließendes und absolutes Privateigentum einer solchen Gemeinschaft angesehen wurde.

Die christliche Religion zerstörte diesen verderblichsten Wahn von einem ausschließenden Privateigentume des höchsten Gutes, und so mußten alle geringeren Güter der Erde die Wohltat dieser Befreiung teilen. Sie zerstörte den Wahn des Privateigentums, aber nicht etwa Eigentum und Eigentümliches überhaupt: vielmehr erhält nun erst das höchste Gut, erhalten nun erst mit ihm alle geringeren Güter eine bestimmte unveränderliche kanonische Form, nämlich einen bleibenden Zusammenhang; das Gesetz der Haushaltung wird nun erst recht mächtig, da es auf der Idee der wahren Freiheit begründet wird; die Richtung aller Güter auf das mittlere höchste Gut bestimmt nun ihren Wert; die Bereitschaft jedes bestimmte Gut dem gerechten Verhältnisse zu den übrigen Gütern unterzuordnen, und es für das höchste Gut freudig aufzuopfern, erzeugt Sicherheit und Vertrauen, somit das Gefühl eines höheren Eigentums; die Gewohnheit über den Schein der Konsumtion und der Vergänglichkeit, über ein allgegenwärtiges Bild des Todes mutig hinweg zu steigen zu den Erzeugnissen des wesentlichen Lebens, befestigt das Dasein des Einzelnen in einer unendlich großen Gemeinschaft, in einer höheren Ordnung der Dinge.

Wir sehen im Mittelalter, nicht etwa nach Maßgabe des Planes irgend eines Gesetzgebers, oder einzelnen Executoren des nunmehr kundgewordenen göttlichen und allernatürlichsten Willens, sondern vielmehr durch ein wahrhaft republikanisches Zusammenwirken der

Gläubigen, an tausend Stellen, und unter den verschiedenartigsten Formen, Sitten und Sprachen, diese ganz neue und lebendige Ordnung der Dinge sich ausbilden: ich möchte sagen, wir sehen das Wort zum Fleische auch der Staaten werden. Die Verhältnisse des Einzelnen zu seinem Besitze, des Bürgers zum Mitbürger, des Individuums zu der Korporation oder Gemeinde, der Gemeinde zum Staate, des Staates wieder zum Einzelnen, aber auch des Staates zu seinem Nachbarstaate ordnen sich nach dem heiligen Gesetze der Gegenseitigkeit: es ist, als kehrte, was bisher willkürlich durch einander und auseinander schweifte, nunmehr ruhig in sich selbst zurück; als hätte jeder nunmehr in sich selbst gefunden, was bisher unstät in der äußeren Welt gesucht worden; und als wäre das, lange Jahrhunderte hindurch, entfernt Geglaubte unvermutet in der freundlichsten Nähe entdeckt. Das Resultat der Verhältnisse aller verschiedenen politischen Tätigkeiten unter einander, ist nun nicht mehr ein Überschuß von handgreiflicher Massenkraft und von ausschließendem Eigentum, und von ausschließenden Göttern und Gütern, sondern vielmehr derselbige Glaube, unter dessen Einfluß sich alle jene Verhältnisse besser und fruchtbarer angeordnet.

Was einzelne Staaten einander abgewinnen, der Überschuß ihres Erwerbes hat nur Wert, in wie fern die große Gemeinschaft der Staaten es wieder konsumiert; also ausschließend Eigentümliches, etwas unabhängig von dem Leben der übrigen Staaten Bestehendes hat auch der Staat nicht. Auch von den großen Werten, welche das Gesamtstreben jedes einzelnen Staates bildet, gilt was von den kleinen Werten, die das Gesamtstreben jeder einzelnen Haushaltung im Staate erzeugt: auch diese großen Werte gelten nur durch ihre Richtung auf einen gemeinsamen Mittelpunkt unter den

Staaten. Sie müssen sich unter einander nach demselben Gesetze der Kugel ordnen, das, wie oben erwiesen, ein dauerhaftes Nebeneinanderbestehen der einzelnen menschlichen Kräfte erst möglich machte. Alle sollen in Beziehung und Wechselwirkung stehen mit Allen; jeder Einzelne soll für alle übrigen leben und arbeiten, alle übrigen sollen wieder das Dasein des Einzelnen verbürgen; die Gegenwart soll für alle folgenden Geschlechter sorgen, wie die vorangegangenen Geschlechter für die Gegenwart gesorgt. — Wie ließe sich dieses große Problem der bürgerlichen Gesellschaft sowohl durch den Gedanken, als durch die Tat lösen, wenn kein Mittelpunkt, kein mittelstes Gut, kein Mittler zwischen allen Geschlechtern, Völkern und Einzelnen, zwischen Vorzeit, Zukunft und Gegenwart sich angekündigt hätte. Wenn nun schon das Zentrum, darum sich die einzelne einfache Haushaltung bewegt, und wonach sie strebt, kein Privateigentum, kein handgreifliches sondern nur ein unsichtbares, bloß empfundenes Wesen sein kann, das durch den Hausvater nur repräsentiert wird; wenn der Mittelpunkt des Staates noch weniger ein ausschließendes Nationaleigentum, ein von der Gesamtheit erworbener Überschuß von Massenkraft sein kann, wenn nur der Nationalkredit selbst sich dazu eignet, und um diesen den Sinnen darzustellen, wir eine ewige regierende Person vermittelst der Erbfolge und der Primogenitur, oder einer immer von neuem sich reproduzierenden Ratsversammlung künstlich konstruieren müssen: um so viel weniger könnte der Mittelpunkt des Staatenvereines von einer vergänglichen handgreiflichen Sache, von einem Universalmonarchen oder einem Völkerrate dargestellt werden. Hier gibt es weiter keine Repräsentation; hier muß der Glaube an den Mittelpunkt, an die unendliche Vermittlung (mediation) oder an den Mittler, selbst zum Mittelpunkte werden. Hier muß Gott selbst seiner Menschheit unmittelbar zu Hülfe kommen, denn die irdischen Hülfsmittel der Repräsentation reichen hier nicht mehr aus.

Wenn, aber durch wirkliche Offenbarung dieses Mittelste gegeben ist, ein für allemal, und die Wesentlichkeiten der menschlichen Natur, unter allen Formen und für alle Zeiten umfassend, dem reichsten Verhältnis wie dem ärmsten angemessen, dem Einzelnen und Allen, wie auch dem Zusammenhange aller vollständig genügend — so ist nunmehr nicht bloß eine Staats-, sondern auch eine Welthaushaltung möglich. Alle kriegerischen und verzehrenden Elemente, und alle friedlichen, erzeugenden dieses großen Gesamtlebens, die Weltproduktion und die Weltkonsumtion, können sich unter Vermittelung jenes Geoffenbarten zu einem höheren, über den Schein des Lebens wie des Todes erhabenen und beide umfassenden Leben verbinden. Der Glaube, der Stifter dieser unendlichen Gemeinschaft, wird nunmehr auch zum einzigen Resultat derselben; der Vater in diesem großen Hause ist zugleich der Sohn, das Erzeugte zugleich das Erzeugende in dieser Haushaltung; der Priester zugleich das Opfer in diesem Heiligtum.

Es könnte also eine Welthaushaltung geben, sage ich; die Elemente dazu sind in den Menschen und in den Staaten vorhanden, und die ewige Ordnung, das unvergängliche Gesetz ihrer Vereinigung ist gegeben. — Statt dieser Welthaushaltung aber zeigen sich die Elemente derselben abgesondert, entbunden von den wohltätigen Schranken des Lebens, als elementarische Gewalten, als Weltkrieg und Welthandel im Zwiespalt, und das Geschlecht der Menschen, das durch ihre gegenseitige Durchdringung beglückt werden sollte, ihnen zur Beute gegeben; während der friedenstiftende Glaube, dem die Weltherrschaft gebührt, arm und verkannt und verbannt, ohne bleibende Stärke umherirrt.

Aber wie ein und dasselbe Gesetz die größte wie die kleinste Haushaltung ordnet, so zeigt sich auch überall in der kleinsten wie in der größten Haushaltung die Versäumnis des Gesetzes, unter derselben Gestalt und mit denselben Symptomen: in der kleinsten Privathaushaltung ein geheimer Krieg Aller gegen Alle einerseits, und ein kalter Handelsverkehr mit den rohen Bedürfnissen des äußeren Lebens andererseits; und so bildet sich denn jene vorgeblich kosmopolitische Denkungsart, wo man einerseits alle äußeren Schranken durchbrechen will, damit dieser kleine Kram sich nur ungebunden an den Universalkram des Welthandels anschließen könne, während andererseits die innere Feindseligkeit der Gemüter recht kosmopolitisch übertritt, in den großen Weltkrieg Aller gegen Alle, der die traurigen Bande, die der Handel geknüpft hat, wieder zerstört, so, daß das gesamte Geschlecht nur wieder eingefangen werden muß in Ketten und Mauern (anstatt der umgestürzten Schranken), damit wenigstens sein Dasein gefristet werde.

Da wo das Auge die Weltaushaltung, das Weltgesetz in seinen ganz großen Zügen sucht; im Völkerverkehr, wo kein irdischer Arm das Gesetz mehr aufrecht erhalten kann, und wo es sich selbst durch sein unendliches Mittlertum behaupten muß — zeigen sich Massen des Todes, übereinander gehäufte Bilder des Untergangs, und wie jene unglücklichen Naturforscher, die den Tod nicht zu besiegen wußten, also die Lebenserscheinungen zusammen drängten, um das immer mehr entweichende Leben zu greifen und zu fassen, so irren die Vereinzelten, aus dem Zusammenhang ihrer Geschäfte herausgerissenen Menschen umher; ohne Rat gegen den Untergang, halten sie sich an den einzelnen Planken des zerscheiterten Lebens; sammeln und häufen die einzelnen Güter, die vom Geiste der Gesellschaft entblößt, also wertlos geworden sind; streben also vor allen Dingen nach jener Ware die an Expansion und Kontraktion, an Beweglichkeit und Dauerhaftigkeit, dem höheren Gute, welches sie verloren haben, am ähnlichsten ist, nämlich dem edeln Metalle.

Sie suchen Surrogate nicht bloß für den verlornen Verkehr mit dem Indien, sondern auch für den verlornen natürlichen Verkehr untereinander, und sehr schicklich fällt ihre Wahl auf die edeln Metalle. Denn die edeln Metalle haben unter allen Waren den größten kosmopolitischen Charakter, können ferner am schärfsten in die verlangten Teile abgesondert und auseinander gesetzt werden, ihre Substanz endlich ist in allen Formen und Portionen die gleichförmigste: so entsprechen sie sehr genau den drei Haupttendenzen dieses zersprengten Geschlechts: nach dem schrankenlosen Universum der allgemeinen Konkurrenz, nach dem streng abgesonderten und auseinander gesetzten Privateigentum, und nach einem bloßen Zahlen-, Summen- und Massenleben.

Da also alle höheren Rücksichten für die Wertbestimmung der Dinge verschwunden, da in diesem Chaos durcheinander schweifender ökonomischer Atome von einer Richtung, von einem lebendigen Verhältnis der ökonomischen Kraft nicht weiter die Rede sein kann, so gibt es nur augenblickliche Bestimmungen gewisser Scheinwerte, oder Preise, deren Schwanken und verhältnismäßiges Steigen schon dartut, daß sie mit dem natürlichen Gange der ökonomischen Geschäfte nichts zu schaffen haben, sondern daß sie von der gewissen Ebbe und Flut eines eingebildeten Weltmarktes abhangen.

Denn, daß zu aller Wertbestimmung ein Mittelpunkt gehöre, kann der Instinkt selbst nicht verleugnen, wenn auch die Einsicht in das Zentrum aller Mittelpunkte und aller Kraftrichtungen längst verloren wäre: man imaginiert sich einen Mittelpunkt, und sollte er auch wie der sogenannte Weltmarkt überall und nirgends sein.

Die Metalle, sollte es scheinen, müßten in diesem Zustande der Dinge, da sie mit der Neigung aller Kräfte so genau zusammenhängen, in einer unendlich beschleunigten Progression kostbarer werden, auch klagt das ganze Geschlecht wie mit einem Munde über ihren Mangel; aber so gerecht, so symmetrisch offenbart sich die Natur, der nunmehr allein das Regiment überlassen worden, auch in den Krankheiten der bürgerlichen Gesellschaft: die einzelnen Notwendigkeiten des augenblicklichen Lebens, werden, da die gegenseitige persönliche Hülfe mehr und mehr nachläßt, noch viel dringender als die Notwendigkeit sich in den Besitz des höchsten Gutes dieser Zeit, nämlich der edeln Metalle, zu setzen; die Preise der Waren steigen in noch viel beschleunigteren Verhältnissen, als die Preise der Metalle. Von den dermaligen Zuständen des Preises der Dinge hat man überhaupt ganz falsche Vorstellungen. Es scheint zwar, als stehen Waren und Geld mit einander nur im umgekehrten Verhältnisse, und so müßten dann in der gegenwärtigen Lage der Dinge die Preise der Metalle fallen, weil die Preise der übrigen Waren steigen. Aber ich sage die Preise der Metalle steigen auch, und zwar fortgesetzt, nur werden sie von den Preisen der Waren ebenso fortgesetzt überstiegen. Sie steigen beide, nämlich mit Beziehung auf ein anderes nicht zu versäumendes Wesen, welches sinkt.

Metall und Ware stehen unter einander in einer Art

von Wechselverhältnis (umgekehrten Verhältnis) nur in einem untergeordneten: Dieses Verhältnis eben weil es ein bloßes Zahlenverhältnis ist, steht selbst wieder in einem höheren Verhältnis zu den (geometrischen) gesellschaftlichen Richtungen der Kraft.

Das Verhältnis der Waren zu dem gemeinen Gelde wird ausgedrückt durch eine Zahl, und diese Zahl nennen wir den Preis, das geometrische Verhältnis der Kraftrichtung zu ihrem Vereinigungspunkt haben wir den Wert genannt, der eigentlich, wie oben gezeigt, nur durch eine Figur, durch die Kugel ausgedrückt werden kann, und nur subsidiarisch durch eine Zahl bezeichnet wird. Der große Wagebalken, woran der Staatsmann und der Staatsgelehrte darauf zu achten haben, daß das Zünglein wohl einstehe, ist also nicht das Verhältnis, Geld und Ware, vielmehr ist dieses ganze Verhältnis mit seinen beiden Gliedern nur der eine Arm des Wagebalkens: der andere Arm ist das Verhältnis, ist die ökonomische Richtung zum Mittelpunkt; dies ist der Arm, welcher das Gewicht trägt, das heißt: den Wert.

Das allgemeine und unverhältnismäßige Steigen der Preise an dem einen Arme des Wagebalkens beweist, wie es auch wirklich der Fall ist, daß der andere Arm desselben, der die Werte trägt, sinkt. — Das ist der eigentliche Sinn der gegründeten Klage über die Preissteigerung aller Dinge, und darum haben, so lange die Theorie das Verhältnis Geld und Ware allein betrachtete, die Perioden der Zuflüsse aus den Minen, während der drei letzten Jahrhunderte, niemals, auch wenn man dem neuen Verhältnisse Zeit gab, sich zu entwickeln, mit den Perioden der erheblichsten Preissteigerungen übereintreffen wollen. Während dieser letzten drei Jahrhunderte aber ist die ökonomische Richtung der Kräfte von jedem folgenden Geschlechte, das durch immer größere Massen von Produktion geblendet wurde, immer mehr hintan gesetzt worden, darum sind die Preise der Dinge so vernehmlich gestiegen, und die Werte so vernehmlich gesunken. — Das Bild von der Wage drückt die Sache sehr wohl aus; das Steigen drückt ein Ungenügen, ein zu leicht erfunden werden, und das ist auch die eigentliche Bedeutung aller allgemeinen und empfindlichen Preissteigerung.

Weil das Verhältnis des gemeinen Geldes zu den Waren, oder der Preis, an und für sich nichts Bestimmtes ist, so ist auch der Markt an und für sich, so ist der Weltmarkt ein völlig unbestimmtes Wesen. So bald aber das Verhältnis der Richtungen untereinander, und zum Mittelpunkt an der größten wie an der kleinsten Stelle mit in Betracht kommt, so bald die Preise und die Werte einander regulieren, dann entstehen wirkliche Haushaltungen, die sich untereinander in lebendigen Zusammenhang setzen, und zuletzt die große bestimmte Welthaushaltung bilden, die auf jedes einzelne Hauswesen so segensreich, als der eingebildete Weltmarkt verderblich zurückwirkt. Die letzte und höchste Bedingung dieses geordneten Zustandes wird aber allezeit sein, daß ein unzerstörbarer Weltglaube, das heißt: ein göttlicher Vermittler aller irdischen Geschäfte da sei.

Also auch mit Rücksicht auf sein Verhältnis zu anderen Staaten, ist es nicht ein Überschuß in der Masse der Produktion, der die Gesamtexistenz des Staates an seinem Orte verbürgt. Die Nationalökonomie wird allerdings solchen Überschuß abwerfen, aber dieser wird nie absolute, und an sich für ein Mittel der Behauptung im Staatenvereine angesehen werden können.

Dieser Überschuß wird entweder zur Bewaffnung und zu Vorbereitungen der Verteidigung angewendet, und in so fern ist es gar kein Überschuß; er ist ein bloßes Werkzeug, das der Staat Kraft seiner Ganzheit und der Nachbarschaft anderer Staaten so notwendig gebraucht, um sich fortdauernd in ein produktives Verhältnis zu ihnen zu setzen, um sie mit sich im wechselwirkenden Streben nach dem gemeinschaftlichen Mittelpunkt des ganzen Staatenvereines zu erhalten, als der Handwerker mancherlei Werkgerät braucht, um mit seinem geliebten Materiale ein Produkt zu gewinnen, welches gegen den mittelsten Staatszweck hin in unendlicher Annäherung begriffen ist. Wie bei dem unscheinbarsten Handwerk eine kunstreiche, halb zwingende, halb reizende Behandlung des Arbeiters dazu gehört, um seine Produktivität zu behaupten, so muß eine gleichfalls halb zwingende, halb reizende, halb militärische, halb diplomatisch-merkantilische Behandlung der Nachbarstaaten es ausweisen, ob sich der Staat bei seinem produktiven Leben und bei seiner Ganzheit behauptet.

Wird jener Überschuß im auswärtigen Handelsverkehr aufgewendet, und werden dafür im Auslande Äquivalente in Waren eingetauscht, so muß innerhalb unsers Staates ein Bedürfnis) nach diesen eingetauschten Objekten Statt gefunden haben; unsere Konsumtion ist also nicht durch die Produktion gedeckt gewesen, und der Überschuß war nur scheinbar. Haben wir edle Metalle oder Geld dafür eingetauscht, so muß, wenn das Geld seinen Wert behalten soll, entweder die innere Konsumtion schon darauf warten, oder sie muß der Waren bedürfen, die in anderen Gegenden des Auslandes für das Geld eingetauscht werden; in beiden Fällen ist der Überschuß gleichfalls nur scheinbar gewesen. Dasselbe gilt dann auch von den Waren, die zur Reexportation eingeführt werden.

Was also der Staat im Ganzen wert sei, offenbart

sich nicht in Massenüberschüssen, sondern in der Richtung seiner Gesamtkraft auf den ewigen Mittelpunkt des Glaubens, der das ganze ökonomische Geschäft dieser Erde in seinen Fugen erhält; und, um dieses Mittelpunkts Willen, in dem gerechten und schönen Verhältnis seiner Kraftrichtung zu den Kraftrichtungen der übrigen Staaten.

So wie nun eine einzelne Linie durch eine nach ihr hin konvergierende andere Linie erst zur bestimmten Linie wird, so bedeutet auch die Kraftrichtung eines einzelnen Staates an und für sich allein noch nichts; sie muß erst durch eine zweite konvergierende Kraftrichtung eines anderes Staates eine bestimmte Bedeutung, einen bestimmten Wert erhalten. So wenig der einzelne Arbeiter im Staate sich des wechselwirkenden Entgegenkommens der Arbeit seines Nachbars überheben kann; so gewiß durch die konvergierende Richtung der Arbeit dieses Nachbars erst die eigene Arbeit Wert erhält, und die größten Überschüsse, wenn sie möglich wären, der Arbeiter sich aber isolierte, und aus dem Verhältnis der nachbarlichen Kraftrichtungen heraustrāte, völlig wertlos werden müßten — so gewiß kann der Schein von Kraftüberschüssen eines einzelnen isolierten Staates den Kenner über seinen wahren Wert nicht täuschen. Erst in der Richtung gegen die Kraftrichtungen der Nachbarn, muß sich der Wert der Nationalmacht eines Staates ergeben. Also erst muß der Staat das ganze reale Streben seiner Nachbarstaaten mit gerechter Nachgiebigkeit statuieren und begünstigen, er muß seine Nachbarstaaten als seines Gleichen um des Glaubens, um des Staatenvereins, um der Christenheit Willen (welche die einzig gedenkbare Form eines solchen Staatenvereines ist) frei anerkennen, wenn ihm selbst und allem, was er enthält, und was seinen untergeordneten

Wert wieder von dem Werte des Staates ableitet, ein solcher Wert zugeschrieben werden soll. —

So hätte sich denn nun die Sache sonderbar gewendet: der aus der Mehrheit der Staaten hergenommene Einwurf gegen meine Ansicht der Haushaltung wäre dadurch widerlegt, daß ich gezeigt habe, wie diese ganze Ansicht nur bei der Mehrheit der Staaten, und durch die Idee einer Welthaushaltung bestehen könne.

Neuntes Kapitel
Vom Bedürfnis

Das, was wir in unserer bisherigen Darstellung Konsumtion genannt haben, und was zur Produktion in demselben Verhältnis steht, wie der Tod zu Geburt, erscheint, wenn wir von der Produktion absehen, als Lebensgenuß; und in wiefern wir uns die Konsumtion als den Antreiber aller Produktion denken, so nennen wir sie Bedürfnis. Wenn aber die Produktion vom Bedürfnis regiert wird — befruchtet wird, möchte ich sagen — und sie auch nichts anderes erzeugen soll, als etwas bestimmt Verlangtes, Begehrtes, ein Bedürfnis, im objektiven Sinne des Wortes, so versteht es sich wohl von selbst, daß es der Staatswirt nie und nirgends mit der Produktion an sich zu tun haben kann, sondern immer nur mit dem Verhältnis der Produktion zum Bedürfnis oder mit der Produktion in wie fern diese durch das Bedürfnis eine bestimmte Richtung erhalten hat.

Alle einzelnen Bedürfnisse lassen sich, wie ich schon oben gezeigt, auf ein einziges Hauptbedürfnis reduzieren: der Mensch will sich vervollständigen, verewigen; er will sich über die eigene Gebrechlichkeit, Unvollständigkeit, Vergänglichkeit zur Gesundheit, Fülle und Dauerhaftigkeit des ganzen Geschlechtes erheben, in welchem er lebt, sich selbst erkannt hat, seiner selbst bewußt worden ist; darum bedarf er der Speise und des Trankes, er bedarf seines Gleichen, er bedarf der Personen entgegengesetzten Geschlechts, er bedarf des Staates, ja er bedarf des Staatenvereines in einem weltumfassenden Glauben d. h. der Kirche.

Kurz, er bedarf Homogenes und Heterogenes. Wollte er die ganze Welt als Homogenes sich aneignen, verspeisen, sich als Privateigentum unterwerfen, so wäre dies freilich, falls es gelingen könnte, ein Weg der Vervollständigung: die Fülle des Raumes würde er sich aneignen, aber die Zeit, welche er versäumt hätte, würde sich an ihm rächen; das eben so lebhafte Verlangen nach Dauer und Ewigkeit bliebe nicht bloß unbefriedigt: je mehr er sich durch die Eroberung des Raumes an Umfang erweiterte, je mehr (wenn ich mich so ausdrücken darf) Vergänglichkeiten er sich aneignete, in so viel Bildern mehr sähe er den Untergang der einzelnen Dinge vor Augen, um so mehr hätte er sein Dasein verkürzt. Anstatt sich an ein dauerhaftes Ganze anzuschließen, und seine Vergänglichkeit durch die Ewigkeit dieses Ganzen aufzuheben, hätte er es unternommen, die Bestandteile dieses Ganzen in die Sphäre seiner Vergänglichkeit hinüberzureißen.

Um die Welt zu erobern, muß er sie vereinzeln, in ihre Bestandteile zerlegen; er muß sie teilen, um sie zu besitzen (divide et impera); er muß ihre Ganzheit aufheben, um sie ausschließend zu beherrschen; sie gewährt ihm also auf diesem Wege gerade das nicht, was er verlangt und bedarf.

Nichts destoweniger kann dieses Bedürfnis der Fülle, und dieser Drang nach der Ewigkeit befriedigt werden; es gibt nur einen Weg dazu, der zugleich der allernatürlichste ist, der aber früh verloren gegangen, und nur durch ein göttliches Licht hat wieder gefunden werden können, und von den Weisen der Erde doch wieder vergessen worden ist. Er heißt: Liebe Gott über alles und deinen Nächsten als dich selbst! und um dies höchst dunkle und mystische Wort den Philosophen und Ökonomen dieser Tage zu übersetzen: Erfülle dich ganz von der innersten Eigenheit deiner Natur, von dem Drange nach der Ganzheit, die den Raum und die Zeit,

die jene Vollständigkeit und Ewigkeit, welche du begehrst, umfaßt, und dann um dieser Ganzheit willen erkenne außer dir deines Gleichen an, erkenne daß er außer dir unerobert, unüberwindlich bleiben muß, damit deine Innerlichkeit einen Gegenstand unendlicher Aneignung, o. h. der Liebe habe.
Also, damit das Bedürfnis aller Bedürfnisse befriedigt werden könne, muß der Mensch ein unendliches Verlangen der Aneignung empfinden: Hunger und Durst und tausendfältige Mängel pflegen und bestärken dieses Verlangen; aber damit dieses Verlangen nicht unabhängig für sich, ohne ein anderes beschränkendes und dämpfendes Element, wie ein sich selbst überlassenes, verzehrendes Feuer rase, muß es gehemmt werden durch seinen Gegenstand, — muß ihm ein unendliches Versagen zur Seite gehn. —

Die Sachen scheinen diesem verzehrenden Verlangen unbedingt unterworfen; aber da sich, nach der Einrichtung dieser Welt, die Sachen nicht aneignen lassen, als vermittelst der Personen, da bald die Personen selbst zum Gegenstande des allerungestümsten Verlangens werden, dieses Verlangen aber nur deshalb so ungestüm ist, weil es nichts Äußeres an den Personen, sondern ihre innere Persönlichkeit selbst begehrt, diese Persönlichkeit aber nur begehrt werden kann, inwiefern sie das Bleibende ist, unter allem vergänglichen Außenwesen, also begehrt wird, und doch zugleich ewig unerreichbar ist für alles Begehren, — so muß der Mensch aus diesem Widerspruch zurückkehren, mit dem Bewußtsein eines Doppelverlangens: er muß anerkennen, daß in seinem Drange nach der Aneignung zugleich das andere Verlangen verborgen liegt, daß die Dinge beharren möchten in ihrer Eigenheit, damit eine unendliche Aneignung möglich sei: diese unendliche Aneignung nennt die Religion: Liebe, und befiehlt: Gott selbst anzuschauen als diese Liebe.

Das Bedürfnis aller Bedürfnisse, das Bedürfnis nach der Ganzheit und Ewigkeit, wird also befriedigt durch die Erkenntnis der Vereinigung des Ganzen in der Liebe, und durch die unendliche Ausübung der Liebe, indem die Eigenheit und Unüberwindlichkeit aller Gegenstände der Liebe anerkannt wird.

Kein Bedürfnis des Lebens wird auf eine andere Weise befriedigt: mit jedem Bissen für unsern Hunger, mit jedem Tropfen für unsern Durst wollen wir zugleich die Beruhigung speisen und trinken, daß wir diese Begierden immer werden befriedigen können, daß alle anderen Bedingungen dieser Befriedigung dauern werden, daß auch der Nächste, dessen liebevollen Beistand wir brauchen um dieses Brotes und dieses Weines willen, sich derselbigen Befriedigung erfreue, daß also das Band fortdaure, welches die Tage untereinander, die Geschöpfe der Tage unter einander und diese regelmäßig mit jenen verbindet.

Kann es nun, frage ich, ein größeres Zeichen der Zerrüttung aller gesellschaftlichen Ansichten und Verhältnisse geben, als daß eine Theorie der Haushaltung erfunden, und für eine Wissenschaft anerkannt werden kann, in der von jenem Bedürfnis aller Bedürfnisse nicht die Rede ist, in der die Dinge für sich, abgesondert von jenem Geist, von jenem Verhältnisse zu einander, von jenen Neigungen und Kraftrichtungen, in denen sich ihr eigentliches Leben offenbart, abgesondert von jenem Mittelpunkt, welches die Liebe ist, betrachtet werden; eine Lehre die von dem, was in der Speise eigentlich der Hunger, was in dem Trunk eigentlich den Durst löscht, nichts weiß; eine Lehre, welche die Menschen aus der Welt heraus produzieren, sie mit Produkten herausdrängen will, und welche das Geheimnis der Produktion auch des geringfügigsten Handwerks nicht kennt, kaum danach fragt; die dem Menschen zeigen will, wie er die Welt durch eine kümmerliche Industrielist erobern, und sich als Privateigentum unterwerfen kann, während sie ihm das unscheinbarste Eigentum auch nicht auf einen Tag zu garantieren vermag; eine Lehre die statt aller Prinzipien von der einen großen Tatsache der menschlichen Gefräßigkeit ausgeht, und, wie das unvermeidliche Gefressenwerden zu verhüten sei, an keiner Stelle nachweiset: kurz eine Lehre vom Reichtum, die von dem Wert der Dinge keine Rechenschaft zu geben weiß.

Da alle Bedürfnisse zuletzt auf das eine Hauptbedürfnis der bürgerlichen und menschlichen Gesellschaft zurückkehren, welches, wie ich hinlänglich erwiesen, nur durch und mit Gott zu befriedigen ist; da alle Produktion, wie ich gleichfalls gezeigt, eigentlich keinen Überschuß in Sachen, sondern nur den höhern Kredit, den höheren Glauben an die bürgerliche Gesellschaft, und somit in letzter Instanz den höhern Glauben an die göttliche Idee, wodurch die bürgerliche Gesellschaft zu einem Ganzen wird, bezweckt — so muß uns der bloße, gewöhnliche widerspruchsscheue Verstand zugeben, daß eine genügende Ansicht der Staatswirtschaft so lange unmöglich war, als man bei dem mechanischen Umtriebe der äußeren produzierenden Kräfte allein verweilte, als man nur den handgreiflichen Dingen ein ökonomisches Gewicht zugestehn wollte, und die unsichtbare Macht, welche dem menschlichen Bedürfnis seine Richtung, und somit aller Produktion ihre Form gibt, durchaus nicht als ökonomisches Moment anerkennen wollte. Für das Verzehren, meinte man, laßt die Natur sorgen (d. h. die rohe, wilde Natur, die der bürgerlichen Ordnung gegenüber billig Zufall genannt werden muß) — ihr habt nur so viel als möglich zu produzieren, damit allezeit mehr vorhanden sei, als konsumiert werden kann. —

Was Wunder, daß die Menschheit in aller ihrer Produktenfülle zu verschmachten Gefahr lief! Auf die höheren Bedürfnisse, auf das Bedürfnis aller Bedürfnisse, auf den Frieden der jedem Dinge inwohnen muß, damit es befriedigen kann, war keine Rücksicht genommen; die ganze Produktion hatte für ein fabelhaftes Zwittergeschlecht gearbeitet, für ein Bündel isolierter, gebildeter, eleganter, sich unabhängig wähnender Sklaven, die weder Gottes noch der Gesellschaft bedürften: indessen sehnte sich und rang das wirkliche Geschlecht noch immer, wie vor Alters, nur unbestimmter, unbefriedigter und unglücklicher nach der Vereinigung, nach jenem unschätzbaren Beigeschmack der Sicherheit und des Glaubens in allem Genüsse, nach der Gemeinschaft mit allen, in der genossen werden muß, wenn der Genuß von ihr verbürgt werden soll. — Massen, Summen und Zahlen können den eigentlichen Durst nicht stillen; der zerrüttete Markt kann das Bedürfnis nicht befriedigen: nur die Allgegenwart des Kredits kann es. —

Der Staatswirt also vermag die Produktion nicht zu treiben, als durch das Bedürfnis; durch das Bedürfnis des einzelnen Augenblicks kann er sie aber nicht treiben wollen, weil das Bedürfnis des folgenden Augenblicks alle seine Mühe wieder aufheben würde; er fragt also nach dem dauernden Bedürfnis, d. h. wohin das Bedürfnis der Gesellschaft und jedes Einzelnen für die Dauer gerichtet sei: er fragt zuförderst nach Linien und nicht nach Zahlen, denn durch die Zahlen eines Etats würde er nur erfahren können, wie stark das Bedürfnis aber nicht welcher Art es sei. Seine Bestimmung aber ist nicht, jedes einzelne Bedürfnis für sich abzufinden in seiner Quantität, sondern er hat für ein gerechtes Verhältnis der Bedürfnisse untereinander zu sorgen, damit eine verhältnismäßige und gerechte Befriedigung derselben möglich sei. Wenn ein gerechtes Verhältnis unter allen Bedürfnissen und Neigungen Statt finden soll, so müssen diese Bedürfnisse nach einem Mittelpunkt hin konvergieren, das Bestehen des Ganzen, das Heil der Gesellschaft selbst muß dieser Mittelpunkt sein; kurz allen einzelnen Bedürfnissen und Neigungen muß eine nationale Neigung einwohnen, alle einzelnen Bedürfnisse müssen auf das Bedürfnis aller Bedürfnisse gerichtet sein.

Alle Staatswirtschaft hat also die Bestimmung zwischen dem Bedürfnis und der Produktion zu vermitteln, d.h. da das ewige Bedürfnis die Werte, die augenblickliche Produktion aber die Preise bestimmt, zwischen den Werten und Preisen zu vermitteln; beide, und mit ihnen Zeit und Ewigkeit seiner Haushaltung im Gleichgewicht zu erhalten.

Jedermann gibt mir zu, daß die Finanzen eines Staates nicht dirigiert werden können, ohne einen Etat, der so weit als möglich alle zukünftigen Bedürfnisse umfaßt; aber mit der Erkenntnis der Etatsumme ist noch nichts erreicht, man muß kennen, die Art wie, die Perioden wann diese Bedürfnisse eintreten werden, und da sich weder das Bedürfnis eines Staates, noch die Befriedigung desselben genau vorher berechnen oder untätig abwarten läßt, so muß der Finanzminister Einfluß auf die Leitung dieser Bedürfnisse erhalten; er muß Macht über die Bedürfnisse haben, ganz in demselben Grade, als er über ihre Befriedigung hat. Aber es sind nicht bloß die Bestimmungen der auswärtigen Politik, der Krieg, die Bewaffnung, die Diplomatie, der Welthandel welche die Natur der Staatsbedürfnisse gewaltig verändern: diese Veränderungen sind vorübergehender Art gegen die tiefergreifenden Revolutionen der inneren Haushaltung; ein einziges Römisches Gesetz, welches das absolute Privateigentum befördert, eine einzige Verordnung, welche alte angeborne und angeerbte Untertänigkeitsverhältnisse aufhebt, vermag die Richtung aller Bedürfnisse auf den Staatszweck mehr zu zerstören, als alle Kriege nicht können: der Finanzminister ist also auch ohne Einfluß auf die gesamte Privatgesetzgebung nicht zu denken. In der Praxis, welche nie solcher Ausschweifungen fähig ist als die Theorie, ist dies häufig anerkannt worden.

Wenn nun tausenderlei Beschränkungen und Ausfuhr- und Einfuhrverbote angeordnet werden müssen, um die eigennützige und weltbürgerliche Neigung der Untertanen in die notwendige Richtung auf den Staatszweck hineinzuzwingen, so schreit die Theorie über Tyrannei und Druck, weil das geliebte Privateigentum angegriffen, weil dem Privatleben versagt wird, was es nicht auf nationale Weise und mit nationaler Mäßigung zu gebrauchen versteht; dann sollen gewisse einfache Grundsätze der allgemeinen Konkurrenz und der sogenannten Freiheit verletzt sein, die Produktion soll leiden u.s.f. — Ich habe die Fabel vom Weltmarkt, und jener Freiheit bereits hinreichend widerlegt: ich zitiere den eben erwähnten Fall nur um zu zeigen, wie diese Theorie aus einem natürlichen Instinkt überall da etwas Unheimliches wittert, wo die Richtungen der Kräfte angetastet werden: und man darf nicht übersehn, daß es einer ihrer obersten Grundsätze ist, daß diese Richtungen der ökonomischen Tätigkeit überall der freien Willkür überlassen werden müßten.

Daß ungeachtet allem Geschrei der Theorie, ungeachtet aller ihrer wiederholten Appellation an die Humanität des Jahrhunderts, diese Richtungen der ökonomischen Tätigkeit, anstatt eigenem Belieben überlassen werden zu können, immer mehr haben beschränkt und bezwungen werden müssen, darüber werden sich die Theorien mit ihrer eigenen Weisheit und mit der Überzeugung von der Kurzsichtigkeit der Regierungen zu trösten wissen, wiewohl in den Augen jedes unbefangenen Beobachters diese eine Erfahrung sie vollständig zu Boden schlägt. Wie sehr man auch an vielen Stellen in Europa mit Rücksicht auf die innere Administration leider dem Drange der Zeiten und der Theorien, und der unmittelbaren Geldbedürfnisse nachgegeben hat, wie unverhältnismäßig man auch die Industrie, den Markt, die Mobilisation alles Eigentums u.s.f. begünstigt, die Landwirtschaft selbst in das Gebiet der übrigen Augenblicklichkeiten und Veränderlichkeiten hinübergezogen, und die Richtungen der ökonomischen Tätigkeit im Innern des Staates der Willkür des Augenblicks preis gegeben hat, so war das Bedürfnis ein politisches Ganzes, einen abgesonderten Staat zu bilden, doch allenthalben zu groß, als daß man nicht das Hinüberschweifen der ökonomischen Kraftrichtungen über die Grenzen der Staaten aus allen Kräften hätte verhindern sollen. Je mehr also im Innern der Willkür des Privatmannes überlassen worden war, um so strenger, um so drückender mußten die Schranken um das Ganze werden; je flüssiger und kernloser die Frucht, desto dichter und härter die Schale, während eine leichte zarte Haut dicht und kernicht organisierte Früchte bei einander erhält: für jedes im Binnenlande freigegebene Gewerbe mußte das Nationalgewerbe im Ganzen enger eingespannt werden; und wurde alle ökonomische Tätigkeit überhaupt der Willkür und dem augenblicklichen Leichtsinn der Industriemänner dieses Augenblicks preis gegeben, so hätte es Not getan, daß man den Staat an seinem Umkreise hätte hermetisch versiegeln können, um wenigstens die Atome des Nationalglücks bei einander zu halten. In Staaten hingegen, wo man die alten Schranken der ökonomischen Tätigkeit, wo man die feudalistischen Formen der Haushaltung und Dienstverhältnisse geschont hat, so viel es die Umstände erlauben wollten, wo man dem Vorwitz angeblicher Kulturfortschritte weniger nachgesehn, wo man die Frucht in ihrer alten, organischen und kernigen Natur erhalten hat, wie in Österreich, da haben, auch die größten Beschränkungen der Industrie, und des auswärtigen Handels unverhältnismäßig weniger gedrückt.

Anstatt demnach jene Richtungen des Bedürfnisses und also der ökonomischen Tätigkeit, jenes heilige Skelett der gesamten Staatshaushaltung, das sich im Laufe der Jahrhunderte zu dem eigentlichen Stamm und Träger aller politischen Organe befestigt hat, der Willkür einer, von aller gesellschaftlichen Tugend abgewendeten Generation zu überlassen, verlange ich vielmehr, daß alle Produktion des Augenblicks oder des einzelnen Jahres ihr untergeordnet werden soll. Hat der Staatswirt in dem Verhältnis: Bedürfnis und Produktion, das eigentlich im Gleichgewichte schwebend vor seiner Seele stehen soll, irgendetwas zu begünstigen, so ist es das Bedürfnis, das ewige Gesamtbedürfnis seines Staates, denn dieses muß ihm lehren, was die natürliche, angestammte, und mit der übrigen Haltung und Erhaltung des Staates vereinbare Produktion sei. Dieses eigentliche Stammvermögen, dieses erprobte Kapital, das, wie man mir endlich wohl ohne ferneren Beweis einräumen wird, vielmehr in der Zähigkeit der Bedürfnis- und Kraftrichtungen, und in ihrem festen Verhältnis zu einander, als in der Größe der darin sich bewegenden Kräfte und Massen besteht, zu schonen und zu erhalten, ist des Staatswirts erste Rücksicht: ist diese beachtet, dann mögen die Bedürfnisse und die Produktion des Augenblicks an die Reihe kommen, dann mögen die äußeren Umrisse des heiligen Körpers geschmückt werden, dann möge man seine Muskeln üben, seine Brust stählen, und ihn mit allen Äußerlichkeiten, die der Augenblick verlangt, bewaffnen und begaben.

Überläßt man hingegen das Bedürfnis der Menschen sich selbst und der willkürlichen Richtung, welche die Theorien verlangen, so hat man damit nichts Geringeres getan, als das absolute Privateigentum zur einzigen Form aller Aneignung erklärt, man hat die Anrechte des Staates auf alles Eigentum in seinem Umkreise aufgegeben, denn durch die gewohnten Kraftrichtungen alles Einzelnen auf das Ganze allein war der Staat in Stand gesetzt, seine Ansprüche an alles Einzelne in jedem Augenblick zu realisieren. Hat man also das Bedürfnis der Menschen, das lange Jahrhunderte hindurch in allen wesentlichen Rücksichten eins war mit dem Nationalbedürfnis und unzertrennlich von ihm, von Grundaus privatisiert, und also die Sklaverei des Privateigentums zur einzigen Richtschnur alles menschlichen Bedürfnisses und aller menschlichen Produktion erklärt, nur Verhältnisse zwischen Personen und Sachen gesetzlich anerkannt, dagegen alle Bande zwischen den Personen zerschnitten — dann nehme die Regierung ihre Zwangsmittel wohl in Acht, dann ziehe sie das eiserne Band ihrer Armeen fester und fester, greife alle die ihr verbliebenen Zügel wohl zusammen, und vergesse nicht, daß sie ein unbedingtes und unbegrenztes Privateigentum über diese ganze Horde von Privateigentümern ausüben muß, wie ihr nunmehr auch das Recht dazu zusteht; denn alle innere bindende heilige Kraft der Zeit, die das Widerstrebende still und ohne weitere äußere Antriebe versöhnt, alles was in den bürgerlichen Verhältnissen der Wandelbarkeit der Dinge trotzte, was kein Feind von außen nieder zu werfen vermochte, und was der Mensch nur durch eigenen Frevel verscherzen konnte, kurz alle göttliche Hülfe entweicht, wenn die göttlichen Bande der Dinge mutwillig zerrissen sind, wenn nur das Bedürfnis des Augenblicks, aber nicht mehr das ewige Bedürfnis aller Geschlechter im Regimente der Völker geachtet wird. Die irdischen Hülfsmittel müssen nun allein herhalten; jeden Moment muß die ganze Generation von neuem bezwungen werden, weil keine unsichtbare Hand mehr auf die menschlichen Anordnungen ihr Siegel drückt.

Zehntes Kapitel
Von den Gesetzen, als einzigem und höchstem Resultat aller Ökonomie

Die Richtungen der ökonomischen Tätigkeit, und die Verhältnisse derselben untereinander und zum Ganzen der ökonomischen Kraft eines Staates, stellen sich äußerlich dar in den Gesetzen dieses Staates. — Um diese Wahrheit in ihrem ganzen Umfange zu erkennen, sehe man ganz von den Vorstellungen ab, die ein verkehrter Gang der politischen Erziehung in uns allzusehr befestigt hat.

Die erste ausgebildete Vorstellung von dem Wesen des Gesetzes erhalten wir meistenteils von Lehrern des Römischen Rechts und ohne gründliche Historie seiner Entwicklung, ohne Bezeichnung der Stelle, welche Rom unter den Staaten, die sich einer umfassenden Gesetzgebung erfreut, eingenommen haben möchte. Da nun, abgerissen von der Geschichte der allmähligen Entwicklung des Weltreiches, die Römische Gesetzgebung außer allem Zusammenhang mit den göttlichen Gesetzen zu stehen, und ein Werk der gemeinen rechnenden Vernunft zu sein scheint, so wohnet sich sehr leicht der Irrtum bei uns ein, die Gesetzgebung sei ein Werk des Weltlichen Kalküls, eine Aufgabe für den scharfsinnigen Kopf, die im Grunde und ihren wesentlichen Stücken ein für allemal gelöst worden sei.

Dieser große Irrtum und mit ihm die Popularität der Römischen Gesetzgebung hat in den Weltumständen der drei letzten Jahrhunderte eine große Begünstigung gefunden. Die plötzliche und ungeheure Erweiterung des Gesichtskreises der Europäischen Völker im Anfange des sechzehnten Jahrhunderts, nachdem diese Völker bisher in den stilleren Schranken des väterlichen Hauses verweilt, veranlaßte die Ketzereien jener Zeit, den Abfall des Nordens von der Idee des Glaubens, welche bisher die göttlichen und menschlichen Gesetze der Europäischen Völker durcheinander verbürgt hatte, und den einstweiligen Versuch, ob vielleicht der Begriff dieses Glaubens eine ähnliche Vereinigung bewirken könnte. Die Kirche hatte gegen die Einflüsse des alten Roms nicht die gehörige Quarantäne verordnet, sie hatte sich, wenn man ihr einen Vorwurf machen kann, nicht der weltlichen Dinge gehörig bemeistert, sie war uneingedenk gewesen der Vorschrift des Apostels: omnia instaurare in Jesum Christum quae in coelis et quae in terra sunt; dem Mammon, der nicht in den Reichtümern dieser Erde, sondern in dem Streben nach ausschließendem Besitz, nach absolutem Privateigentum seinen Sitz hat, ist allzuviel Raum gelassen worden; die Römischen Doktoren in Bologna sind nicht verketzert, der lebendige Zusammenhang der feudalen Verfassungen des Mittelalters mit der Kirche ist nicht gründlich genug anerkannt worden: kurz, wiewohl die innere Kirche vollständig rein und untrüglich geblieben, so ist doch im äußern Regiment derselben etwas Wesentliches versäumt worden.

Die vielgepriesenen Erfindungen des fünfzehnten Jahrhunderts haben das ihrige mitgewirkt, und es wohl verdient, daß der Geist der letztverflossenen Zeit mit ihnen seine ganze Zeitrechnung angefangen. Die Chimäre des Privatlebens ist aufgekommen; die um alle Indien und um das ganze heidnische Altertum erweiterte Welt schien groß genug, um jedem Einzelnen ein genügendes Privateigentum ausschließend anzuweisen, der Buchdruck einerseits, der Überfluß an Geldzeichen andererseits kamen wie gerufen um die große Repartition zu bewerkstelligen, und um alle diese Bezirke des

Privatlebens polizeilich zusammen zu spannen und mechanisch anzuordnen, war das Pulver bereits erfunden, und die Römische Rechtsform im Voraus verbreitet worden.

An den großen und frommen Fürsten und Menschen der drei letzten Jahrhunderte nehmen wir es wahr, wie sie verdammt waren zweien Herren zu dienen, Gott und den alten Glaubensinstitutionen einerseits, und dem Mammon des Privatlebens andererseits: darin, und in nichts Geringerem lag ihre Gebrechlichkeit.

Niemand also ist, als Kind seines Jahrhunderts, rein von den Römischen Rechtsbegriffen; und sie, selbst in Zahlen lebend, sind die eigentlichen natürlichen Alliierten jener Staatswirtschaft der Zahlen, der Summen, der Massen, der Handgreiflichkeiten, gegen die ich die staatswirtschaftliche Weisheit der früheren Vorfahren habe vindicieren müssen. Sich über den Einfluß dieser Begriffe und ihres Zentralbegriffs vom absoluten Privateigentum zu erheben, war die Hauptforderung, die ich durch den ganzen bisherigen Lauf meiner Darstellung an meinen Leser machte.

Um so vielmehr muß man sich ihrer und aller Vorstellungen des Gesetzes, die daran hängen, entschlagen, wenn man die, alle meine bisherigen Sätze verbindende und umfassende Behauptung verstehen will, daß nämlich die Gesetzgebung eines christlichen Staates der einzig wesentliche Reichtum dieses Staates, und daß die Gesetze dieses Staates mit den bleibenden Richtungen der ökonomischen Tätigkeit, welche die verblendeten Theorien über die handgreiflichen Produkte dieser Tätigkeit vergessen haben, eins und dasselbe sind.

Es mag wenige Rechtslehrer geben in der heutigen Welt, welche die ursprüngliche Nationalgesetzgebung auszuscheiden wissen, von den Römischen Beisätzen und Verdrehungen: die Fortschritte des Privatlebens auf Unkosten des öffentlichen, die Fortschritte des merkantilischen Verkehrs auf Unkosten der bleibenden Güter, kurz die Neigungen, die Römischen Gesinnungen der Völker selbst haben diese Korruption der Gesetzgebung wirksamer herbeigerufen, als es die Philosophen und Juristen dieses Jahrhunderts je vermochten. England, tief empfindend, was kein einzelner Brite empfand, daß man sich gegen die Römische Gesetzgebung sperren müsse, bietet das einzige genügende Beispiel dar. Das Britische Nationalvermögen stützt sich nicht etwa auf, sondern besteht in der Gesetzgebung dieses Reiches; darin liegt seine Kapitalkraft: alle Summen, alle Zahlen, alles, womit Britische Speicher und Schiffe erfüllt sind, alle äußere Wohlhabenheit des Britischen Privat- und Nationallebens — sind nur vergängliche und veränderliche Bekleidungen des gewaltigen Knochenbaues seiner Verfassung. Alle politische Tugend und Weisheit besteht darin, dies an dem Beispiele von England, und wo es schwerer ist, weil verwickelter und gemischter, an der Verfassung der Kontinentalstaaten einzusehen und zu empfinden.

Die einzelnen Geschlechter der Erde gehen spurlos dahin; daß sie einen handgreiflichen Überschuß ihrer Kraft und Arbeit zurückließen, ist nur Täuschung: ein solcher Überschuß ist nur, in wie fern die verzehrende Kraft der Natur und der bürgerlichen Gesellschaft schon bereit steht ihn zu ergreifen, in wie fern er also im Wesen nicht mehr ist; das gemeine handgreifliche Produkt hört auf, sobald das Wechselleben der Produktion still steht. Die Produktion teilte dem Produkt den Anstoß, die Seele mit, die sie selbst von einer höheren Produktion, von einem Gesetze, und zuletzt von einem Weltgesetz derselben erhielt.

Diese lebendige Einheit des Produzenten und des Produkts, des Erzeugers und des Erzeugten, die Rom nicht anders als durch Ketten zu bewirken weiß; dieser innerliche Zusammenhang der kleinsten wie der größten Tat, der reichsten wie der ärmsten Haushaltung, der dauerhaftesten wie der vergänglichsten Arbeit durch ein und dasselbe große Wechselgesetz des bürgerlichen Lebens — dies und nichts anderes verdient an allen Orten und zu allen Zeiten Nationalvermögen zu heißen: große gleichwiegende Zahlen, Massen von Gütern, gleichförmig verbreitete Mittel des Lebensgenusses können es ahnden, können es erraten lassen, aber gefunden, erwiesen, über allen Zweifel erhoben wird es nur durch geometrische Anschauungen, durch Linien, Lebensrichtungen — und wie nennen wir seit Jahrtausenden, ihre Wesentlichkeit wohl empfindend, ohne sie deutlich zu erkennen, diese Richtungen der bürgerlichen Gesellschaft nach ihrem Mittelpunkt anders als Gesetze? Daß kugelähnlich diese Richtungen sich untereinander ordnen, nach allen Dimensionen einander entgegen wirken, daß keine Richtung des Sinnes, des Gefühls, der Arbeit, ohne einen wohltätigen befruchtenden Gegner ist, daß ein edler Oppositionsgeist nicht bloß in den parlamentarischen Verhandlungen, nicht bloß in allen Verhandlungen überhaupt, sondern auch in allen Gewerben besteht, daß er anerkannt und legalisiert ist, daß also jede abweichende Eigentümlichkeit, jede besondere Gesinnung, jede Gewerbsform ihre vorbereitete Stelle findet, sich in ihrer ganzen Eigenheit anerkannt, ihren Weg zum Mittelpunkt des Staates, und somit zur innigsten Berührung mit allen andern schon gebahnt findet, kurz, daß die Richtungen der Tätigkeit nicht der Willkür des Einzelnen überlassen, daß sie vielmehr so unabänderlich angeordnet sind, daß der Einzelne nichts

Unnationales tun kann — das ist die Substanz des Britischen Nationalvermögens.

Und wir sollen uns von den Anglomanen des Kontinents belehren lassen, daß die dem Einzelnen überlassene Willkür, seine Kraft zu wenden, worauf er wolle, das Geheimnis des Reichtums jenes Landes ausmache? Freilich, wenn das Eisen den Mann anzieht, wenn die gesamten Funktionen des Nationallebens so vollständig und sicher geordnet, so gewaltig geworden sind durch die Zeit, dann ist eine zwingende Polizeiverordnung, die dafür sorge, daß jeder einzelnen dieser Funktionen die gehörigen individuellen Kräfte zugewendet werden, nicht weiter vonnöten. Aber heißt das die Willkür proklamieren, wenn die Administration, die Verwalterin der Gegenwart sich ihrer Eingriffe, ihres Zwanges begibt, weil die vergangenen Jahrhunderte, das heißt: die lebendigen Gesetze und der ganze lange vorbereitete Zustand der Dinge, schon von selbst alle Kräfte an ihren wahren Ort stellen? Heißt es die Willkür proklamieren, wenn die Gewerbe frei gegeben werden, dann, wenn es unmöglich geworden ist, sie zu mißbrauchen, und etwas anderes als das, in ökonomischer und überhaupt gemeinwesentlicher Rücksicht etwas anderes, als das Rechte zu tun? — Und so frage ich weiter: ruht das Britische Nationalkapital in dem Warenlager oder in der mächtigen Gerechtigkeit des ganzen Zustandes der Dinge, das heißt: in den Gesetzen? Und hätten sich nicht unsere politischen Ökonomen etwas mehr um die Verfassung von England überhaupt, insbesondere aber um die Verfassung des Eigentums in jenem Lande bekümmern sollen?

Nichts ist also bodenloser als diese Anglomanie, die für ihre Märchen von der freien Konkurrenz und vom Weltmarkte ein Beispiel mißbraucht, vor dessen vollständiger Erwägung alle staatswirtschaftlichen Theorien, die es je gewagt haben, den unter allen Umständen weiseren Staatsadministrationen in die Zügel zu fallen, in Dunst zergehen. Aber, wenn sich die Ökonomie erst einmal unterfangen vom Rechte abzusehen; von Produkten zu reden, aber des Eigentums nicht zu gedenken – dann muß es auch wohl einen Reichtum geben, der überhaupt alle Gesetze überflüssig findet, und einen Krämerkredit, der die große Quelle alles Glaubens und aller Gesetze verspottet.

Wenn in den vergangenen Blättern auch manches tauben Ohren gepredigt worden wäre, wenn auch mancher Leser an manchen Stellen die Welt und ihre Gesetze nicht sogleich bei der Hand gehabt hätte, um zu entscheiden, ob es trotz den schönen Worten nicht endlich doch noch einmal darauf heraus kommen könne, daß die Welt für immer dem Teufel, oder dem absoluten Privateigentume gehöre, so wird sich der Autor dadurch nicht schrecken lassen, denn er stützt sich auf den höheren Autor, von dem er unverdienter Weise alles hat, was er gibt. Auch bei dieser Art von Geisteswerken, wie bei allen Arbeiten der bürgerlichen Gesellschaft, will das Produkt selbst, der armselige Überschuß von Gedanken und Redensarten, den es darbietet, an und für sich nichts bedeuten. Ob sie mit dem großen Mittelpunkt alles Glaubens und aller Wahrheit, genealogisch, wie durch das Blut zusammen hängen; ob sie die Richtung, die sie empfangen haben, weiter geben können, und ob diese Richtung mit allen Richtungen der echten Wahrheitskraft, die sich je kund getan, im gerechten Verhältnisse stehe — das ist die Frage.

Derselbe oft gerügte Wahn des absoluten Privateigentums hat sich auch über die Ideen, über die Werke des Geistes erstreckt, und leider haben wir alle in unserer verbrecherischen Jugend die Warenlager der Ideen durchsucht, lange, ehe wir nur ahndeten, daß es einen Mittelpunkt aller Ideen gäbe, und, daß in der Richtung dahin und von dorther die Wesentlichkeit, die innere Realität aller Ideen liege. Berühmte Namen, klassische Autoren, und mancherlei reiche und große Herren der Literatur haben wir abgeschätzt, lange vorher, ehe wir nur nach dem Namen aller Namen, nach der Autorität aller Autoritäten verlangten. Auch die Preise der Geisteswerke haben wir auf dem zerrütteten Markt unsers Jahrhunderts kennen gelernt, und uns oft beklagt über ihr unbarmherziges Schwanken, und, daß das gestern so Hochgeachtete, heute so wohlfeil geworden war. Wie vieles haben wir erfahren müssen, um einsehen, daß es außer diesen augenblicklichen Preisen der Ideen und Geisteswerke nun, auch ewige Werte derselben gibt.

Eine solche Zeit der Revolutionen, des Wechsels, des Untergangs und des Aufgangs, wie die jetzige, entbindet an allen Orten und in allen Köpfen unerhörte Gedanken: mich dünkt, man brauche nur zu atmen um gedankenreich zu sein, wie es der Pöbel nennt, der ja nirgends etwas anderes bewundert und anerkennet, als den handgreiflichen Reichtum. Wer also Gedanken besitzt, während ein großes Jahrhundert in allen Wegen mit ihm denkt, der wenigstens kann kein ausschließendes Eigentum, keinen abgesonderten Genuß oder Ruhm davon erwarten: Hier springt der Gemeinbesitz und die Gemeinproduktion allzusehr in die Augen.

Es ist ferner nicht etwa der bloße gute Wille, oder die unbestimmte genialische Tendenz, sondern die einzig bestimmte Richtung eines Werks nach dem allerhöchsten oder vielmehr allermittelsten Gute, welches ihm Wert gibt. Es hat also nur Wert, in wie fern dieser in jeder Rücksicht ein abgeleiteter ist, in wie fern also keine Art von eigenem Verdienst dabei in Anschlag kommt, sondern nur das davon schlicht und unruhmredig zu sagen ist, daß es im Dienste der Wahrheit geschrieben ist.

Wir haben in diesen einleitenden Betrachtungen die Unzulänglichkeit der vorhandenen Theorien zu zeigen versucht; wir haben deshalb viele nachbarliche Gebiete berühren, und ihr Verhältnis zu unserm Gegenstande aufklären, auch den Mittelpunkt aller Wissenschaft und alles Lebens andeuten müssen, weil wir überhaupt nichts anderes Sichtbares und Wirkliches in dem ganzen, uns wohlbekannten Getriebe der bürgerlichen Gesellschaft anzuerkennen vermochten, als die Strahlen die von dort ausströmen, und die Kräfte die dahin zurück drängen. Jetzt gehen wir zu besonderen Darstellungen unserer Wissenschaft fort, und bitten den wohlmeinenden Leser nur folgende wesentliche Resultate des bisher Gesagten fest zu halten:

I) Daß der Staatsmann, der Staatswirt, der gelehrte Ökonom, wie jeder Arbeiter in jedem gedenkbaren Stoffe, eigentlich nur mit Verhältnissen und Wechselwirkungen zu tun hat, und nur produziert, in wie fern er unter den Elementen seiner Arbeit, und zwischen seiner und aller übrigen Arbeit eine gewisse Gegenseitigkeit hervor zu bringen und zu erhalten weiß; ferner, daß es nur Eine Art von unproduktiver Arbeit gibt, die nämlich, welche aus diesen Verhältnissen heraus tritt und sich isoliert, privatisiert.

2) Daß dem zu Folge in aller Produktion die Richtung der Tätigkeit, und ihr Verhältnis zu allen übrigen Richtungen, und zum Mittelpunkte aller Tätigkeit wichtiger ist, als die abgesonderte handgreifliche Bedeutung des Produkts; daß diese Richtung das eigentlich Produktive

in der Produktion ist.

3) Daß die im Produzenten wie im Produkte sich offen barende Kraftrichtung ihr eigentlicher und ewiger Wert sei, der mit dem augenblicklichen Preise in einer Wechselwirkung, oder vielmehr in umgekehrtem Verhältnisse stehe; daß Zahlen diesen Wert der Dinge nur ahnden lassen, und sehr unsichere Maßstäbe desselben sind, daß die bisherige Theorie der Staatswirtschaft von allem andern eher Auskunft gibt, als von dem Werte der Dinge, und, daß dieser Wert nur denen einleuchten könne, welche die ökonomischen Objekte echthistorisch und vollständig mathematisch in der Bewegung aufzufassen verstehen.

4) Daß die bisherige einseitige Massentheorie der Staatswirtschaft, mit einem eigenen vorgeblichen Rechtssysteme in Übereinstimmung sei, worin als oberster Grundsatz die unbedingte ausschließende Aneignung der ökonomischen Objekte, ihre Isolierung, ihre Absonderung von allen verknüpfenden Verhältnissen unter dem Nahmen des Privateigentums hervorrage; daß dieses in Verbindung mit dem obersten ökonomischen Grundsatze der freien Konkurrenz, und mit den Chimären des Weltmarktes und des Geistes der Zeit, den gebildeten und eleganten Privatmännern unserer Tage für die Summe alles Glaubens aller Religion, aller Wissenschaft und Politik gelte; endlich

5) Daß, wie sogar aus der Symmetrie dieser Irrtümer zu entnehmen, der erste Schritt zur Besserung der sei, daß man die Nationalökonomie und die Nationalgesetze zu der alten und ursprünglichen Einheit zurück führe, aus der sie gekommen: dies aber in einer so gründlichen Manier, daß man vor allen Dingen einsehe, daß das Resultat aller Nationalökonomie nichts anderes sein könne, als die Verfassung oder das Gesetz; daß der

Staat, so gut als der einzelne Mensch unter allem unendlichen Besitz nichts weiter gewinne, als jene Konstitution der Leibes- und Seelenkräfte, die er frei und von allen Besitztümern unabhängig mit sich selbst umherträgt; daß aber auch dieses Vermögen zerstiebt, und der Wandelbarkeit aller Dinge folgt, wenn es nicht von einem Gesetz aller Gesetze, von einem unvergänglichen Glauben, das heißt: von Gott selbst getragen wird.

Es ist freilich in allen ökonomischen Verwirrungen und Verlegenheiten etwas so unmittelbar Drängendes, und augenblickliche Hülfeforderndes, daß sich eine Theorie der Staatswirtschaft, die soweit ausholt, wenige Popularität versprechen darf. Wenn man aber erwägt, wie durch alle Palliativen und unmittelbare Hülfen das Unglück nur größer werden kann, und wie die vorliegende Theorie keine, unmittelbare Hülfe ausschließt, sondern nur auf den Geist hinarbeitet, kraft dessen das Augenblickliche allenthalben mit Rücksicht auf das Ewige getan werden soll, so kann man ihr dafür eine desto längere Dauer versprechen.

Ob eine einzelne Maßregel gut oder schlecht sei, ist in ökonomischen wie in medizinischen Angelegenheiten schwer zu beurteilen: nur der Sinn, worin sie angeraten wird, entscheidet; und für den Sinn gibt es nur die eine große Probe der Zeit. Das aber ist die große Aufgabe der Wissenschaft: den Sinn zu befestigen; die Zeit, ja die Ewigkeit zu unmittelbaren, gegenwärtigen Zeugen des Augenblicks zu machen wo geraten, wo geholfen werden soll.

Ist denn die Welt schon, nur über das Wünschenswürdige, über den Zweck aller ökonomischen Tätigkeit einverstanden? und entscheidet nicht dieser Zweck wieder über die geringfügigste Maßregel? Ist demnach nicht die Tiefe der Korruption aller ökonomischen Ansichten schon hinreichendes Motiv für die Höhe des Standpunkts, den die Theorie ergreifen muß?

Grundlegungen einer neuen Theorie des Geldes

Erstes Kapitel
Von dem einzelnen Menschen, als Vorbilde der Staatshaushaltung

Die unendlichen Gewerbe, Geschäfte und Hantierungen des Menschen, sowohl geistiger als körperlicher Art, darunter jede Einzelne wir heutiges Tages einem einzelnen Menschen übertragen sehen, würden den Staat in eine tote Maschine verwandeln, wenn nicht jeder Arbeiter ungeachtet des ganz einseitigen Geschäftes, welches er treibt, ein vollständiger Mensch zu bleiben vermöchte. Wie einförmig, wie absorbierend das Geschäft des Bürgers auch sei, die Förderung wird immer sein, daß Er es treibe, und nicht bloß einseitig von dem Geschäfte getrieben werde.

Sollten aber je diese einzelnen Geschäfte der bürgerlichen Gesellschaft in bloße Gewerbe ausarten, sollte je der einzelne Arbeiter dahin kommen, daß er nichts anders wäre als Rad oder Kamm, oder einzelner Zahn eines Rades in dem großen Mechanismus, den in letzter Instanz das Gewicht der edeln Metalle regierte, kurz sollte je das Ideal der Industriesysteme erreicht werden, so würde sich ergeben, daß, weil der Mensch außer seiner mechanischen Kraft noch die höhere des Geistes besitzt, und auf diese in jener Maschine keine Rücksicht genommen wäre, diese Kraft des Geistes aber, sobald sie abgesondert von den körperlichen Kräften, auch unmittelbar die entschiedenste Feindin derselben wird, — das Ganze notwendig zerstört werden müßte.

Wenn die Natur zwei Dinge für einander bestimmt hat, und miteinander gründlich, und für die Dauer verbunden sehen will, so gibt sie solchen eine recht große Verschiedenheit, eine so bestimmte Anlage zu einer unendlichen Feindseligkeit, daß ihnen Beiden nichts übrig bleibt, als sich auf Tod und Leben zu verbinden. Deshalb anstatt einzelne Geschöpfe vollständig hinzustellen, hat sie nur Zweiheiten erschaffen, in diese Zweiheiten aber eine so vollständige Entzweiung gelegt, daß den entzweiten Wesen keine andere Zuflucht bleibt, als in dem unendlichen Sichvereinigen: sie wollte die Einheit, also ordnete sie die Zweiheit, die Spaltung aller Kreaturen in zwei Geschlechter an, in denen die unendliche und vollständige Feindseligkeit eine unendliche Vereinigung und Befriedigung veranlassen mußte.

In diesem feindselig-freundlichen Geschlechtsverhältnis stehen nicht bloß die so genannten Naturgegenstände, sondern der Mensch ist nur Ebenbild Gottes, weil ihm kein anderes Kunstgeschäft zusteht, als was in jener göttlichen Manier getrieben wird, wobei der Zweck Einheit ist, lebendige und dauernde Einheit, also Vereinigung; das Mittel hingegen: die Anordnung von vollständigen Feindseligkeiten oder von Geschlechtsverhältnissen. Es gibt keine andern menschlichen Werke, keine andern Werke der Kunst, als die mit den Werken der Natur nach einem und demselben Gesetze von Statten gehen. Alle praktische Verrückung des Menschen wird sich daher auf eine einzige große Hauptformel reduzieren lassen: er wird, was er getrennt aus den Händen der Natur empfängt, anstatt es zu vereinigen, noch weiter trennen, und was er einfach aus den Händen der Natur, also mit der Aufgabe es gehörig zu trennen erhält, als absolute Einheit festhalten und ausschließend besitzen wollen.

Daß dies wirklich die Doppelrichtung der staatswirtschaftlichen Theorien unserer Zeit sei, habe ich schon in der Einleitung gezeigt: das absolute Privatleben ist nichts anders als eine Verleugnung und Auflösung aller unter den bürgerlichen Geschäften von der Natur angeordneten Geschlechtsverhältnisse; indem man aus ihrer Gesamtheit herauszutreten strebt, zerschneidet man sie alle: das absolute Privateigentum ist nichts als ein krampfhaftes Festhalten der Einzelheit der Dinge, welche uns die Natur übergeben hat, um sie zu trennen und zu teilen, und in Geschlechtsverhältnisse zu führen.

Wenn also nun Geist und Körper in demselben Geschlechtsverhältnisse zu einander stehen — eine so gerecht und vollständig angeordnete Feindseligkeit, daß ihr nicht zu entgehen wäre als durch die Vereinigung — und wir unternähmen es anstatt beide an allen Stellen in einander zu wirken, sie noch weiter zu trennen, indem wir die körperlichen Bedürfnisse und Kräfte der Menschen in eine besondere Maschine zusammen bauten, dagegen dem Geiste überließen desgleichen zu tun oder ganz zwecklos umherzuirren, so müßte nunmehr die freundliche Feindseligkeit zwischen Geist und Körper in eine zerstörende übergehen. Europa hat es bewiesen: die körperliche Maschinerie der Staaten hat den Seelenmechanismus der Aufklärung zur Seite gehabt; zur rechten Hand hat man sich den Menschen gedacht, als habe er nur körperliche, rohe, handgreifliche Bedürfnisse, und ihn nach diesem Grundsatze regiert wissen wollen; zur linken hat man denselbigen Menschen wieder über alle Gebühr und Schranken hinaus geistig aufzuklären unternommen: dergestalt hat man denn wie der Erfolg gezeigt, die Züchtigung für die eigene Sündhaftigkeit unmittelbar an sich selbst vollzogen.

Daß also überall wo Körper ist auch der dazu gehörige und ihm anvermählte Geist bleibe, ist die erste Bedingung einer gut eingerichteten bürgerlichen Gesellschaft: kurz, daß der Bürger nicht aufhöre vollständiger Mensch zu sein, weil er ein einzelnes Geschäft treibt. Kann er, nunmehr einer einzelnen Tätigkeit hingegeben, nicht mehr zurückkehren in die Fülle der Anlagen zu den verschiedenartigsten Tätigkeiten, an die Quelle aller — zu sich selbst; oder vielmehr kann er beim einzelnen Geschäfte nicht im Bewußtsein der Anlagen zu allen übrigen verbleiben; mit andern Worten, kann er den Zusammenhang seines besondern Geschäftes mit dem großen menschlichen Geschäfte, davon das Seinige nur ein Teil ist, oder mit dem Staate nicht mehr empfinden — so wird die hintangesetzte Selbstheit als dumpfes, wildes, tierisches Verlangen nach Willkür nunmehr räuberisch einbrechen in die Haushaltung, aus der sie verbannt worden.

Es gibt kein so abgesondertes Geschäft in der bürgerlichen Gesellschaft, es ist keines denkbar, um dessentwillen an sich der Mensch sich selbst vergessen müßte; alle diese Geschäfte fließen aus einer Quelle her, und dafern die Unvernunft sie nur nicht abdämmet und durchschneidet, so muß jeder Tropfen des entferntesten Wassers auch nach der Quelle schmecken.

Im Anfange der Gesellschaft zeigt der Mensch sich noch in seiner ganzen vereinigten Kraftfülle; alle jene unendlichen besonderen Funktionen, die sich später nach allen Seiten aus einander wickeln und blättern, liegen im Keime bei einander: es gibt noch keinen Landbau, aber der Mensch kann den Samen ausstreuen; kein Handwerk, aber er kann das natürliche Produkt schon ordnen und vermenschlichen; keinen Kaufmann, aber er kann das Natürliche und das erste Künstliche vertauschen, das Letztere wieder hingeben um das Erstere zu erlangen; keine Geistlichkeit, aber er kann sich zum Himmel erheben: kurz der ganze Staat ist noch einzelner Mensch, aber der einzelne Mensch ist deshalb um nichts weniger Staat. Alle, die nach ihm kommen, sollen, nichts anderes, als unaufhörlich zu ihm als zu ihrer Quelle zurück kehren, und sich untereinander zu einem einzigen großen Menschen zusammen bauen, in welchem die verschiedenen Geschäfte des Lebens so natürlich, verträglich und im Gleichgewicht bei einander sind, als sie es bei ihm waren.

Indem also die bürgerliche Gesellschaft entsteht, so geht im Grunde nur jener erste Mensch nach allen Richtungen aus einander; sein Körper erweitert sich; die alten Verhältnisse, der alte Zusammenhang, der Geist muß bleiben, die Funktion des Landbaues, des Handwerks u.s.f. mögen sich unter mehrere einzelne Verwalter verteilt haben, oder sie mögen in Einem einzigen bei einander sein. Diese Funktion konnte ein Einziger in seiner Person nur deshalb vereinigen, weil er sie durch die Einheit seiner Person unter einem vollständigen Zusammenhange begriff, und ihre Verhältnisse unter einander regierte. Hörte je dieses Regieren der Verhältnisse auf; hätte er sich je in ein einzelnes seiner Geschäfte, zum Beispiel: in das Samenstreuen vertiefen wollen, und seine Hütte, seine Kleidung darüber vergessen, also das Verhältnis dieser Funktionen unter einander versäumt, so hätte er als eine Person zu existieren aufgehört.

Die Funktionen der bürgerlichen Gesellschaft, je mehr sie sich vervielfältigen und erweitern, können also abgesondert für sich, absolut getrennt von dem großen Menschen, den sie mit einander ausmachen sollen, oder was, wie meine Darstellung ausweist, dasselbe ist, abgesondert von dem einfachen Menschen, aus dem sie wie von einem Mittelpunkte alle ausgegangen sind*, absolut

* Oder, was dasselbe sagt, abgesondert von dem großen und vollständigen Menschen, zu welchem sich ihre Gebrechlichkeit und Vergänglichkeit durch alle Produktion nur erheben will.

getrennt von dem Keim, aus dem sie sich alle entwickelt haben, nie betrachtet werden.

Adam Smith nennt die Zerlegung der Funktionen der bürgerlichen Gesellschaft, Teilung der Arbeit, und macht die Vermehrung des Produkts zum Zweck und zum Grunde dieser Teilung — muß aber doch geschwind das Geld erfinden lassen, um diese Teilung zu realisieren: sein Geld indes ist nichts anderes, als ein Surrogat jenes Zusammenhanges, jener persönlichen vereinigenden Kraft, welche der Mensch, ehe die Arbeit geteilt wurde, in eigener Person auszuüben genötiget war.

Die Teilung der Arbeit oder der einzelnen Funktionen der bürgerlichen Gesellschaft ist also nur dadurch möglich, daß ein persönlicher Zusammenhang zwischen den Verwaltern eintrete, daß sie durch ihre Verbindung mit einander eine große und vollständige Person darstellen, und daß demnach keiner absolut getrennt für sich, sondern nur als Glied, als Organ der größeren Person agiere. Es ist klar, daß die körperliche Organisation des einzelnen Menschen, nämlich, wie solche sich der lebendigen Erkenntnis zeigt, oder, was dasselbe sagt, wie sie ist, wenn sie von der Erkenntnis oder vom Geiste durchdrungen wird, sich im Ganzen des Staates wieder finden müsse, und unter allen gedenkbaren Figuren sich vorbildlich für die Haushaltung des Staates am besten eigne, wie denn auch gleichfalls der Arzt wieder den Staat bei seinen Untersuchungen des menschlichen Körpers mit, glücklichstem Erfolge benutzen könnte; denn, was sich seiner Betrachtung hier innerlich verbirgt, und nur im Stillstande oder Tode vollständig betrachtet werden kann, das stellt sich dort äußerlich dar, und kann nur in der Bewegung und im Leben zur Anschauung kommen.

Von jenem Römer der so sinnvoll den Staatsprozeß mit dem Streit des Magens und der Glieder verglich, bis auf unsere Zeit herab, die nicht aufhört, neben ihren Summen und Massen, auch von Zirkulation des Geldes, von Staatskörper, von politischer Arznei, von Konstitutionen und Organisationen zu sprechen, ohne zu wissen, welche große Sachen sie damit ausspricht, schwebt diese Wechselvorbildlichkeit des Staats und des menschlichen Körpers, wenigstens dämmernd vor den Augen aller.

Indes wollen wir vor der Hand durch ein drittes noch einfacheres Schema die große Gemeinschaftlichkeit dieser beiden Bilder ausdrücken, bis wir es wagen können, das kompliziertere aber deshalb auch erfreulichere Bild des menschlichen Körpers anzuwenden. —

Man will noch immer nicht einsehen, wie der Mensch nicht bloße Hauptgedanken, sondern auch Hauptbilder vor der Seele hat, wenn er sich zum Handeln anschickt, ferner, wie ganze Geschlechter von einem falschen Bilde beherrscht werden können. Welches Unheil hat das nunmehr schon bis auf seine letzten Fäden abgenutzte Gleichnis von einem baufälligen Hause bei den Gutdenkenden, bei den Leuten von so genanntem gesunden Menschenverstände in den letztverflossenen Revolutionszeiten angerichtet? und wie viel kommt also darauf an, die ewigen Bilder der Dinge zu finden und zu zeigen, welche nur aus den Normalgestalten der Mathematik zu schöpfen sind?

Das große Schema aller menschlichen Angelegenheiten ist, wie schon oben angezeigt worden, die Kugel, die Gestalt des großen Körpers, der alle diese menschlichen Angelegenheiten trägt und hält. Mit der bloßen Betrachtung der Kugel ist die unendliche Bewegung gegeben: die Betrachtung muß von dem äußeren Flächenraum unaufhörlich nach dem Mittelpunkt hinein und wieder heraus steigen, kurz, in ewiger Bewegung bleiben, wenn die Vorstellung der Kugel vollständig bleiben soll; daher ist auch hier nur von einer freischwebenden, sich bewegenden, das heißt: sich allein auf ihren Mittelpunkt beziehenden Kugel die Rede, wie denn auch alle irdischen Kugeln dieses dadurch betätigen, daß sie die große Kugel, in deren Abhängigkeit sie stehen — die Erdkugel nur in einem einzigen Punkte berühren. Also denke man sich lieber die großen schwebenden und sich bewegenden Kugeln der Gestirne. Man begnüge sich vorläufig mit diesem einfachen mathematischen Apparat, der nur für den gerade vorliegenden Zweck, fürs Haus, wie man zu sagen pflegt, angeordnet worden, bis die Mathematik selbst an die Reihe kommen kann*.

---

* Da wie in einer früheren Anmerkung gezeigt, jede bestimmte Linie eine andere konvergierende oder divergierende Linie voraussetzt, damit sie überhaupt als Linie angeschauet werden könne, so denke man sich eine solche gerade Linie, durch alle die unendlichen anderen gleich großen geraden Linien, die von allen Seiten her nach demselben Vereinigungspunkt möglich sind, bestimmt, so hat man zugleich das Skelett der Kugel. Hierdurch ist nun auch die besagte gerade Linie befriedigend bestimmt. Man setze auf den einen Endpunkt einer geraden Linie den Akzent der Ruhe, auf den andern die unendliche Bewegung, so erhält man gleichfalls das Schema der Kugel.

Ein großer ahndungsvoller Autor, dem wir unzählige Berichtungen unserer Ansicht verdanken, der verstorbene Friedrich von Hardenberg (Novalis) sagt: „jede Linie sei eine Weltachse."

Zweites Kapitel
Von der Kugel, als ökonomisches Schema

Die Funktionen des bürgerlichen Lebens, die schon im Keime alle bei einander waren, die der einzelne Mensch mit seiner Persönlichkeit alle umfaßte, und im Zusammenhang erhielt, treten aus dieser Persönlichkeit heraus: das Schmiedehandwerk, oder irgend ein anderes, wird abgesondert vom Ackerbau; zugleich muß auch der Ackerbau heraustreten, er muß mit weniger Kräften dasselbe produzieren was vorher, da noch der Schmied den Acker mit bestellen half. Der Schmied trat aus dem Gleichgewichte des Ganzen heraus, sogleich mußte ein anderes Geschäft in entgegengesetzter Richtung aus diesem Gleichgewichte heraustreten, und so sich das Gleichgewicht wieder herstellen.

Wäre der Landbau genau so verblieben wie bisher, so hätte der Schmied sein besonderes Gewerbe wieder niederlegen, zurückkehren, und so gar nacharbeiten müssen für die von ihm im Landbau versäumte Zeit. Aber der Schmied hat bisher nicht bloß im Landbau beigestanden, er hat bei den Opfern geholfen, er hat auch kaufmännisch herüber und hinübergetragen vom Hause zum Felde und so fort. Alle diese Funktionen müssen von andern übernommen werden, also alle müssen aus dem alten handgreiflichen Verein heraus treten, nach allen gedenkbaren Richtungen, und gerade um so viel als der Schmied. Wer zu weit heraus getreten, wer über das Maß hinaus getreten, welches alle miteinander halten können, muß notwendig zurück und um so viel nacharbeiten, als er zu weit heraus getreten; denn das Ganze kann sich nur gemeinschaftlich erweitern, es kann nur von Innen heraus wachsen; die Frucht muß die Form annehmen, welche der Kern hatte.

Da nämlich jeder seine besondere Funktion nur verfolgen kann, in wie fern die übrigen für die anderweiten Bedürfnisse seiner vollständigen Natur sorgen, so wird es ihm, wenn er zu weit heraus getreten, an diesen allgemeinen Bedürfnissen mangeln, und für die besonderen Erzeugnisse seiner Arbeit, wird sich bei der Gesamtheit der übrigen kein hinreichendes Bedürfnis vorfinden; er wird mehr produzieren, als konsumiert werden kann, mehr konsumieren als produziert werden kann; seine größere Fertigkeit, sein größeres Produkt wird nichts helfen, wenn er aus dem Verhältnis zu den Übrigen herausgetreten ist, welches Verhältnis in der Kindheit der Staaten den Wert fast allein bestimmt: denn erst wenn mehrere Staaten mit einander bestehen, und wenn der Augenblick mächtiger geworden, wird das Produkt durch Veränderung des Markts und Benutzung des Augenblicks einen momentanen, künstlichen Wert oder Preis erhalten, und wird es möglich sein, daß dieser von dem natürlichen und ewigen Werte empfindlich abweiche.

Unter den Waren, wie wenige Arten derselben es auch in jener früheren Zeit geben mag, wird doch nach Maßgabe des öftern und dringenderen Bedürfnisses eine Rangordnung Statt finden: die in diesen Beziehungen wesentlichste Ware wird am meisten begehrt werden, und an ihrem Vorrat oder Mangel wird es der Einzelne merken können, ob er noch mit allen übrigen Arbeitern in der alten Vereinigung und in dem rechten Verhältnis besteht: diese Ware wird zum Verhältnismesser, zum Maßstabe, zum Gelde.

Der Leser muß aus dieser Darstellung der ersten Entwicklung der Staatshaushaltung schon das mathematische Gesetz derselben entnommen haben. Schon ehe die äußere Teilung der Arbeit vor sich ging, und als der

Einzelne alle seine Bedürfnisse noch selbst besorgte, zeigte sich ein Streben jeder einzelnen ökonomischen Funktion aus dem Ganzen dieser Funktionen heraus; da es aber so viel Bedürfnisse als Funktionen gab, und diese Bedürfnisse im Laufe der Zeit alle an die Reihe kommen, so mußten sich die Funktionen ihrer Befriedigung alle ins Gleichgewicht setzen: keine konnte ungebührlich tätig heraustreten, weil auch für die andere gesorgt werden mußte.

Kurz die erste einfachste ungeteilteste Haushaltung formt sich schon nach dem Gesetze der Kugel. Aus einem einzelnen Punkte treten die Funktionen nach allen gedenkbaren Richtungen wie eben so viele Radien der Kugel heraus, je nachdem sie von einzelnen Punkten der entstehenden Oberfläche der Kugel her, von der Außenwelt oder von dem Bedürfnisse hervor gereizt werden: keine aber darf sich von ihrem Mittelpunkte weiter entfernen als die andere, weil das Beieinanderbleiben eben so notwendig ist als das Auseinanderstreben. Die Radien müssen demnach als gleich gedacht werden: somit wäre die Kugel also der Ausdruck der Form jeder natürlichen und vollständigen Haushaltung.

Im weiteren Fortgange und bei äußerer Teilung der Arbeit wird sich die Form der erweiterten Haushaltung nicht ändern können; es bleibt bei der gleichen Notwendigkeit des Auseinanderstrebens und Vereinigtseins; die größte Haushaltung hat mit der kleinsten ein und dasselbe Gesetz, wie die größte Kugel mit der kleinsten. Die Tatsache der äußeren Arbeitsteilung kann im Wesen nichts verändern; sie bewirkt im Ganzen der Ökonomie nichts Neues. Die bewunderungswürdige und erbauliche Massengröße des Produkts, die sie ergeben soll, ist nur von untergeordneter Bedeutung: so lange die Haushaltung bei dem innern Gleichgewichte ihrer Funktionen verharrt, so muß die Größe des Produkts von selbst wachsen; aber es ist ein augenblicklich und scheinbar sehr großes Produkt möglich, was jenem Gleichgewichte widerspräche, und die Verhältnisse störte, also nicht bloß selbst wertlos wäre, sondern auch andere Werte zerstören würde. Es ist also augenscheinlich, daß die Verhältnisse noch viel mehr Aufmerksamkeit verdienen, als die Größen.

Das Wachstum der Ökonomie selbst geht also nach demselben Gesetze vor sich, wonach alle Produkte dieser Ökonomie wachsen: es ist ein ewiges Wechselstreben von Innen nach Außen, und von Außen wieder nach Innen zurück; vom Mittelpunkt zur Oberfläche und von der Oberfläche wieder zum Mittelpunkte. Überhaupt eignen sich die organischen Bildungen der Natur zu Gleichnissen für die Gegenstände der Kunst und der bürgerlichen Gesellschaft nur so lange noch nicht, als man auch diese natürlichen Bildungen allein nach ihren Massen und oberflächlichen Erscheinungen erwägt: so bald aber das innere mathematische Gesetz der Bildung in Anregung kommt, so zeigt sich dieselbe Wesentlichkeit in allen Werken der Natur, der Kunst und der bürgerlichen Gesellschaft.

Man könnte mir den Einwurf machen, daß der Grundsatz des Adam Smith, von der freien Konkurrenz ja auch zu einer solchen Kugel-Konstruktion führe, und daß dieser Schriftsteller ja auch nur verlange, daß man den ökonomischen Objekten erlauben solle, sich unter einander selbst ins Gleichgewicht zu stellen, und daß keine Regierung eigenmächtig oder willkürlich der ökonomischen Tätigkeit eine Bahn vorschreiben solle, die nicht im Gange der natürlichen Haushaltung sich schon von selbst und ohne alles vormundschaftliche Zutun einrichtet. — Zuförderst nun sieht jedermann, daß ich die Willkür der Regierungen, gegen die sich Adam Smith erhebt, eben so wenig in Schutz nehme, als die Willkür der Privaten. Es ist aber nichts anderes als die Willkür der Privaten und nicht etwa das Gesetz der Natur selbst, womit Dr. Smith der Willkür der Staatsadministrationen entgegen arbeitet.

Er befürchtet von dieser Willkür der Privaten nichts, weil eine mächtige Notwendigkeit jeden Einzelnen zwinge sein Interesse wahrzunehmen, weil die Bedürfnisse des Menschen, wenn sie nur allein regieren dürfen, dieser Willkür schon hinreichende Zügel anlegen. Es ist aber schwer einzusehn warum dieselbe zwingende Notwendigkeit nicht auch über die Staatsadministrationen walten soll: auch hier kann eine Abweichung von dem Naturgesetz, oder von dem wahren Interesse nur augenblicklich sein; auf die Dauer wird jede Regierung eben sowohl wie jeder Privatmann in die wahren Schranken zurückkehren müssen. Weil aber die Regierung eine andere Zeitrechnung hat als der Privatmann, weil aus ihrem Standpunkte die Dauer ganzer Generationen nicht viel mehr bedeutet als für den Einzelnen die Dauer eines Jahres, weil sie die hinterlassene Macht ganzer Generationen zur Ausführung ihrer willkürlichen Anordnungen mißbrauchen kann, während dem Einzelnen doch im Durchschnitt nur die im Laufe weniger Jahre erworbene Kraft zur Disposition steht, so scheint es, daß bei ihr die Augenblicke der Verirrung, der Abweichung vom Naturgesetz auch länger dauern könnten, als beim Privatmann, daß also ihre Willkür eine gefährlichere wäre, als die des Privatmannes.

Wenn man sich dagegen erinnern will, daß die Anarchie eines einzigen Jahres mehr zu zerstören vermag, als der Despotismus über eine ganze Generation, so wird man einsehn, daß das Unheil, welches aus beiderlei

Willkür kommt, gleich groß ist, und daß, wenn die Willkür der Regierungen für den Augenblick geringeres Übel stiftet, dagegen länger zu dauern vermag, die Willkür der Einzelnen zwar vorübergehend sei, dagegen aber für den Augenblick auch desto mehr zerstöre. Das große Gebot, die ewigen Bedürfnisse der Gesellschaft gegenwärtig zu erhalten, und nach ihnen die Handlung und die Arbeit des Augenblicks zu bestimmen, wird auf gleiche Weise verletzt, es möge nun von Einem für die Dauer einer ganzen Generation, oder von unzählig vielen für die Dauer eines Jahres übertreten werden.

Jede Lehre, die der äußeren Naturnotwendigkeit die Ausgleichung gesellschaftlicher Zerrüttungen überläßt oder überträgt, ist revolutionär; von welcher Seite man auch diese blinde Gewalt der Natur in den Staat einlasse, so erklärt man damit doch immer den Banquerot der menschlichen Einrichtungen und Gesetze, oder jener sittlichen, deutlichen Notwendigkeit, welche wir aus der Geschichte der Entwicklung unsers bürgerlichen Vereins und aus allen Spuren, welche die früheren Schicksale und Taten der Völker hinterlassen haben, entnehmen können. Irgend eine menschliche Handlung sich selbst oder jener äußeren und blinden Notwendigkeit überlassen, heißt, alles menschliche Gesetz überhaupt, und zugleich die Freiheit, die Selbstbestimmung des ganzen Geschlechtes aufheben.

Jeden Einzelnen würde sein Lokal, der besondere Umstand seines Gewerbes und Lebens von selbst antreiben, das Rätlichste und Nützlichste zu tun, meint Dr. Smith. Daraus folgt, wenn wir nicht zugleich, was freilich konsequenter gewesen wäre, den ganzen Staat aufheben wollen, daß auch der Regierende von seinem lokal, welches der ewige Staat selbst ist, und von den Umständen seines Geschäfts, welches doch nur die

Bedürfnisse der gesamten Gesellschaft sind, bestimmt werden wird, das Rätlichste und Beste zu tun. Wir können also die Willkür der Einzelnen nicht proklamieren, ohne zugleich die Willkür der Regierung zu legalisieren, und demnach das Remedium, was wir verordnet, selbst wieder von Grund aus aufzuheben.

Ich habe schon hinreichend erwiesen, daß der Mensch um einem Herrn zu dienen, um einem Gesetze folgen zu können, in zwei, nicht von einander absolut getrennten, sondern in einer unendlichen Wechselverbindung stehenden Welten leben müsse. Er lebt in gewissen Doppelumständen auf einem gewissen Doppellokal: in seinem Hause und zugleich im Staate: mit einem besonderen Interesse und zugleich mit einem allgemeinen Interesse. Er hat augenblickliche Bedürfnisse für sein Haus, aber zugleich das ewige Bedürfnis des Staats, weil nur der Staat ihm sein Haus verbürgen kann; der Regierende, oder wer den Staat repräsentiert, hat Bedürfnisse für die Dauer, die Erhaltung des Staates oder doch wenigstens seiner Stellung als Repräsentanten des Staates, er hat also auch zugleich das beständige Bedürfnis aller einzelnen Hauswesen, die wieder den Staat verbürgen müssen.

Aber beide stehen unter dem mächtigen Einfluß der Gegenwart, der Irrtümer des Augenblicks, und können, sich selbst zerstörend, einander vergessen. Indem ich nun erkläre, jeder Einzelne möge nach Willkür sein besonderes Lokal besorgen; indem ich ihm also auch die Befugnis erteile, des allgemeinen Bedürfnisses zu vergessen, und in wie fern nicht die augenblickliche Erscheinung dieses allgemeinen Bedürfnisses, oder der Markt ihn beschränkt, alle andere Schranken und Gesetze aufhebe, die um des ewigen Bedürfnisses willen, wieder dem augenblicklichen Markt seine gehörigen

Grenzen anweisen müssen, hebe ich die Bezüglichkeit jeder einzelnen ökonomischen Funktion auf die Vereinigung, davon sie ausgegangen, und dahin sie immer zurückkehren soll, auf: ich versuche jeden Augenblick das Ganze zur Kreisfläche anzuordnen, da ich aber keinen festen und bleibenden Mittelpunkt habe, vielmehr statt desselben nur ein ewig veränderliches Wesen, den Markt, so bleibt es bei unregelmäßigen Wirbeln statt des Kreises, und an die Kugel ist nicht zu denken. Es sind in der Tat die Konkurrenz, die Freiheit, der Markt, welche die wahren Werte bestimmen, welche die Produktion und den Lebensgenuß aller Einzelnen nicht bloß befördern, sondern erst möglich machen, und welche der gesamten Haushaltung des Staates die gerechte, sphärische Form geben; aber das ist eine Konkurrenz, bei der nicht die Bedürfnisse und Erzeugnisse dieses Augenblicks allein, sondern auch die ewigen, der ganzen unsterblichen Staatsfamilie konkurrieren; eine Freiheit, mit der die Freiheit der Nachkommen bestehen kann, die also nicht bloß durch die Freiheit der Zeitgenossen, sondern auch durch die Satzungen und Bedürfnisse der Vorfahren beschränkt wird; ein Markt, auf dem nicht bloß die vergänglichen Produkte des geteilten und isolierten Fleißes der Arbeiter, die gerade jetzt die Hände rühren, erscheinen, sondern auch der gesamte Nachlaß der Vergangenheit an Macht, Kredit, Weisheit und allen jenen unsichtbaren Gütern und Bedürfnissen, die, weil sie nichts anderes zu produzieren vermögen, als die Produktion selbst, von der ungläubigen Theorie für unproduktiv geachtet werden.

Kommen die abwesenden Zeiten und Menschen, die unsichtbaren Bedürfnisse und Güter des Menschen mit in Anschlag wie es sich gebührt, so ist nun ein Allgemeines da, welches die Willkür beschränkt und zur

Freiheit erhebt, so ist nun jene sittliche Notwendigkeit da, welche das besondere Bestreben gleich bei seinem Ursprünge durchdringt, und dem man sich mit dem Gefühle der Freiheit unterwirft, während die rohe Naturnotwendigkeit erst aus verzweifelnder Sklaverei, oder aus der Asche ganzer Geschlechter eine neue Ordnung hervorzwingt, die auch erst wenn sie vom Geiste der Freiheit anerkannt, also zur sittlichen Notwendigkeit erhoben wird, für eine bessere Ordnung der Dinge zu halten ist.

Wer nicht bloß an einzelnen Stellen die Bedürfnisse des höheren Lebens über die des gemeinen vergißt; wer in der großen Masse des Volkes nichts sieht, als den gefräßigen Magen, und die harten schaffenden Hände; wer alle seine Vorstellungen der gesellschaftlichen Tätigkeit hernimmt, von der Galeerensklaverei des städtischen Tagelöhners; wer über den Standpunkt des verkümmerten, mechanisierten Fabrikarbeiters nie hinaus geht, wer in den Ketten der edlen Metalle so tief befangen ist, daß er von einer Wechselwirkung persönlicher Kräfte, von gegenseitigen Dienstverpflichtungen ganzer Familien über den Raum der Jahrhunderte hinaus, nichts ahndet; wer die Wiege der europäischen Freiheit, das feudalistische Mittelalter, wer diesen Quell aller stolzen Empfindungen nicht kennt, deren letzter Nachklang noch heut unser ganzes zerschlissenes, zerbildetes Dasein tröstend aufrecht erhält; kurz wer an nichts glauben kann, als an das, was er greift, und was ihm enge, städtische Zollhaus-Erfahrungen oder Versuche an dem Kadaver der Weltgeschichte zu greifen geben — wie möchte der von dem Nationalkredit, von dem Reichtum und von der Haushaltung der Völker Rechenschaft geben können.

Der Gegenstand ist zu groß, die Industriewut zu allgemein, der Eifer der Gutgesinnten selbst, auf zu geringfügige Übel gerichtet, als daß ich mich zu entschuldigen brauchte darüber, daß mit dieser ganzen Schilderung der rechtschaffene Adam Smith gemeint ist. Er selbst würde mich, spräche ich nachsichtiger über seine Theorie, nicht entschuldigen, wenn er nur den Schluß seines Jahrhunderts erlebt hätte, oder wenn er seine Tagelöhner, welche eine goldene Zeit herbei industrieren sollten, heut von der ArmentAchse zehren, und millionenweis in die Methodistenversammlungen strömen sähe, nach einem Schimmer jener höheren Güter, die er in seinem Warenlager und auf seinem Markt nicht zu brauchen wußte.

Also der vollständige Mensch und alle unendliche Richtungen seiner Natur und sichtbaren und unsichtbaren Bedürfnissen bilden die Kugel, welche sich nach dem Gesetze fortwachsend zum Staate, zur Staatshaushaltung erweitert. Daß alle diese Richtungen sich untereinander bedingen, und keine des Beistandes der andern entbehren kann, bringt sie alle in einen gemeinschaftlichen Vereinigungspunkt: beim Menschen ist dieser Vereinigungspunkt das Gefühl seiner Persönlichkeit; an dem Schema der Kugel ist es das Zentrum. In dem man dem Menschen Persönlichkeit zuschreibt, so behauptet man zugleich die Konvergenz aller seiner Kraftrichtungen, d.h. die Konvergenz aller Bedürfnisse, welche diese Kraftrichtungen hervorreizen, also eine unendliche Verhältnismäßigkeit unter allen Funktionen seiner Kraft; da nun der Staat nichts weiter ist, als der sich auswachsende Mensch, da von seiner Ganzheit der Bestand aller seiner einzelnen Kräfte abhängt, diese Ganzheit aber ebenfalls nichts ist, als die unendliche Verhältnismäßigkeit der Teile, so ist die Betrachtung dieser Verhältnisse der Kraftfunktionen unter sich das

Hauptstück aller Staatsweisheit. Zahlen reichen bei dieser Erwägung nicht aus: nur eine Normalfigur, wie die Kugel, kann ausdrücken, was gemeint wird. —

Drittes Kapitel
Vom Gelde

Diejenigen ökonomischen Funktionen also, welche in dem ursprünglichen Menschen alle vereinigt sind, treten im Fortgange des gesellschaftlichen Lebens aus einander; indessen verbleibt ihnen allen ein Streben nach ihrem Ursprünge, nach ihrer Vereinigung zurück. Denn wenn der Mensch auch sein ganzes Leben einer einzelnen ökonomischen Funktion hinzugeben vermag, so müßte er erst sich aller andern Bedürfnisse entschlagen, und nur das Eine behalten können, welches durch seine besondere Tätigkeit befriedigt wird, um sich von der Gesellschaft der übrigen absondern zu können.

So aber behält er alle Bedürfnisse des ursprünglichen Menschen, während er allen ökonomischen Tätigkeiten des ursprünglichen Menschen bis auf eine entsagt: die Arbeit teilt sich unter die einzelnen Häupter der Menschen, die Bedürfnisse aber, welche die Arbeit bestimmen, bleiben in jedem einzelnen Menschen bei einander. Er kann also nur arbeiten in wie fern die ganze Gesellschaft für ihn arbeitet; er bedarf die Gesamtheit der übrigen und ihre Kräfte an allen Orten; kurz die Gesellschaft, die Vereinigung aller ökonomischen Funktionen, der Staat — bleibt das Bedürfnis aller Bedürfnisse.

Ich habe bereits oben angedeutet, daß dieses Bedürfnis der Vereinigung in der natürlichen Ordnung der Dinge zunehmen müsse in demselben Grade wie die Teilung der Arbeit; daß je mehr die Kräfte des Menschen aus einander treten, auch das Band derselben, oder der Staat um so gewaltiger werden müsse. Alles dieses stellt sich den Sinnen dar in den Verrichtungen des Geldes; das Verlangen nach dem Gelde ist ein bloßer unvollkommener Repräsentant des höheren Verlangens nach der Vereinigung, nach dem Staate; und es gilt unter allen tiefen Verwicklungen des ökonomischen Lebens noch heut, daß, wer in dem Gelde irgend etwas anders begehrt, als die bürgerliche Gesellschaft, welche die Materie des Geldes nur symbolisch andeutet, oder wer diese Materie an sich begehrt, nie befriedigt werden könne. Daher habe ich an einem andern Orte gezeigt*, wie das Geld eigentlich nichts anders sei, als die Eigenschaft der Geselligkeit, welche in größerem oder geringerem Grade allen Dingen innewohne, und daß unter den Sachen, besonders die edeln Metalle, unter den Personen aber noch in viel vollkommnerer Gestalt der wahre Staatsmann diese Eigenschaft an sich trage.

Wenn man also in neueren Zeiten die Sache so dargestellt, als sei ein Staatspapier ein bloßes Substitut der Metalle, oder als könne ein Versprechen des Staates die Metalle nur repräsentieren, und als sei selbiges ohne Beziehung auf die Metalle wesenlos, so hat man die Ordnung der Dinge umgekehrt: die Metalle sind die Repräsentanten; das große Bedürfnis des Zusammenhaltens, welches schon vor aller Teilung der Arbeit die einzelnen Organe des Menschen verbindet, dann später alle die verschiedenen ökonomischen Funktionen unaufhörlich zu ihrem Ursprung und zur Vereinigung zurück zieht; das, was die Metalle durch den Stempel, wie durch eine Art von Kreditiv erst zum Gelde erhebt, und was endlich bei weiterer Entwicklung des bürgerlichen Lebens durch das Staatspapier ausgedrückt wird — ist das Prinzipale.

Der wohldenkende Leser wird also einsehen, daß, wiewohl sich alles höhere gesellschaftliche Bedürfnis

---

* Elemente der Staatskunst. II. III. Teil.

des Menschen, und die unerläßliche Bedingung aller Arbeitsteilung in dem Metallgelde versteckt, dennoch einem Heer von Mißverständnissen Tür und Tor geöffnet ist, wenn man, wie in den Untersuchungen des Adam Smith geschehen, von einer bestimmten Erfindung des Geldes redet. Nach diesem ersten Irrtum bleibt das Geld durch den ganzen Fortgang der Untersuchung ein nützliches Auskunftsmittel bei dem Tausch und Kram des gemeinen Lebens; es bleibt Ware: als Maßstab der geselligen Eigenschaft aller übrigen Waren kann es der Autor nicht brauchen, weil er das unsichtbare Wesen, welches im Metallgelde diese übrigen Waren mißt, nicht kennt; der Maßstab muß wo anders gesucht werden, und weil selbst unter den Irrtümern der Menschen ein Gleichgewicht Statt findet, so bestraft sich die allzu materielle Vorstellung des Geldes durch eine allzu ideale des Maßstabes; der Begriff der Arbeit wird zum Maßstabe erhoben.

Das Geld ist so wenig als der Staat, oder die Sprache eine Erfindung. Der Mensch, in wie fern er nur überhaupt da ist, bedarf Personen und Sachen: die Sachen um der Personen, die Personen um der Sachen Willen, beide um seiner Unvollkommenheit Willen, beide um sich zu ergänzen, um sich zu verewigen. Er bedarf also außer sich selbst noch eines Bandes, das ihn mit den Personen und Sachen unauflöslich verbinde, und wiewohl sein eigenes unnachlassendes Bedürfnis nach jener Gemeinschaft schon diese Verbindung vollzieht, so wird er doch derselben sich nur bewußt, in wie fern er in den Personen und Sachen das gleiche Bedürfnis wahrnimmt. Das, was diese Verbindung vollzieht, ist in den spätesten Entwickelungen der bürgerlichen Gesellschaft, wie in den frühesten Anfängen derselben, der Staat; und Geld ist nichts anders als der ökonomische Ausdruck für dieses Bedürfnis der Vereinigung oder für den Staat; so wie Gesetz der juristische Ausdruck dafür ist.

Unter den Sachen sind es die edeln Metalle, unter den persönlichen Kräften des Menschen ist es das Wort, von denen jedes in seiner Sphäre die Vereinigung vollzieht, die der Mensch unaufhörlich unter allen seinen persönlichen und sächlichen Angelegenheiten zu stiften strebt: die edeln Metalle sind das natürlichste Band unter den Sachen, das Wort ist das natürlichste Band unter allen persönlichen Kräften. Das Wort und das edle Metall sind also die beiden großen Formen, unter denen das Geld erscheint; die beiden großen Versinnlichungen des ökonomischen Staates. Keines von beiden allein und für sich drückt das Wesen des Geldes vollständig aus: wer also eine bloß materielle Anschauung des Geldes hätte, oder wer es bloß im edeln Metalle begriffe, hätte von dem Wesen des Geldes, und weiterhin von seinem Leben und seinem Umlauf eine eben so falsche und tote Vorstellung, als derjenige, der eine bloß idealische Anschauung desselben nährte, das beißt: der es nur als Wort, als fixiertes Wort, im Münzstempel oder auf dem Papier zu begreifen wüßte.

Diese Distinktion ist das A und O aller staatswirtschaftlichen Ansichten. Weil die letztverflossenen Jahrhunderte sich allzusehr auf die Seite der materiellen Anschauung des Geldes herüber geneigt, weil sie das Geld allzu ausschließend in den Metallen gesucht und erstrebt haben, so hat sich die andere versäumte Geldform, nämlich, das Wortgeld dafür gerächt: ungeheure Papierzirkulationen sind ungerufen in die Staaten eingedrungen; je mehr man sie für ein reines Übel gehalten, je aufrichtiger man sie verabscheut, um so mehr hat man dergleichen kreieren müssen. In dieser Wildheit über die Staaten herschwärmend sind diese Papierformen des

Geldes auch wirklich ein reines Übel; aber niemand hat ein Recht sie also zu nennen, der durch seine Parteilichkeit für die Metalle den Zorn der versäumten, und doch eben so notwendigen andern Partei erweckt, also durch seine Ungerechtigkeit, sie zu einem reinen Übel gemacht hat. So sind Bewegung und Ruhe, Krieg und Friede zwei gleich notwendige Formen desselben politischen Lebens: seitdem man aber den absoluten Frieden für sich hat ergreifen und darstellen wollen, seitdem man die innere Verfassung der Staaten ausschließend für den Frieden eingerichtet hat, so haben die stehenden Armeen im steigenden Verhältnis zunehmen müssen, und nun erst ist der Krieg zum reinen Übel geworden. Was zur vollständigen Natur des Menschen gehört, wird in demselben Maße, als die Menschen sich seiner zu entschlagen suchen, sich um so hartnäckiger, drückender, feindseliger aufdringen.

Der Mensch steht in einem gleichwesentlichen Verhältnis zu den Personen und zu den Sachen, aber es ist schon in der Einleitung gezeigt worden, daß er um der Personen Willen in einem Verhältnis zu den Sachen, und um der Sachen Willen in einem Verhältnis zu den Personen steht, daß er keines dieser beiden Verhältnisse in einer absoluten Absonderung für sich behandeln könne, kurz, daß ein absolutes Privateigentum, und ein absolutes Privatleben zu denken unmöglich ist. Also kann er auch weder die Geldform, welche die Sachen umfaßt (das edle Metall) noch die andere Geldform, welche die persönlichen Kräfte umfaßt (das Wort) abgesondert für sich betrachten oder behandeln. Es gibt demnach eben so wenig reines Metallgeld als reines Papier- oder Wortgeld. Wo also Metallgeld wirklich vorhanden ist, da muß es mit dem Worte schon versetzt sein: und, wo wirkliches Wortgeld (Schrift- oder Papiergeld) vorhanden ist, da muß es mit dem Metallgelde versetzt, und gleichsam dadurch bestätigt sein. Mit andern Worten: wenn das Metallgeld zu wirklichem Gelde werden soll, so muß das Wort sein Siegel, seinen Stempel darauf drücken: es muß Münze werden*: andererseits soll das Wort zum wirklichen Gelde werden, so muß es in Beziehung auf das Metall stehen, es muß durch das Metall bestimmt werden.

Wollte man nun aber behaupten, eines von beiden müsse dem andern unterworfen sein, entweder das Papiergeld abhängig nach Sklavenart vom Metallgelde, oder das Metallgeld vom Papiergelde, so würde man in beiden Fällen behaupten, daß eines von beiden unabhängig für sich existieren könnte, daß eines von beiden absolut fester und unveränderlicher Maßstab des andern wäre, und, daß die Sachen, welche das eine repräsentiert, völlig unabhängig wären von den Personen und persönlichen Kräften, welche das andere repräsentiert und umgekehrt. Eine Zeit also, welche das absolute Privateigentum und Privatleben für möglich hält, wird auch eine von den beiden Geldformen, und wahrscheinlich die sächliche, das Metallgeld für den unbedingt festen Maßstab der andern, und die andere Geldform des Wort- (Papier) Geldes für den Sklaven der Ersteren

---

* Die Angabe des Gewichtes und der Feinheit konstituieren das Wesen der Münze noch nicht. Das Wort ist nichts ohne die Person des Sprechers: jedermann wird fragen, wer Gewicht und Feinheit auf dem Markte angegeben. Das Bild oder Zeichen, oder der Wahlspruch, oder das Wappen des prägenden Souveräns, oder der prägenden Kommune muß hinzugefügt werden. Ferner die Bestimmungen des Gewichts, der Feinheit, der Benennung der Münze, sind Einrichtungen der bürgerlichen Gesellschaft, sind Sachen der Konvention. Der Inbegriff all dieser Dinge ist das Wort, welches zum Metall hinzu kommen muß, damit es zur Münze werde.

halten. So ist es auch wirklich, und der allgemein verbreitete Grundsatz: „daß das Papiergeld überhaupt nur als Substitut des Metallgeldes zu denken sei", nur ein besonderer Ausdruck für den noch allgemeineren, doch weniger keck ausgesprochenen Grundsatz: daß alle persönlichen Verhältnisse der Menschen, Staat, Stände, Korporationen u. s. f. nur um des sächlichen Besitzes, um der Sicherheit Willen des Privateigentums vorhanden wären, ohne daß das Privateigentum seinerseits wieder dem Staate unterworfen wäre*.

Wenn auch unter den Sachen das edle Metall, und unter den persönlichen Kräften das Wort regiert, so steht doch nichts desto weniger jede dieser beiden Mächte in einem veränderlichen Verhältnis zu dem Gebiete, worin sie regiert; und da nun noch überdies die Herrschaft der Einen unaufhörlich in die Herrschaft der Anderen eingreift, da jede Sache einzeln durch persönliche Verhältnisse und jede Person, wie jedes persönliche Verhältnis wieder durch Sachen garantiert werden muß, so können die beiden regierenden Geldformen sich nur behaupten, in wie fern sie einen unauflöslichen Bund mit einander schließen, in wie fern sie sich gegenseitig garantieren, das heißt: in die oben beschriebene Wechselverbindung treten.

Solange noch das Wort selbst auf der Erde gegolten hat, so lange noch neben dem sparsamer verbreiteten Metallgelde ein eben so mächtiger persönlicher Glaube stand, so lange war ein Mißbrauch des Metallgeldes unmöglich: im Mittelalter war in den feudalistischen Dienstverhältnissen die andere Geldform vorhanden,

---

* Die allgemeine Befugnis Krieg zu führen, dafern man des Privateigentums schone, zeigt deutlich genug, daß der Staat und alle persönlichen Verhältnisse nur als Akzidenz des Privateigentums betrachtet werden.

und erhielt das Metallgeld in seinen Schranken. Nachfolgende Geschlechter sind von dem Glauben, von dem Worte, von der Persönlichkeit abgefallen: ganze Gebirge von edeln Metallen sind ihrem Irrtume, ihrer Schwärmerei für den sächlichen Besitz auf halbem Wege entgegen gekommen. Darauf hat nach dem ewigen Naturgesetze des Gleichgewichts, auch der Irrtümer, die versäumte Persönlichkeit, der vernachlässigte Glaube, das zurückgesetzte Wort sich rächen müssen: die Schuldenverhältnisse, die Kreditsysteme und das Papiergeld des letzten Jahrhunderts sind durch diese unvermeidliche Reaktion entstanden. Die Welt hält sie für reine Übel: tue sie nur noch den einzigen Schritt zu erkennen, daß der Mißbrauch der Menschen diese höchst natürlichen Dinge erst zu Übeln gemacht hat. Man unterwerfe sich ihnen mit Freiheit, man erkenne ihre Unentbehrlichkeit, man versöhne sich mit ihnen, man inokuliere sie*, man zähme sie: und diese reinen Übel werden die kräftigsten Bindungsmittel des Staates, und die sichersten Bürgschaften für das Glück jedes Einzelnen werden.

Alle gedenkbaren Argumente, welche man gegen das Papiergeld aufbringen kann, treffen immer nur jene wilde Reaktion der Natur gegen die Alleinherrschaft des Metallgeldes: glücklicher Weise aber hat auch sie schon zu weit um sich gegriffen, als daß es in dem Gebiete menschlicher Macht läge, ihre Wirkungen zu vernichten; und darin tun wir es nun, Dank sei es dieser großen Erfahrung, dem Mittelalter zuvor, daß wir die beiden sichtbar vorhandenen Geldformen als gleichwesentliche

---

* Hat man doch die Blattern so bezwungen: die notwendigsten Haustiere, sind solche gezähmte reine Übel. Auch der Krieg läßt sich inokulieren, indem man alle Friedensinstitute des Staates mit seinem Geiste durchdringt.

Elemente des Geldes mit Bewußtsein anerkennen, und, indem wir unsere Metallgeldwirtschaft mit der Papiergeldwirtschaft in wahre Wechselwirkung bringen, ein sicheres, durch sich selbst verbürgtes Geldsystem erlangen können.

Denn in der Wechselwirkung der beiden Geldformen lebt und entsteht erst das eigentliche Geld, wie sich überhaupt auch eine Einsicht in das Wesen des eigentlichen Geldes nicht etwa durch eine fest stehende Theorie, sondern nur durch eine wahrhaft historische, mitschreitende, mitlebende Betrachtung der ewigen Wechselverbürgung der Metalle durch das Wort erlangen läßt. Nicht anschaulicher wüßte ich diesen großen Prozeß der Gelderzeugung zu machen, als indem ich zu dem Schema der Kugel zurückkehre. Metallgeld und Wortgeld sind die beiden Pole der ökonomischen Sphäre: jede ökonomische Funktion, die aus der ursprünglichen Vereinigung aller Funktionen in einem und demselbigen Menschen heraus trat, nötigte eine andere entgegen gesetzte Funktion aus dem Mittelpunkte heraus zu treten: so entwickelte sich meiner obigen Beschreibung nach die Kugel. Aber alle die so entstehenden Radien und Diameter unter sich, alle diese verschiedenen ökonomischen Funktionen find wieder einem Hauptradius, einem Diameter par excellence untergeordnet, wie alle Radien und Diameter der Erdkugel einem Hauptdiameter, nämlich, der Achse, untergeordnet sind, um welche sie sich zunächst und dann erst mit ihr um den Mittelpunkt der Erde bewegen.

Diese Hauptfunktion, diese Achse der ökonomischen Sphäre ist die Funktion des Geldes. Und wenn man sich in die Hemisphäre des einen Pols alle sächlichen Funktionen denkt, so werden sich diese freilich zunächst um den sächlichen Pol, den Pol des Metallgeldes drehen, eben so wie die gesamten persönlichen Funktionen zunächst um den persönlichen Pol, um den Pol des Glaubens- Kredit- Wortgeldes: indes da jede einzelne sächliche Funktion nur möglich wird durch eine Art von Antipoden, das heißt: durch die Entstehung meiner entgegen gesetzten persönlichen Funktion, so wird auch jeder von den beiden Polen mit allen seinen Dependenzen in jeder Rücksicht bedingt sein durch den andern; eben so jede Hemisphäre durch die andere.

Beide Pole Metallgeld und Kredit- (Papier-) Geld werden sichtbar heraus treten, aber mit allen Welterscheinungen, die davon abhängen, demjenigen ewig unverständlich bleiben, der die Beziehungen dieser beiden Pole, und aller anderen gedenkbaren Radien mit ihnen auf den unsichtbaren Mittelpunkt, auf das eigentliche Geld nicht kennt. Die Menschen täuschen sich über die Richtungen ihrer Tätigkeit; sie glauben bald hier, bald dorthin zu wirken, sie entscheiden sich für einen der beiden Pole ausschließlich: indes ist es immer und an allen Orten nur jener Mittelpunkt, jenes unsichtbare Geld, welches sie und all ihr Werk trägt, zieht, regiert.

Viertes Kapitel
Unterschied der Wechselsklaverei und der freien Wechselwirkung, zwischen den ökonomischen Kräften

Wenn man die Vorstellungen unserer Zeitgenossen von dem Verkehr, dem Tausche, dem Handel, dem Markte bedenkt, so ergibt sich, daß wohl empfunden wird, wie in letzter Instanz die Nachfrage oder das menschliche Bedürfnis, also etwas höchst Persönliches alle diese Umsätze und Übertragungen der Sachen regiere: indes da man nur auf das körperliche Bedürfnis des Menschen, auf das Bedürfnis des Menschen nach Sachen, nach Handgreiflichkeiten, nach Augenblicklichkeiten Rücksicht nimmt, da man die ökonomische Ordnung der Dinge errichtet zu haben glaubt, wenn man diesen Augenblicklichkeiten gestattet, sich frei unter einander ins Gleichgewicht zu setzen, da man durchaus keine Anstalt trifft, die höheren moralischen und ewigen Bedürfnisse der Menschen, welche in der Sorge für den Augenblick so leicht versäumt werden, und ohne die demnach eine dauerhafte Befriedigung des Augenblicks unmöglich ist, mit auf den Markt zu bringen — so ist klar, daß man eigentlich den handgreiflichen Sachen die Regierung der Welt übergibt, und an eine, in den Sachen verborgene, dunkle, anordnende Gewalt vielmehr, als an die Persönlichkeit des Menschen und an seine Oberherrschaft über die Dinge glaubt.

Es ist auch natürlich, daß die Theorie sich dem gemeinen Manne mundgerecht zu erhalten strebt, und sein Verlangen trägt nach einer höheren Grundlage, als der gemeinen Denkungsart ihrer Zeit: der gemeine Mann aber glaubt heutiges Tages nicht vielmehr als er gerade vor sich sieht, und, da in den Personen allezeit etwas

Geheimes und Unsichtbares zurück bleibt, das alle Rechnung stören kann, so hält er sich viel lieber an den handgreiflichen Sachen, so meint er durch diese sein Dasein sicher zu stellen, so arbeitet er für nichts als für ihren Besitz, und vertraut dem letzten Reste dieses täglich von neuem verkümmerten Besitzes noch mehr, als aller persönlichen Kraft, die ihm zu Hülfe kommen könnte.

Zur Unterhaltung der Lebensflamme gehören täglich gewisse Brennmaterialien: es ist Brot von Nöten oder ein Äquivalent von Brot; es sind Sachen von Nöten die alle Menschen, einer wie der andere, täglich begehren: wir halten uns an diese notwendigsten Sachen, die darin regierende Notwendigkeit, der darin verborgene Gott wird den Nachbar schon zwingen, das heraus zu geben, was er hat, und was uns fehlt. Man glaubt also nicht bloß an den Sachen, sondern an eine gewisse Ausgleichung unter den Sachen, worüber der veränderliche Wille des Menschen nichts vermöge, die also eigentlich das Weltgesetz sei. Es ist dieses der Staat und die Religion des unvernünftigen Tieres, das zwar nicht eigentlich tauscht und kommerzieret, aber nicht leben könnte ohne einen gewissen dunklen Glauben an die überschwängliche Notwendigkeit und Ewigkeit des Futters.

Der auf die große Tatsache des täglich wiederkehrenden Hungers sich stützende Glaube des Menschen hat allen anderen Glauben und jede höhere Neigung dergestalt verzehrt, daß es wirklich, zumal, wenn man die darauf errichteten ökonomischen Theorien betrachtet, das Ansehen hat, als wäre das Verlangen der Sachen nach den Menschen viel größer, als das der Menschen nach den Sachen, und als verspeisten eigentlich die Sachen den Menschen, und nicht dieser jene.

Aber von allen diesen Verirrungen eines tief gesunkenen Geschlechts abgesehen: es ist wirklich ein Geist, ein gewaltiger Geist in den Sachen, den sie in der bürgerlichen Gesellschaft und durch dieselbe erlangen. Dadurch, daß die ganze bürgerliche Gesellschaft eine solche Sache begehrt, wird sie erst für den Einzelnen so wichtig und so furchtbar, und so ist denn der Irrtum begreiflich, daß, lange nachdem die letzten Gefühle für das Gemeinwesen in dem Einzelnen erstorben sind, er noch ein Gespenst desselben in den Sachen ehren, fürchten und schonen muß.

So offenbart sich denn auch hier das große, oft erwähnte Gleichgewicht der menschlichen Irrtümer: einerseits werden die Sachen zu Götzen, zu Tyrannen des Menschen erhoben; die Neigung des Pöbels und die fatalistischen Theorien der Staatswirtschaft wenden sich zur Abgötterei der Sachen, und zu sklavischer Unterwürfigkeit unter ihr vorgebliches Gesetz: man lasse, heißt es, den Menschen nur frei von allen persönlichen Schranken, man lasse die Sachen nur gewähren, nur walten über ihn, man lasse die Ballen der Waren nur sich unter einander ins Gleichgewicht setzen, und den Mechanismus der Gewerbe in sich selbst forttreiben, so wird der Mensch schon folgen müssen; andererseits werden dieselben Sachen wieder absolut privateigentümlich der willkürlichen Disposition des Einzelnen überlassen, er erhält das Recht der Veräußerung alles Besitzes, ein Recht über Leben und Tod derselben Sachen, die ihn beherrschen sollen; kurz der Sklave wird wieder Tyrann seines Tyrannen, und der Tyrann Sklave seines Sklaven.

Es war eben die Haupt- und Grundtorheit in der vielgepriesenen Weisheit der heidnischen Alten, daß ihnen das Leben als ein Tummelplatz der Willkür erschien, daß sie die Güter der Erde nicht anders zu denken wußten, als in blinder Unterworfenheit unter eine gewisse bald verfeinerte, bald heroische Laune, und daß ihre gesamte Haushaltung nichts Höheres verlangte, als kecke Unterwerfung und klügelnde listige Bewirtschaftung des ausschließenden Eigentums. Sie wähnten die Welt zu unterjochen und wollten nicht einsehen, daß sie eben dadurch selbst Sklaven wurden, und daß sie die Willkür, die sie ausübten, zugleich auf den Thron setzten über sich. Was war dieses Rätsel des Fatums, das mit schrecklichem Mutwillen über allen ihren Göttern waltete, was waren die vergötterten Gespenster der irdischen Sachen und Naturkräfte, was waren selbst in späteren unheiligeren Zeiten diese bewaffneten Sklavenrotten, welche die Selbstherrscher umgaben, und nach Belieben über ihre Krone schalteten — anders, als dieselbe Willkür, die niemand über die Dinge ausüben kann, ohne daß die Dinge sie wieder über ihn ausübten.

Freiheit nannten sie dieses Wesen: ein Euphemismus des ganzen heidnischen Altertums; und wo sie noch sonst unheimliche Dinge mit freundlichen Worten und schmeichelnden Bildern verkleideten, waren es immer einzelne Züge derselben schrecklichen Larve: Sprache, Philosophie, Kunst, mußten alle ihre Zauber aufwenden, damit sie nur ertragen werden konnte.

So waren die Heiden! im Laufe der letztverflossenen Jahrhunderte ist diese törichte Gesinnung zurück gekehrt: die Dinge sollen wieder privateigentümlich dem Menschen unterworfen werden, und so ist das alte Fatum auch unmittelbar wieder zugegen, und der Mensch zu einem Spielzeuge in den Händen desselben herabgesunken: ohne Euphemismus! der Weltmarkt und der Weltkrieg sind unser Fatum; Gold, Kolonialwaren und dergleichen sind unsere Götter; und so sind es selbst

Sklaven ihrer Sklaven, welche die Welt beherrschen.

Wahrscheinlich wird man noch lange fortfahren, die Quelle unseres Elends ganz wo anders zu suchen, als wo sie liegt: ein edler Schriftsteller hat die Verrückung der gegenwärtigen Generation: Gottesscheu genannt; und wo dem Göttlichen ausgewichen wird, wie möchte man da das Natürliche finden. Nur in dem göttlichen Verhältnisse des Menschen zu den Dingen liegt die Freiheit, liegt der Reichtum, liegt alles Eigentum und alle Befriedigung unseres Daseins. So lange wir die Dinge an sich zu besitzen streben, so lange wir nicht erkennen, daß es nur die gesellschaftliche Macht in den Dingen ist, die uns reizt, und daß die unbedeutendste Sache erst durch den Staat geheiligt und personifiziert wird, daß also aller dieser äußerliche handgreifliche Verkehr mit den Dingen, nur um eines unsichtbaren höheren Wesens Willen Statt findet, und nur von einem solchen getragen werden kann – so lange sind alle staatswirtschaftlichen, alle politischen Probleme unbedingt unauflöslich: denn die reinsten Vorstellungen vom Staate, deuten, wie schon oben erwiesen, alle weiter und höher, auf ein Allermittelstes; auch dieser Planet braucht eine Sonne die ihn trägt, dieselbe Sonne, welche die geringste Haushaltung wärmt und bescheint, wie auch überhaupt in die Verwickelung der menschlichen Angelegenheiten, erst die Klarheit der echten Wissenschaft bringt.

Die Weisheit der Weisesten vermag in staatswirtschaftlichen Angelegenheiten nichts ohne dieses Licht: die Zeiten der Auskunftsmittel, der Palliativen, der Prolongationen des endlichen Entscheidungstermins sind bald zu Ende; die armseligen Künste des rechnenden Verstandes sind erschöpft: wer seine Wirtschaft besorgen und erhalten will, muß darneben etwas Höheres ins Auge fassen, als diese Wirtschaft. Nur für diejenigen, welche fühlen oder wenigstens ahnden, daß weder die absolut isolierte, noch die profane Behandlung eines solchen wissenschaftlichen Gegenstandes zu irgend einer Befriedigung führen könne, sind die nachfolgenden Betrachtungen über Maßstab, Standard, Münze und Zirkulation aufgeschrieben worden.

Der Mensch braucht also nicht die Sachen, um sie ausschließend in Besitz zu nehmen, um sie als Sklaven sich zu unterwerfen, sondern als ein Band mit den Personen, und um vermittelst ihrer in Verbindung mit der bürgerlichen Gesellschaft zu treten und zu bleiben; der Mensch bedarf der Personen, um vermittelst ihrer Hülfe die Sachen zu erlangen, durch die er sich fester mit den Personen, und dergestalt inniger mit dem Ganzen der Gesellschaft vereinigen könne. Der Mensch bedarf also überhaupt nur, um wieder hingeben zu können, um das ewige Opfer bringen zu können, welches der Zweck seines ganzen Daseins ist. Er arbeitet nur, um unbezwungen von irgend einer blinden Naturkraft, sich und seinen Erwerb für die große republikanische Idee der Gemeinschaft hingeben zu können, und so jenes Zutrauen, jenes Sicherheitsgefühl zu erlangen, das ihm weder die Freundschaft der einzelnen Personen, noch der Besitz irgend einer Sache gewähren kann.

Der wahre Kaufmann arbeitet nicht um Sachen zu gewinnen, oder um die Materie des Geldes einzufangen und eingesperrt zu erhalten: er arbeitet um mehr hingeben zu können, um die Sphäre seines Kredits zu erweitern und um mehr Kredit zu erhalten; um mehr geglaubt zu werden, und um dafür das Glück in allem Glück, den eigentlichen Besitz in allen Besitztümern, nämlich den größeren Glauben an die Sicherheit seines Hauses, wie seines ganzen Daseins zu gewinnen. Es befriedigt ihn nicht, daß er selbst Kredit habe, er muß auch Kredit geben können, also es müssen die andern Kaufleute, es muß der Handelsstand im Ganzen Kredit haben. Der Handelsstand kann nur Kredit haben, wenn er auf die Wechselwirkung des Bedürfnisses, und der Arbeit bei den beiden andern Ständen, zwischen denen er vermittelt, rechnen kann, das heißt: wenn im Landbau sowohl als in der Stadtwirtschaft nicht nach bloßem Genuß, nicht nach bloßen Produktenmassen, sondern vielmehr nach Kredit gestrebt wird. Nicht in der Teilung der Arbeit, nicht in den edeln Metallen liegt das Wunder der großen und dauerhaften Wirkungen, welche die Industrie hervor bringt; nicht in der bloßen Allianz der ökonomischen Kräfte, sondern darin, worin alle Wunder der Erde: im Glauben an einander, im Glauben an den Glauben. — Die drei Nährstände streben nach nichts anderem, und beruhen auf nichts anderem als auf dem Kredit.

Der Zweck des Wehrstandes ist kein anderer, als die äußeren körperlichen Mächte, welche diese große Glaubensvereinigung stören könnten, abzuwehren, und an den Glauben jenen höheren Lebensmut zu knüpfen, der in dem friedlichen Umtriebe wirtschaftender Kräfte verloren gehen könnte, und der den Glauben über die Gebrechlichkeit der irdischen Dinge erhebt.

Aber noch sind innere Feinde die ihn stören könnten; im Herzen der einzelnen Menschen walten die feindseligsten Begierden: ein unsichtbares, stolzes und hoffärtiges Wesen darin sinnt auf Rebellion, auf Zerstörung der ganzen Verbindung, wenn es vernachlässigt wird; aber es ist auch die sicherste Bürgschaft für das Bestehen dieser Verbindung, also für den Kredit selbst, wenn es gezähmt, und in das große Kreditgewebe an allen Stellen verflochten wird. Der Zweck des Lehrstandes ist also die Bedingung dieses schrecklichsten Feindes, die Unterwerfung aller unabhängigen Erkenntnis unter den Gehorsam des Glaubens, und, da jede irdische Verbindung von dem Wetter der Erde, und von Umständen und Augenblicklichkeiten abhängig bleiben würde, die Verknüpfung des irdischen Glaubens, mit dem ewigen des ganzen Geschlechts.

Um in irgend einem dieser Stände der bürgerlichen Gesellschaft, als wahres dienendes Glied einzugreifen, und um in irgend einem besonderen Geschäft Befriedigung zu finden, muß der Einzelne diese große Wechselverbürgung des Kredits, bei der kein Teil entbehrt werden kann, wenigstens fühlen oder ahnden. Auch hat es nie einen tüchtigen Bürger, Kaufmann, Landwirt u.s.f. gegeben, ohne dies Gefühl. Selbst unter aller mechanischer Zersplitterung der Kräfte, und Verwirrung der Kräfte hätte man die rechtschaffenen praktischen Leute dieser Zeit zuverlässig für sich, wenn man behauptete, daß das Heil des Ganzen nur aus der lebhaftesten Wechselwirkung aller Einzelnen entspringen könne, daß der Verkehr befördert, daß die Berührungen unter den Einzelnen vervielfältigt werden müßten. Wenn diese ehrenwerten Leute nur einsehen möchten, daß der materielle Verkehr für sich noch nicht ausreicht, daß der Markt ein ganz anderes Leben gewinnt, wenn wir die unsichtbaren Güter des Lebens hinzulassen, daß die Berührungen sich noch ganz anders vervielfältigen, wenn wir die vergangenen Geschlechter und ihren Erwerb und ihre Gesetze, als wären sie lebendig, mit eingreifen lassen in den Verkehr. Gesetzt, die Umtriebe des Markts, die Konkurrenz unendlich vieler Produzierenden, Bedürfenden, und der verschiedenartigsten Erzeugnisse brächte die Lebenserscheinung, und demnach das Gefühl von Reichtum hervor, wonach die praktischen Leute streben, so liegt die Genugtuung die sie dabei empfinden, sicherlich nicht in der Betrachtung des bloßen regellosen Tumults des Marktes: sondern ein Gleichgewicht unter Käufern und Verkäufern wäre in aller dieser Bewegung das eigentlich Erfreuliche. Die Käufer hätten gefunden was sie brauchten, die Verkäufer abgesetzt was sie produziert: jeder wäre in dem Glauben an das Gleichgewicht des Ganzen, und an die Ersprießlichkeit seines besonderen Geschäfts, wie an den Beistand der Übrigen dabei bestärkt; der Kredit wäre von neuem befestigt, dies wäre das eigentlich Erhebende an der ganzen Erscheinung.

Wenn nun auf diesem Markte jedem Einzelnen der Kredit zu Gute kommt, den er auf früheren Märkten erworben; wenn ferner dem ganzen Markte der gute Erfolg aller früheren Märkte erst Leben gibt, und das erwünschte Gleichgewicht zwischen den Käufern und Verkäufern erst möglich macht; diese früheren Märkte aber den Schutz kräftiger Gesetze, den ruhigen Betrieb des Landbaues, die Bereitschaft der vaterländischen Waffen, und eine ruhige nationale Bildung des Geistes und Herzens bedurften, um den Verkehr dauerhaft an sich zu ziehen, so frage ich, ob außer der Konkurrenz der Käufer und Verkäufer, der Waren und der Bedürfnisse nicht noch ganz andere und höhere Dinge, wenn auch nur unsichtbar, konkurrieren müssen, wenn die Erscheinung des Verkehrs einen rechtschaffenen Zuschauer befriedigen soll, und ob die Genugtuung desselben nicht auf der Offenbarung eines viel höheren Kredites beruht, als des merkantilischen, der gerade in diesem Augenblicke auf dem Markte zur Sprache kommt.

In der Masse an sich, in der Bewegung an sich liegt nichts Erfreuliches; diese Erscheinungen müssen erst Symbole des Lebens werden, sie müssen erst auf vielfältige wechselwirkende Verhältnisse der Menschen unter einander hindeuten, wenn sie einen wohltätigen Eindruck machen sollen auf das Gemüt. Nichts Öderes gibt es, als einen reichversehenen Markt ohne Käufer: die Unendlichkeit der Verhältnisse verlangt der Mensch: je verschiedenartiger, je vielfältiger die Verhältnisse, um so wahrscheinlicher wäre die Störung, die Verwickelung unter den Verhältnissen; bestehen sie also unter aller Vielfalt, so ist das Gleichgewicht darin um so kräftiger, der Geist der Ordnung um so mächtiger. Der Glaube an das Bestehen dieser Verhältnisse ist das eigentliche Resultat des Verkehrs, und durch diesen Glauben werden die Fortschritte des Verkehrs erst möglich. Also verlangen die gutgesinnten Beförderer des Verkehrs und Freunde der Industrie nur den Kredit: sie müssen die unsichtbaren Kräfte, das geistige Vermögen mit hinzulassen auf den Markt; sie müssen die Schranken der Gesetze respektieren, welche sich aus dem Verkehr der Vorfahren ergeben haben, wenn sie des Kredits, der aus dem Zusammenwirken tiefer früheren Verhältnisse hervor gegangen ist, und seiner Segnungen teilhaftig werden wollen.

Es ist demnach nur eine Freude an dem Bewegten, um des Bleibenden Willen; eine Freude an dem Markt, um des Staates Willen; eine Freude an den Massen der irdischen Güter, um der Verhältnisse Willen, die sie unter einander zum Mittelpunkte der bürgerlichen Gesellschaft, zum Glauben, zum Credit bilden, möglich.

Setzen wir statt der Unendlichkeit von Waren und Käufern, die auf dem Markte zusammen treffen, und statt des großen Gewerbes von Verhältnissen, das sie mit einander bilden, das einfache Verhältnis: Person und Sache. Person und Sache müssen im Gleichgewichte sein wie Käufer und Verkäufer. Was ist es, was uns in der Verbindung der Person oder der Sache, oder in der

Vorstellung des Eigentums oder des Reichtums erfreuet. Es ist der Gebrauch, den sie von einander machen, ihre Wechselwirkung unter einander: dieselbe Erscheinung in ganz einfacher Gestalt, die wir im Gewühl des Marktes Verkehr genannt haben. Eine Wechselwirkung wäre aber nicht möglich, wenn die Sache unbedingt und privateigentümlich der Person unterworfen wäre, das heißt: wie oben erläutert, wenn die Person sich unter die Botmäßigkeit der Sache ergäbe. Es würde sich das Verhältnis einer heidnischen und türkischen Wechselsklaverei ergeben, und dieser Grundirrtum würde sich allen Einrichtungen der bürgerlichen Gesellschaft mitteilen: man würde die Überzeugung allgemein werden sehen, daß die ganze Staatsverbindung keinen andern Zweck habe, als die Sicherheit der Sache, die Erhaltung des absoluten Privateigentums; an die Stelle eines lebendigen Gewerbes unvergänglicher Kräfte, würde ein totes Zwangs- und Kettenwesen treten; alles würde zur Sache werden, und das Persönliche, verscheucht aus den Wohnungen der Menschen, würde wie heidnisches Fatum, wie türkische Prädestination unsichtbar und tückisch über den menschlichen Geschäften walten.

Wenn man erwägt, daß dieses wirklich die Richtung unserer Zeit ist, und, daß wir darin wirklich mit denen, die sonst für die Erbfeinde der europäischen christlichen Staatenverbindung gehalten wurden, übereinstimmen; wenn man in allen andern Büchern der Geschichte vergebens nach einer Zeit sucht, wo dieses Mutterverhältnis aller übrigen menschlichen Verhältnisse als wahre Wechselwirkung behandelt worden wäre, wenn man überall nur eine rohere oder äußerlich verfeinerte Wechselsklaverei findet, so muß man wohl eine Vorliebe für das Mittelalter empfinden. Dort allein ist von einer Vereinigung der Person und der Sache um eines Höheren Willen; von einem irdischen Eigentum, das seinen ganzen Wert von einem höheren geistigen Eigentum erhält; von einer Sonne, die den Planeten zugleich mit seinem Trabanten schwebend erhält; von einer Wechselwirkung zwischen dem Eigentümer und dem Eigentume um des Glaubens Willen, die Rede. Dort wird das heilige Wesen des Kredits, welches im Innersten ihres Herzens, obwohl bewußtlos, alle diejenigen meinen, die sich über die Wechselwirkung des Marktes, und der Käufer neben den Verkäufern freuen, in seiner ganzen weltherrschenden Größe, als Mittelpunkt des gesamten äußeren und inneren Lebens anerkannt.

Diese Perle in der unscheinbaren Schale, dieses Prinzip aller Kultur und aller wahren Erleuchtung in Zeiten, die man finster und barbarisch genannt hat, ist in unseren Tagen wieder gefunden worden. Der Irrtum des absoluten Privateigentums mußte alle Köpfe ergreifen, alle Staatstheorien mußten an der Konstruktion jener Wechselsklaverei arbeiten, und die bürgerliche Gesellschaft mußte von ihnen in ein unendliches labyrinthisches Gefängnis umgeformt werden, damit einigen freien Seelen die großen verkannten Spuren jener freieren Zeiten in unseren Staaten sichtbar werden konnten. Germanischen Ursprungs — denn, was den christlichen Glauben in seiner Wurzel ergriff, war alles Germanisch — ist dieses Prinzip der Freiheit auch nur unter Germanischen Völkern wieder entdeckt worden. Edmund Burke, Friedrich Schlegel und Friedrich von Hardenberg, haben den Zauber eines hochmütigen Unverstandes, der die Idee aller Ideen verhüllt hatte, zuerst durchbrochen, von ganz verschiedenen Seiten her, jeder mit eigentümlicher Kraft. Der Erstgenannte unter ihnen ist unbeerbt gestorben, und da kein Besserer die große Erbschaft antreten wollte, so hat der Verfasser dieses

Buchs von der Staatshaushaltung sich bestrebt, in seinem Sinne fortzuleben, sein Werk zu ergänzen, wo die Schranken der Zeit es beengt oder unterbrochen hatten. Wir wollten das Mittelalter zurück ziehen, wieder herstellen! So wird die Ohnmacht, welche große Argumente kaum anzuhören, geschweige zu erwägen und anzugreifen wagt, noch lange von uns sagen. Wenn aber neben dem, was über alles Zeitliche erhaben, von einer gemeinen Vergleichung der Zeiten die Rede sein kann, so achten wir die Gegenwart gerade um so viel höher als das Mittelalter, als das Glück des Wiederfindens das Glück des Findens übertrifft. So viel als zarte Antwort auf eine rohe Beschuldigung!

Fünftes Kapitel
Vom Maßstabe

Daß ein Reich der Sachen nicht für sich und unter der absoluten Herrschaft einer Sache, par excellence, wie des edeln Metalls, bestehen könne, daß es eben so wenig wieder ein abgesondertes Reich der persönlichen Kräfte gebe, daß vielmehr sich Personen und Sachen allenthalben mit beiderseitiger Freiheit bedingen, daß sie wie die zwei entgegen gesetzten Seiten und Offenbarungen derselben großen Grundkraft, die aus ihrer Wechselwirkung immer mächtiger hervorgeht, betrachtet werden müssen, und daß beide, wenn sie außer Beziehung auf diese große Grundkraft des Glaubens oder Kredits gestellt werden, einander durch wechselseitige Versuche der Unterjochung notwendig zerstören müssen, — dies möchte nun keines weiteren Beweises bedürfen. Auf das Gesellschaftliche, auf das Krediterzeugende in beiden, nicht auf die Materie, welche diese produktiven Kräfte trägt, kommt es an; also nicht auf das was jedes von beiden abgesondert ist, sondern auf das, was beide im Verhältnis zu einander, d. h. in Beziehung auf einen gemeinschaftlichen Mittelpunkt sind, wird geachtet werden müssen.

Gesetzt also, es gäbe unter Sachen eine Sache, die gleichsam das Szepter zu führen schiene über die Sachen, wie das edle Metall: gesetzt es gäbe andererseits unter den persönlichen Kräften eine hervorragende, herrschende Kraft, wie die des Wortes, oder auch nur der Arbeit, nach den Begriffen des Dr. Smith; so wird keine von diesen herrschenden Kräften, weder die sächliche des Metalls noch die persönliche des Wortes, oder der Arbeit abgesondert für sich, eben so wenig als irgend eine einzelne persönliche Kraft ohne die ihr gegenüber stehende sächliche für ein ökonomisches Prinzip, oder für einen Maßstab der gesamten Haushaltung, oder gar für den Mittelpunkt derselben gelten können. Wie jeder Punkt an der Oberfläche der Kugel, dafern man ihn nur in Beziehung und Wechselwirkung, mit seinen Antipoden denkt für einen Repräsentanten des Mittelpunkts, der zwischen beiden liegt, gelten kann, so kann man auch von den beiden Polen der ökonomischen Sphäre, dem Metall und dem Worte sagen, daß sie den Mittelpunkt repräsentieren: Aber man darf die Funktionen des einen Pols, nie von denen des andern, und somit keine der beiden Hemisphären, deren jede von einem der beiden Pole regiert zu werden scheint, von der andern trennen.

Jede wahre und lebendige Wechselwirkung zwischen Person und Sache, erzeugt in ihrer Mitte den Kredit, und besteht nur durch die Vermittlung des Kredits: eben so die Wechselwirkung zwischen dem Persönlichen par excellence (dem Worte) und dem Sächlichen par excellence (dem Metall): eben so wie alle gedenkbaren Punkte an der Oberfläche der Kugel paarweise auf denselbigen Mittelpunkt deuten, ihn erzeugen, und von ihm erzeugt werden. Dieser Kredit, dieser Mittelpunkt der ökonomischen Sphäre ist also das eigentliche, wahre Geld: alle Personen und Sachen an der Oberfläche dieser Sphäre, wenn sie in gehöriger sphärischer Beziehung auf einander, und auf den Mittelpunkt gedacht werden, repräsentieren das Geld, und diese Geldeigenschaft in ihnen, dieses ihr Hinneigen zum und ihre Bezüglichkeit auf den Mittelpunkt, formiert den ökonomischen Wert.

Alle diejenigen Forderungen, welche der Kredit in diesem ausgedehnten Sinne des Wortes erfüllet, macht der gemeine Mann an das Geld; es soll ihn mit allen

Punkten der ökonomischen Sphäre in eine leichte und natürliche Beziehung setzen, es soll ihn sicher stellen, tragen; es soll aber auch alle ökonomische Funktionen unter einander ins Gleichgewicht setzen, so daß gute Zeit sei, im Gegensatz der teuren Zeit. – Dieselben Forderungen, die nur der das Ganze umfassende Kredit erfüllen kann, macht der Staatsmann an das Geld. — Mit Rücksicht auf das Problem, die Aufgabe, den Zweck sind wir also alle einig: aber daß der eine Pol, das Metall, abgesondert für sich, außerhalb der ökonomischen Sphäre, außer den Verhältnissen der ökonomischen Richtungen unter einander gedacht, als bloße Quantität, als ein Mehr oder Weniger angeschaut, diese Forderungen erfüllen könne, das ist der große Irrtum des gemeinen Mannes.

Weil es sich in der Privathaushaltung wohl ereignet, daß der Metallpol versäumt wird, und man sich ausschließend auf den Wortpol, auf Versprechung, Schuld und Schuldverschreibung stellt, und nun durch eine gelegentliche Akquisition des Metalls die Sache, wie durch ein Wunder, in augenblickliches Gleichgewicht gesetzt wird, so wähnt man daß auf das Mehr oder Weniger des Metalls, und auf das Mehr oder Weniger des Schuldpapiers alles ankomme. Wenn aber alle Verhältnisse der Privathaushaltung unter einander zerrüttet sind, wenn nicht das Persönliche und das Sächliche in dieser Haushaltung, das Eigentum und die Kraft es zu bewirtschaften, überall in sphärischem (geometrischem) Gleichgewichte stehen, so ist das Gleichgewicht, welches die Metallmasse hervorbringt, nur scheinbar und vergänglich. Werft Millionen in den einen Pol, wenn nicht alle Punkte der Kugel mit gleichförmiger Macht reagieren, d. h: wenn der Mittelpunkt nicht Kraft hat, sie zu tragen, so habt ihr die Zerrüttung des gesamten

Haushalts nur um so viel beschleunigt, als die Kraft der Ökonomie von der Masse des Metalle übertroffen wird, die ihr aufgebürdet wird.

Also Geldzerrüttung, eine Krankheit, über die zumal in unsern Tagen geklagt wird, ist nie ein Lokalübel, nie auf mechanischem Wege durch bloßes Abwägen von Quantitäten zu heilen, denn es hat in dem innern, geometrischen Verhältnisse der gesamten Ökonomie seinen Sitz.

Der gemeine Mann mit seiner besonderen Haushaltung verlangt im Gleichgewichte zu bleiben, mit der Gesamthaushaltung des Staates, und durch diese mit der Welthaushaltung, wenn es eine solche gäbe. Deshalb verlangt er, da er nun einmal in der Haushaltung nichts so sehr achtet, als die dabei vorkommenden Massen und Summen, einen Maßstab, um seine Arbeit, sein Vermögen abzumessen, oder das quantitative Verhältnis der Summe seiner Produktion, zu der Summe der Gesamtproduktion, oder zu den Summen der Produktion aller seiner Nachbarn beurteilen zu können. Weil er verlangt, daß seine Arbeit immer denselben oder doch regelmäßig steigenden Genuß abwerfe, die Genußmittel aber von allen seinen Mitbürgern, einzeln durch Arbeit herbei geschafft werden, so strebt er das Verhältnis seiner Arbeit zur Arbeit der übrigen gleich zu erhalten. Er begehrt deshalb in den Münzen, Maßen und Gewichten, einen sichern Maßstab, der in dem weitmöglichsten Umkreise vor allen Dingen im Staate, wo möglich aber gar überall auf der Erde ein und derselbe sei. Er verlangt noch mehr: dieser Maßstab soll in der längstmöglichen Zeit ein und derselbe bleiben, so daß die Arbeit seines Vorfahrs, vor einem Jahrhundert, in solchem Maßstabe ausgedrückt, noch heute in demselbigen Verhältnis zu aller übrigen Arbeit stehe, und also relativ eben so viel

Genußmittel gewähre, als damals.

Nun gibt es überall auch wirklich solchen Maßstab, nur daß jedes ökonomische Gebiet, wie Nelkenbrechers Taschenbuch ausweist, einen verschiedenen hat, und daß, wenn wir jeden Einzelnen dieser Maßstabe im Verhältnis dessen, was damit gemessen worden, durch verschiedene Zeiträume betrachten, die größten Veränderungen wahrgenommen werden. Wenn wir uns bloß an die Erfahrung halten, so scheint es, als wenn dieses Verlangen des Menschen nicht befriedigt werden könne. Aber untersuchen wir die Natur dieser Forderung, eines dauerhaften und gleichförmigen Maßstabes für die Abschätzung der ökonomischen Werte, näher. Was soll uns ein Maßstab überhaupt leisten? — Er soll uns die Gleichheit zweier Dinge bestimmen helfen, zweier Längen, zweier Flächen, zweier geometrischer Körper. Wir nehmen an, daß diese Dinge in allen übrigen Beziehungen gleich seien, und nur in der Größe, in der räumlichen Ausdehnung verschieden seien. Dasjenige was uns diese räumliche Verschiedenheit vergleichen und ausgleichen hilft, nennen wir Maßstab. Wir könnten ohne Vermittlung eines Maßstabes die verschiedenen Größen an einander selbst messen; um aber genau bestimmen zu können, um wie viel die eine größer als die andere wäre, müßten wir jedesmal eine von zweien als Einheit, als Maßstab betrachten, damit wir bestimmt angeben könnten, um wie viel sie von der andern übero-der untertroffen würde. Jede Größe kann aber wirklich als Maßstab der andern gleichartigen betrachtet werden. Da es uns aber darum zu tun ist, nicht bloß zwei, sondern alle Größen gleicher Art mit einander zu vergleichen; und da wir sie nicht alle an einem Orte und zu einer Zeit versammeln können, da ferner die Ungleichheit unter den Größen zu groß ist, um ohne unsägliche

Beschwerde jedesmal von Neuem gemessen werden zu können, so kreieren wir eine bestimmte Größe, auf die wir bei allen vorkommenden Messungen zurückkommen: und um das ganze Geschäft der Größenvergleichung möglichst zu erleichtern, so wählen wir dazu eine solche, die unter den sämtlichen zu messenden Größen in einer gewissen mittleren Proportion steht, die zwischen den beträchtlichsten und kleinsten vorkommenden Größen, das Mittel hält, und für die im gemeinen Leben am häufigsten erforderten Messungen, die geeignetste ist. — Der Maßstab soll mit möglichster Leichtigkeit vermitteln, er soll allen Größen, die er zu vergleichen bestimmt ist, ich möchte sagen, auf halbem Wege entgegen kommen: er wird also den Mittelpunkt einer ganzen Sphäre von Großen bilden.

Wie der Mensch nun überhaupt in solcher mittleren Proportion zu allen seinen Umgebungen steht, und gleichsam der Mittelpunkt einer Kugel, einer Wirkungssphäre ist, welche die menschlichen Dinge um ihn her formieren — so ist auch seine körperliche Größe und die Länge derjenigen seiner Glieder, welche den Raum noch ganz besonders zu durchmessen bestimmt sind, nämlich der Hände und Füße, der natürlichste, älteste und mittelste Maßstab. Hier, wie überall, müssen Globularanschauungen zu Hülfe kommen, wenn man die Dinge in ihrem wahren Verhältnisse erkennen will.

So kann man annehmen, daß der Mensch sich für jede Gattung von Dingen, zuförderst einen Maßstab bildet, indem er z.B. von Tieren, von Früchten einer Art ein gewisses mittleres Tier, eine gewisse mittlere Frucht dieser Art bewußtlos in seiner Seele befestigt; die Größe dieses mittleren Wesens ist der Maßstab der ganzen Gattung, wonach er bestimmt, ob das einzelne vorkommende Individuum groß oder klein sei. Alle diese verschiedenen aus den Gattungen gebildeten Maßstäbe erhatten sich in der Seele des Menschen nicht etwa einzeln und abgesondert von einander: vielmehr nach dem großen Gesetz der Kugel, das uns bei allem unsern Denken, Verachten und Handeln unwillkürlich leitet, treten die Maßstäbe der einzelnen Gattungen wieder unmittelbar in ein gesellschaftliches Verhältnis, und formieren einen allermittelsten Maßstab: man wird ihn sich am deutlichsten unter dem Bilde der Achse, des Diameters par excellence der Sphäre der gesamten menschlichen Angelegenheiten denken.

Bei Erfindung des neuen französischen Maßstabes hat man den Durchmesser der Erde, oder einen aliquoten Teil desselben zum Grunde gelegt, und die gesamten Maßstäbe der einzelnen Länder, welche durch Tradition und unerfunden auf uns herab gekommen sind, sind nichts anders als Durchmesser der Sphären, welche die gesamten menschlichen Angelegenheiten jedes respektiven Lokals mit einander bilden, oder aliquote Teile dieser Durchmesser. Da nun aber die körperliche Größe des Menschen und das Maß seiner körperlichen Kräfte, schon von Natur in der Mitte aller Größen und Maße steht, und es durch sie bestimmt wird, mit welchen Größen und mit welchen Kleinheiten sich der Mensch überhaupt befassen kann, so folgt daraus, daß diese körperliche Größe allenthalben in, einem sehr bestimmten Verhältnis zu dem Durchmesser jener Sphäre, die sich auf die oben beschriebene Weise aus allen einzelnen menschlichen Maßstäben bildet, stehen müsse, und daß alle gedenkbaren Maßstäbe zu den einfachen, von den menschlichen Gliedern hergenommenen Maßstäben wieder zurückstreben müssen.

Dieses ist die Geschichte des Längenmaßstabes; wer sich von den abstrakten und vorgeblich mathematischen

Vorstellungen des Maßstabes, nicht zu dieser lebendigen und sphärischen Anschauung desselben erheben kann, der wird das, Wesen der staatswirtschaftlichen Maßstäbe nie ergründen lernen.

Aus allen einzelnen Menschen, wie oben aus den Individuen jeder besonderen Gattung formiert sich ein mittlerer Mensch, und die Glieder dieses mittleren Menschen sind die vollkommenen Maßstäbe: alle andern Maßstäbe sind nur Repräsentanten, Substituten, Andeutungen dieser mittelsten Maßstäbe; alle andern sind veränderlich, diese sind die möglichst festen, aber unerreichbar, damit die andern ohne Ende nach ihrer Festigkeit streben können. Dieser mittlere Mensch, von dem die festen Maßstäbe kommen, ist, wie schon in der Einleitung gezeigt worden, zugleich der Gegenstand des unendlichen Strebens aller einzelnen Menschen; alle wollen sich zu seiner Fülle und Vollständigkeit erheben. Es ist der Staat selbst.

Also gebe man vor allen Dingen das eitle Streben auf, irgendeinen Maßstab auf dem abstrakten und vorgeblich mathematischen Wege erfinden, und die beweglichen Weltachsen des Lebens, mit den starren Linien des abgetöteten Verstandes messen zu wollen.

Wie der Maßstab einer bestimmten Gattung eigentlich nichts anderes ist, als die Achse, um die sich die ganze Gattung dreht, so müssen auch überhaupt die Begriffe des Menschen von den einzelnen Gattungen, als solche Achsen gedacht werden. Der Begriff Pferd ist nicht etwa ein Konvolut von Eigenschaften, die von allen wirklichen Pferden abgezogen werden; vielmehr ist er unzertrennlich von der ganzen Gattung und allen ihren Anomalien; er lebt und webt in ihr; er wächst, er bestimmt sich schärfer mit jeder neuen hinzutretenden Anomalie. —

So ist jedes Wort nicht etwa eine bloße Schale, ein bloßer Umschlag, eine bloße Etikette einer Gattung von Worten, sondern die Achse einer ganzen Welt von Worten oder Begriffen. Eben so jedes Gesetz die Achse einer ganzen Welt von untergeordneten Gesetzen und Fällen, und nicht etwa eine dürre Abstraktion von denselbigen.

Maßstab, Begriff, Wort, Gesetz – kurz, jede Einheit, unter der sich eine Welt von Mannigfaltigkeiten ordnet, ist nie und an keiner Stelle abgesondert für sich gegeben, sondern sie lebt, webt und wächst, und bestimmt sich innerhalb dieser Mannigfaltigkeiten und unzertrennlich von ihnen. Die Einheit kann nur anordnen, in wie fern sie von den ihr untergebenen Mannigfaltigkeiten unaufhörlich selbst wieder angeordnet und berichtigt wird: daher die Schwierigkeit, ja Unmöglichkeit irgend einen lokalen Maßstab, irgend ein lokales Gesetz direkt auf ein anderes Lokal zu übertragen. — Aber wie mit der Achse einer bestimmten Kugel zugleich diese bestimmte Kugel selbst, und das eigentümliche Gesetz ihrer Bewegung gegeben worden, so empfangen wir mit jedem Gesetz und jedem Maßstabe zugleich die ganze Sphäre, in der sie sich gebildet. Der Maßstab mißt nur die Sphäre von Größen, das Gesetz richtet nur die Sphäre von Fällen, aus der sie hervorgegangen; in Beziehung auf anderweite Größen und anderweite Fälle sind sie nicht Maßstäbe, nicht Gesetze, so, wenig die bestimmte Achse einer Kugel in Beziehung auf eine andere Kugel noch eine Achse zu heißen verdient, so gewiß sie in dieser veränderten Beziehung nichts anderes ist als eine unbestimmte abstrakte Linie.

Vor allen Dingen muß man also an einen allgemeinen ökonomischen Standard keine größeren Ansprüche machen, als jeder Maßstab überhaupt gewähren kann. Der Maßstab einer einzelnen Gattung ökonomischer Objekte, zum Beispiel: der edeln Metalle oder die Achse dieser besonderen Sphäre, kann unmöglich, wenn wir ihn in die größere Sphäre der Nationalökonomie übertragen, noch weiter für einen Maßstab, oder für eine Achse gelten: sein repräsentativer Charakter verschwindet durch diese Übertragung; in dieser größeren Sphäre kann der bisherige Maßstab für nichts mehr, als eine dürre abstrakte Linie gelten. Mit anderen Worten: keine einzelne ökonomische Sphäre kann den Maßstab hergeben, für die große Gesamtsphäre der Nationalökonomie, die aus dem Zusammenwirken der einzelnen Sphären gebildet wird.

Gold, Silber, überhaupt kein einzelnes ökonomisches Objekt kann Standard für das gesamte ökonomische Gemeinwesen werden. Der Standard einer bestimmten Nationalhaushaltung kann weder abgesondert von dieser Haushaltung, noch durch etwas Einzelnes in dieser Haushaltung ausgedrückt werden, denn er ist die Achse der Haushaltung selbst und nichts Geringeres. Eine Sache kann nicht Maßstab einer Haushaltung sein, da diese ins Unendliche aus Persönlichkeit und Sächlichkeit zusammengesetzt ist, und wie das Gesamtresultat dieser Haushaltung (die eigentliche Realität in ihr), etwas Idealisches ist, nämlich der Kredit, so wird es nach weiterer Erwägung dieses Gegenstandes, auch wahrscheinlich darauf hinaus kommen, daß der Maßstab jeder bestimmten Nationalökonomie etwas Idealisches sein müsse; daß also vielleicht das idealische (nicht imaginäre, nicht aus irgend einer augenblicklichen Willkür, sondern aus der recht realen Freiheit Großbritanniens hervor gegangene) Pfund Sterling ein viel festerer Maßstab sei, als der Maßstab eines edeln Metalles, den man der Haushaltung jenes Landes neuerlich für einen Standard hat aufdringen wollen.

In der Forderung, die an den Maßstab gemacht wird, stimmt der gemeine Mann mit uns überein, diese Forderung aber kann nur durch etwas Idealisches, Bewegliches, Wachsendes befriedigt werden, weil die große Gesamtsphäre, in welcher der Maßstab messen, in die er Einheit, Ordnung, Ruhe, Festigkeit bringen soll, selbst sich bewegt, wächst, und nur in der Idee aufzufassen ist.

Die Festigkeit, die Ruhe des Maßstabes kann nur eine relative Festigkeit sein; so bald wir uns erinnern, daß die gesamte Nationalökonomie sich bewegt und fortschreitet, so bald kann auch der Maßstab nicht mehr still stehen. Kurz er ist fest wie die Achse der Erde fest steht, so lange wir die Erde nur um sich selbst laufend denken, er ist beweglich, so bald wir uns diese Kugel um einen höheren Weltkörper laufend denken.

Da aber jede bestimmte Haushaltung abhängt von einer höheren Haushaltung, und sich um dieselbe bewegt, wie die Erde um die Sonne, so ist die Achse dieser bestimmten Haushaltung beides: fest und beweglich, fest mit Beziehung auf sich selbst, beweglich mit Beziehung auf die höhere Bahn, welche diese einzelne Haushaltung durchläuft.

Wäre zum Beispiel das Pfund Sterling der Standard oder die Achse der britischen Nationalökonomie, so würde dieser Standard mit Bezug auf das Innere von England fest, mit Bezug auf die Welthaushaltung oder auf die auswärtigen Verhältnisse beweglich sein. Man würde das Wesen eines Maßstabes überhaupt nicht verstanden haben, wenn man verlangte, daß er in beiden Beziehungen fest, das heißt: absolut sein sollte.

Da aber die Welthaushaltung an unzähligen Stellen

in die Nationalhaushaltung eingreift, so wird man erwidern, daß ein Maßstab der bloßen Nationalhaushaltung an und für sich nichts wert sei, und daß wir mit unserem idealischen Pfunde Sterling nicht weit reichen.

Wohlan also! auch die Welthaushaltung im Ganzen und Großen hat ihre eigene Achse, ihren eigenen Standard, der durch den Goldpreis und durch den Wechselkurs angedeutet wird. Dieser Weltstandard und jener Nationalstandard müssen und werden in ewiger lebendiger Wechselwirkung bleiben. Der große Kaufmann, der große Staatsmann wird in dieser Wechselwirkung einen höheren, beide umfassenden Maßstab empfinden, sein ökonomisches Verlangen darnach richten und dennoch eingestehen, daß es nur eine Idee, aber eine höchst reale Idee sei.

Sechstes Kapitel
Von der Münze

Durch eine unendliche Vermittlung aller einzelnen Längen unter einander, oder dadurch, daß alle diese Längen in eine Kugel zusammen getreten waren, hat sich eine mittlere Länge unter ihnen fest gesetzt, und diese mittlere Länge nennen wir Längenmaßstab. Wir fixieren und legalisieren diesen Maßstab: wir erklären, daß ein bestimmter handgreiflicher Stab von Holz oder Messing übereinstimme mit dem idealischen Maße, welches sich, zugleich mit dem Gesetze, aus dem langjährigen Konflikte der menschlichen Angelegenheiten als das Mittelste ergeben habe.

Es ist durchaus notwendig, daß man nie vergesse, wie der Stab durch die Anerkennung von Seiten des Gesetzes, ich möchte sagen, durch seine Vermählung mit dem Gesetze erst zum Maßstabe werde: durch diese Anerkennung des Nationalgesetzes erhält er erst den Charakter der Allgemeinheit, und wird erst die Hauptforderung erfüllt, welche jedermann an einen Maßstab macht.

Es ist keinem Zweifel unterworfen, daß man mit jedem Stabe messen, mit jedem Steine wägen, mit jedem Goldbarren andere Sachen — abwägen und abmessen zugleich, oder wie wir uns ausdrücken, bezahlen kann: da uns aber vor allen Dingen daran liegt, die Länge, welche gemessen werden soll, die Last, welche gewogen, und die Sache, welche bezahlt werden soll, in ihren Verhältnissen zu allen Längen, Lasten und Waren, welche in der Sphäre der bürgerlichen Gesellschaft vorkommen, und deren Gleichgewicht unter einander uns noch vielmehr interessiert, als der einzelne gerade vorliegende Handel, kennen zu lernen, so muß unser Maß, unser Gewicht, unser Geldstandard aus dem allgemeinen Konflikt der ökonomischen Interessen hervor gegangen sein, das heißt: die bürgerliche Gesellschaft, der Staat, das Gesetz muß ihn bestätigt, legalisiert, benannt, durch das Wort fixiert haben.

Wir glauben hinreichend bewiesen zu haben, daß keine Sache absolut für sich irgend eine ökonomische Funktion verrichten könne, daß vielmehr erst eine Person hinzutreten, in eine Wechselverbindung mit der Sache eingehen, ihr eine gewisse persönliche Eigenschaft mitteilen müsse, um sie zu einem Gliede der Haushaltung, zu einem wirklichen Organ derselben zu erheben; die edeln Metalle, die in Spanien bloße Sachen blieben, wurden durch die lebendige Verbindung mit der Persönlichkeit, in England und Holland selbst persönlich und demnach fähig, eine der wichtigsten ökonomischen Funktionen, nämlich, die des materiellen Geldes zu verrichten. Es muß den Sachen ein gewisser Geist des Lebens, der Liebe mitgeteilt werden, kraft dessen um sie wirklich geworben wird, und dieses höhere persönliche Verhältnis artet nur erst später in das mechanische Gewerbe, in den gefühllosen Erwerb aus.

Um wie viel mehr muß dieses allgemeine Gesetz der Ökonomie von denen Sachen par excellence gelten, die wie Maße, Münzen und Gewichte, ganze Sphären von Sachlichkeiten repräsentieren. Die Person aller Personen, nämlich, oder der Staat selbst ist es, der diese verschiedenen Maßstäbe, wenn er sie auch körperlich fertig und vollendet, schon aus der Hand der Natur empfangen hätte, erst beleben muß, damit sie allgegenwärtig und ordnend dem ökonomischen Gesamtwesen dienen, damit sie Achsen desselben werden können.

Hiernach wird es uns leicht werden, das Wesen der

Münze in gehöriges Licht setzen. Wir haben schon oben bemerkt, daß die bloße Stempelung des Metallstücks mit Anzeige seines Gewichts und seiner Feinheit noch keine Münze gebe: auch unter dieser Stempelung bleibt das Metall etwas Herrenloses, Vaterlandsloses, Geschlechtsloses, Unorganisches. Erst durch die bestimmte Geldbenennung, durch die Lokalisierung, kurz, durch eine Art von Vermählung mit irgendeinem Nationalgesetz wird es zur Münze.

Dies ist der so natürliche und von den meisten staatswirtschaftlichen Schriftstellern, übersehene Umstand, dessen Versäumnis bei der neuerlichen Erörterung der großen Frage von der Depreciation der Englischen Banknoten unzählige Mißverständnisse veranlaßt hat. Wenn nämlich ungemünztes Gold 20 bis 30 pr. Ct. teurer war als das zu Guineen vermünzte, freilich in sehr geringen Quantitäten vorhandene Gold; Guineen, ferner, und Banknoten für gleichgeltend betrachtet wurden; in Banknoten aber für ungemünztes Gold 20 bis 30 pr. Ct. mehr bezahlt wurde, als für in Guineen vermünztes, welche auszuführen verboten war, während überall im freien Welthandel gemünztes Gold teurer ist als ungemünztes — so glauben diejenigen, welche die Depreciation der Banknoten behaupten, aus dem einfachen Satz: laß Gold allenthalben gleich sei dem Golde, folgern zu können, daß die Guineen keineswegs, wohl aber die Banknoten depreciiert sehen, daß überhaupt Gold, sowohl gemünztes als ungemünztes seinen Wert behauptet habe, und, daß nur Banknoten gesunken wären. Durch Erfahrung läßt sich die Sache schwer ausmachen, weil die Guineen de Facto fast verschwunden sind: aber das Britische Gesetz kennt keine Ausfuhr, kein Einschmelzen der Guineen, de jure also sind sie noch vorhanden; es kennt ferner kein Agio der Guineen, de jure ist also eine Guinee noch immer gleich 21 Schilling in Banknoten.

Das Britische Gesetz also trotz den Verächtern der Banknoten behauptet, daß Gold nicht immer gleich sei dem Golde, und aus unserer Darstellung folgt ganz dasselbe. Wer in der gemünzten Guinee nichts anderes sieht, als den dermaligen Warenpreis des darin enthaltenen Metalls, der hat überhaupt das Wesen des Geldes noch nicht verstanden, auch des Staates nicht, der sich nur durch eine besondere Bewegung in der allgemeinen Bewegung, nur durch ein besonderes Gesetz in dem allgemeinen Gesetze konstituiert und erhält.

Die Geldanlage des edeln Metalls tritt in jedem besonderen Staat auch in ein besonderes und eigentümliches Verhältnis zu der politischen Persönlichkeit, zu dem Nationalgesetze, das sie dort vorfindet, es entsteht in jedem besonderen Staat eine besondere Befreundung, eine besondere Ehe des Metalls und des Nationalkredites. Diese Ehe kann ihrer Natur nach keine wilde, sondern sie muß eine gesetzliche sein: sie muß zum Bewußtsein aller derer kommen, die den Staat bilden, und die mit ihm oder mit dem Gelde verkehren sollen, welches sich aus der Vermählung erzeugen soll, das heißt: sie muß legalisiert werden, durch Gesetz, durch den Stempel bestätigt.

Das eigentliche Wesen des Geldes ist, wie schon oben erwiesen, unendliche Vermittlung zwischen den Personen und Sachen: wo also Personen und Sachen verbunden sind, wo also eine bürgerliche Gesellschaft ist, da wird es Geld geben. Da aber in den Anfängen der bürgerlichen Gesellschaft bald die eine, bald die andere gerade begehrte Sache die Funktionen des Geldes verrichtet; da die Vermittlung zwischen den Personen und Sachen zwar nach demselben Gesetze von Statten geht, wie in den Zeiten der spätesten Entwicklung der Gesellschaft, aber ein handgreiflicher Vermittler noch nicht vorhanden ist, so wähnt die bisherige gemeine Nationalökonomie, als sei überhaupt noch kein Geld vorhanden.

Das ursprüngliche in den ersten Anfängen der Gesellschaft, wie in der höchsten Entwicklung derselben vorkommende Geld ist die Idee der Äquivalenz. Zwei Sachen werden gegen einander ausgetauscht, weil sie beide einem Dritten gleich sind, weil sie vor dem Richterstuhl dieses Dritten, vor dem Gesamtbedürfnis der menschlichen Natur gleich sind. Ob dieses Dritte eine bloße Sache des Gefühls ist, oder ob es durch eine körperliche Sache repräsentiert wird, die in einer unendlichen Beziehung auf alle anderen Sachen steht — immer wird in letzter Instanz das Gesamtbedürfnis des Menschen selbst den Tausch oder den Handel vollziehen. Daß es für die Gesamterhaltung des einzelnen Menschen, und also auch der Gesellschaft, von der wieder die Erhaltung des Einzelnen an allen Stellen abhängig ist, gleich sei, ob die beiden Sachen ihre Plätze vertauschten, daß sie also aus dieser überwiegenden Rücksicht Äquivalente seien, wird die Bedingung alles Umsatzes sein.

Es ist also unmittelbar ein idealisches Geld im Umlauf, ein Wortgeld, wie wir es früher genannt haben: der Glaube an das Gemeinwesen, der Glaube, daß dieses Gemeinwesen unaufhörlich für das Gesamtbedürfnis sorgen werde, macht es möglich, daß eine Sache von einer Person auf die andere übertragen werden könne, und, daß sich beide Personen über die Äquivalenz des gegebenen und des empfangenen vereinigen können. Mit andern Worten: Werte können nur gegen einander vertauscht werden, in wie fern es einen Maßstab des

Wertes gibt.
Wenn jeder der beiden Tauschenden nur in Anschlag brächte, was die Sache, die er veräußern will, für ihn individuell wert sei, so würde der Tausch nie zu Stande kommen: aber beiderlei Sachen haben einen gesellschaftlichen Wert, sie werden vom ganzen Gemeinwesen begehrt; aus dem Standpunkt des Gemeinwesens können sie verglichen, und kann ihre Äquivalenz ausgemacht werden. Das Gesamtbedürfnis also ist der Maßstab bei allem Verkehr, man möge nun mit dem bloßen Glauben daran oder mit Wortgelde, oder man möge mit Sachen bezahlen, die, weil sie von sehr vielen begehrt werden, wie Vieh, Salz, Nägel u.s.f. dem Gesamtbedürfnis selbst sehr ähnlich sehen, ihm sehr nahe kommen, und es daher sehr täuschend repräsentieren.
Ich habe schon früher erwiesen, daß man sich das Geld immer einseitig und unvollkommen denkt, wenn man etwas Geringeres darunter versteht, als das Bedürfnis der Gesellschaft selbst, oder die Gegenwart des Staates bei allen einzelnen Geschäften des bürgerlichen Lebens; nun aber hätte ich noch zu zeigen, daß die beiden früher erwähnten Grundformen des Geldes, das Wortgeld und das Sachgeld (welches letztere weiter ausgebildet zum Metallgelde wird) auch in diesem frühesten Zustande der Gesellschaft ihrem Wesen nach vorkommen müssen. Denn da nach meiner Ansicht der Dinge, das Geld nur unter der Wechselwirkung dieser beiden Grundformen existiert und erscheint, so muß ich das Vorhandensein dieser beiden Formen von Anfang der Dinge her beweisen, wenn ich die Unerfundenheit und Ewigkeit des Geldes dartun will.

In jenen Zeiten wo es nach der Voraussetzung der bisherigen staatswirtschaftlichen Theorien nur Tausch, aber noch keinen Handel gegeben hat, sind viele

Tauschumsätze, heißt es, aus Mangel des Geldes, und wegen der Ungleichheit der gegen einander umzusetzenden Objekte, wegen der Unmöglichkeit sich auseinander zu setzen, unterblieben. Ich behaupte, daß, ehe es Geld gegeben, der Tausch in den meisten Fällen nicht hat vor sich gehen können: in den meisten Fällen wird man Sachen begehrt haben; 1) ohne gerade ein entbehrliches Objekt dagegen anbieten zu können, oder wenigstens, 2) ohne ein gleichgeltendes Objekt dafür hergeben zu können.

Ehe ich indes hieraus folgere, daß die Umsätze der Sachen gar nicht erfolgt seien, oder mit anderen Worten, daß in jenen Zeiten, wo die persönliche und wechselseitige Hülfe der Menschen einen besonders hohen Wert hatte, ein Bedürfnis nicht habe befriedigt werden können, weil man nicht gerade eine gleichgeltende Sache dagegen anzubieten gehabt habe; kurz, ehe ich annehme, daß das höchst unnatürliche absolute Privateigentum, dieses sich selbst zerstörende Raffinement ganz verderbter und abgelebter Völker, älter sei, als das höchst natürliche Geld, lieber entschließe ich mich doch zu der höchst natürlichen Voraussetzung, daß in allen den Fällen, wo gar kein oder doch kein genügendes sächliches Äquivalent vorhanden gewesen, mit der persönlichen Kraft des Wortes und des Glaubens, oder doch der Arbeit, des hülfreichen Beistandes selbst bezahlt worden sei.

Es sind nicht die Sachen an sich, sondern nur die gesellschaftlichen Eigenschaften, die gesellschaftlichen Werte der Sachen, welche ich begehre und weggebe, einkaufe und verkaufe: dies haben wir schon früher bemerkt; der persönliche Beistand der Menschen aber hat, je weniger solche Sachen existieren, einen um so höheren Wert. Die persönliche Hülfe des Nachbars kann in jedes mögliche Bedürfnis umgesetzt werden, woran dem Menschen in der Kindheit der Gesellschaft viel mehr liegen muß, als an dem Besitz oder dem Einhandeln der Sache, die nur ein einzelnes Bedürfnis befriedigt.

Da man also eben so sicher gereizt ist als gezwungen, in diesem frühesten Verkehr neben den Sachen auch den persönlichen Beistand, oder das Versprechen desselben, an Zahlungsstatt anzunehmen, und da man den Beistand der ganzen Gesellschaft noch unmittelbarer braucht, so sind eigentlich nicht nur beide Geldformen, das Wortgeld und das Sachgeld von Anfang an vorhanden, sondern sie sind in einem viel gerechteren Gleichgewichte vorhanden, als jetzt, wo in dem Überfluß der Sachen sich die Persönlichkeit des Menschen ganz versteckt, und vor ihm verschwindet; und weil man das Gut aller Güter, nämlich die Gesellschaft selbst und ihren allgegenwärtigen Wert noch viel näher vor Augen hat, so ist das Gleichgewicht zwischen nützlichen Personen und nützlichen Sachen, oder zwischen Wortgeld und Sachgeld noch viel lebendiger, es wird von der höheren eigentlichen Geldmacht noch vielmehr in Ordnung erhalten, das Geld selbst also ist in einem viel vollkommneren Zustande vorhanden, als da, wo es, wie jetzt, sich schon ganz in die bloßen Sachen eingewickelt hat.

In Summa: das Geld an sich, die verkäuflichste Sache an sich hat keinen Wert, und ist absolut nichts, ohne den Verkehr zwischen Personen und Sachen, wie wir oben in der näheren Betrachtung des Marktes gesehen haben; aber es gibt auch umgekehrt keinen Verkehr zwischen den Personen und Sachen, ohne dieses dritte höhere Vermittelnde, ohne Geld; das heißt: es gibt keinen Tausch der nicht zugleich Handel wäre. Wenn wir also drei Stadien der Entwickelung der Nationalökonomie annehmen, und uns bei ihrer Bezeichnung des hergebrachten Sprachgebrauchs bedienen, indem wir das erste Stadium als die Periode des Tausches, das zweite als die des Handels, und das dritte als die des Kredits* betrachten, so ist das Geld, seinem vollen Wesen nach, in allen dreien vorhanden, nur im ersten sind die beiden Geldformen noch Sachen und Personen selbst, im zweiten sind es gemünzte Metalle und Dienste (wie denn die gesamten feudalistischen Dienste des Mittelalters neben den Metallen wirklich die Geldfunktionen verrichten), und im dritten sind es Metallgeld und Papiergeld.

In diesem ganzen Entwickelungsprozeß besteht die Vervollkommnung der Geldformen nur darin, daß sie immer mehr zum Bewußtsein des Menschen gelangen, daß ihr Wesen immer deutlicher ausgesprochen wird. Für denjenigen, der diesen wahren und einzigen Fortschritt des Geldwesens nicht anerkennt, oder wohl gar das bestimmte Heraustreten und sich Aufdringen der Einen Geldform, nämlich des Wortgeldes, des Papiergeldes für ein reines Übel hält, ist das Geldwesen aufs bestimmteste zurück geschritten: er versteht unendlich weniger vom Wesen des Geldes, als jene vermeintlichen unglücklichen Barbaren in der Tauschperiode, die vor aller Geschichte, vor allem Staate, vor allem Gelde vorher gegangen sein soll. Eine Zeit, wo die Sachen und das Sachgeld allein gelten sollen, ist so öde und geldleer, als ein Markt, auf dem es nur Verkäufer und Waren

---

* Auch die gemeine Staatswirtschaft wird mir zugegeben, daß der Schritt von dem Handel der Vorzeit zu dem heutigen Europäischen Kreditgewerbe viel größer sei, als der Schritt von dem vorgeblichen Tauschwesen der Antebiluvianer zum Handel; daß ich also hinreichenden Grund habe, drei solcher Perioden abzustecken.

gibt.

Wir hören heutiges Tages an allen Ecken, daß das Metallgeld Ware und Maßstab zugleich ist, und man zerbricht sich den Kopf, wie eine Ware von so geringem Gebrauch in der Haushaltung und in der Manufaktur, sich zu einem Gegenstande des aller allgemeinsten Begehrens erheben könne; man führt als Erklärungsgründe die Teilbarkeit, Seltenheit, Transportabilität, Dauerhaftigkeit, Beweglichkeit, Gleichförmigkeit, und hundert andere Eigenschaften der edeln Metalle an, durch welche sie sich zu einem Maßstabe der übrigen Sachen, das heißt: zu einem Wesen, welches mehr als Ware ist, eignen sollen. Wenn man doch erwägen möchte, daß die bürgerliche Gesellschaft selbst alle diese Eigenschaften in einem viel höheren Grade schon vor allem Metallgelde besitzt, daß das Metall also in allen diesen Rücksichten nur den Staat selbst repräsentiert, und daß der Staat nun doch über alles dies dieselben Funktionen auf den geistigen Gebieten der menschlichen Wirksamkeit ausübt, wohin das Metall, trotz aller seiner Vollkommenheit ewig nicht reichen wird, daß aber diese geistigen Gebiete unmittelbar und mittelbar allenthalben in die des körperlichen Lebens eingreifen; geistige, idealische, oder, wie man sich sehr unrichtig auszudrücken pflegt, imaginäre Bedürfnisse an allen Stellen die körperlichen Bedürfnisse und somit das ganze gesellschaftliche Leben höchst wesentlich modifizieren, – so würde man empfinden, daß der Staat selbst (oder seine Achse, mit der die ganze Kugel des Staates) gegeben, ist, ein viel reinerer Maßstab aller Werte im Staate ist, und daß das Metall nur Maßstab ist, weil es die Gebärden und Funktionen des Staates in gewissem Grade nachzumachen im Stande ist.

Die Europäischen Staaten haben dem Metalle diese

Künste gelehrt, weil es eine gewisse Fähigkeit dazu, eine gewisse Gelehrigkeit hatte; sie haben es dazu abgerichtet; sie haben ihre Hand damit erweitert, in dem Sinne, in welchem ich das Werkzeug des Künstlers seine erweiterte Hand nannte.

Dieser Gebrauch nun seit undenklichen Zeiten, der allerdings mit der Natur und dem Berufe der edeln Metalle sehr wohl übereinstimmte, die Menge der Berührungen, in welche die Metalle mit der bürgerlichen Gesellschaft gekommen sind, und deren sich keine andere Sache hat erfreuen können, hat ihnen die Macht gegeben, auf die bürgerliche Gesellschaft gewaltig zu reagieren: und wie muß eine einzelne Generation, zumal wenn sie die moralische Macht der voran gegangenen Geschlechter nicht eben gegenwärtig erhalten, wie sie konnte; wenn sie die große geistige Erbschaft der Vorfahren nicht angetreten hat, ergriffen werden von einer Sache, welche durch den Verkehr aller dieser früheren Geschlechter gewissermaßen geheiligt worden? Es ist natürlich, daß sie von den Metallen abhängig geworden, und daß sie selbige für das eigentliche Geld gehalten hat, nachdem sie das Wesen der Gesellschaft selbst, d.h. die Geldeigenschaft, welche alle Personen und Sachen durch das politische Zusammenwirken gewinnen, vergessen hatte; ein handgreiflicher Repräsentant des Verkehrs aller früheren Generationen mußte in dem augenblicklichen Verkehr eines einzelnen Geschlechtes, das der gesellschaftlichen Majestät, von der das Gold nur einen Abglanz an sich trug, sich nicht mehr bewußt war, notwendig eine große Rolle spielen: je Mehr man den höheren politischen Maßstab des Rechts und der Gesetze verloren hatte, um so mehr mußte der metallene Maßstab, der in tausendjähriger Abhängigkeit von jenem höheren Maßstabe sich gebildet hatte, nun da er allein stand, unentbehrlich werden.

Nichts desto weniger ist auch in unserer heutigen Haushaltung der große Umstand nicht zu übersehen, daß das Gold nur durch die Münze erst zum Maßstabe wird, daß es also eine unendlich schwankende Ware bleibt, bis ein Gesetz, ein Wort ihm befiehlt, daß es für so und so viel gelten soll. Alles Münzen der Welt setzt die Präexistenz eines Maßstabes voraus: wer münzen will, macht bekannt, daß er ein bestimmtes Gewicht edeln Metalls so und so teuer bezahle, daß er aus diesem Gewicht so und so viel aliquote Teile eines bereits vorhandenen Maßstabes ausmünze, und daß dieses Verhältnis des Gewichts der Metalle zu dem vorhandenen Maßstabe bis auf, weiters fest und unverändert verharren soll. Wenn also dermalen in Österreich der Wiener Zentner Kupfer in 213 fl. 20 kr. W. W. ausgemünzt wird, so wird ein Maßstab, der bloß die Massenkraft des Metalls mißt, nämlich der Zentner, gleichgesetzt mit einem anderen Maßstabe, oder mit aliquoten Teilen dieses Maßstabes, der den Wert aller äußeren Lebensbedürfnisse mißt. Der Wertmaßstab ist also nicht etwa in dem Metalle absolute vorhanden, sondern er wird erst durch die Allianz des Gesetzes mit dem Kupfer.

Dagegen könnte man einwenden, das Metall habe ohne Dazwischenkunft des Gesetzes auf dem Markte schon einen Preis, d.h. es messe dort den Wert vieler Lebensbedürfnisse, und wenn jener Preis auch schwanke, so sei er doch relativ fest, im Verhältnis zu vielen anderen noch schwankenderen Waren.

Man übersehe nicht, daß das Kupfer ungleich mehr bei andern ökonomischen Funktionen, als in der Münze dient, daß der Gesetzgeber der Münze also vielmehr von dem Markte abhängig bleibt, indem er den Münzpreis des Kupfers ansetzt, als wenn er den Münzpreis des

Goldes und Silbers ansetzte, welche beiden Metalle vielmehr zur Münze, als zu anderweiten ökonomischen Zwecken dienen. Gold und Silber können, was beim Kupfer nicht der Fall ist, vom inländischen Markte ganz vertrieben werden, und behaupten sich nur auf dem auswärtigen Markte; aber auch hier vielmehr durch ihre Münzbestimmung, als durch ihren Gebrauch bei anderweiten ökonomischen Funktionen.

Es leuchtet auf dem ersten Blick ein, daß je mehr ein Metall in den vielfältigen Geschäften der Haushaltung unmittelbar gebraucht wird, es auch um so weniger an seinem Preise fixiert werden könne. Indes was ist denn der Marktpreis des Kupfers anders als Vergleichung, als Allianz des Kupfers mit einem bereits vorhandenen Maßstabe: jeder Privatmann setzt für den Augenblick, in welchem er das Kupfer kauft, einen Münzpreis desselben fest; er tut das für sich und für den Augenblick, was die Münze für alle und für einen längeren Zeitraum tut. Wenn also auf dem Markte auch nicht das Gesetz selbst den Preis des Kupfers ansetzt, so streben doch alle Einzelne, welche diesen Preis ansetzen, so viel als möglich nach einem mittleren Preise, d.h. sie streben dem Gesetze so nahe zu kommen als möglich.

Gesetzt der Preis des Kupfers würde auch auf dem Markte nach Silber gemessen, so wird doch das Silber selbst wieder nach einem vorhandenen idealischen Maßstabe gemessen, der nicht im Metalle liegt, also nur von dem Gesetze herrühren kann.

Wenn wir die Gleichgeltung des Gewichtes von einer Mark Silber mit zwanzig Gulden, oder einen solchen Münzpreis des Silbers ansetzen, so erklären wir damit, daß wir bis auf weiteres für die Mark Silbers die Valuta von zwanzig Gulden zahlen wollen, der Marktpreis des Silbers möge sich bis dahin ändern wie er wolle. Die

Idee eines Gulden ist in allen Gemütern vorhanden; es ist dieses ein idealischer Maßstab, der aus dem Verkehr eines bestimmten Volkes durch Jahrhunderte hervor gegangen, der sich daraus herausgemittelt hat; weil sich nun die Preise des Silbers auf eine ähnliche, jedoch nur subordinierte Weise aus den sächlichen Bedürfnissen dieser Nation herausmitteln, wie der höhere allgemeinere, aber notwendig idealische Maßstab aus dem Gesamtbedürfnis der Nation, so streben wir diesen idealischen Maßstab mit jenem Silberpreise zu verknüpfen: wir fixieren den Silberpreis, um jenen idealischen Maßstab deutlich und handgreiflich auszudrücken, so wie wir die Tone und Zeichen der Sprache fixieren, um die Idee auszudrücken, obgleich diese Töne und Zeichen erst von der Idee ihr Maß erhalten.

Auf die Frage: wie denn die Münze ihr Silber oder Gold bezahle, womit sie es erkaufe? wird man mir antworten: sie bezahle für das rohe Metall, Stücke desselbigen aber ausgeprägten Metalls, oder sie zahle den Wert des einen Metalls mit dem andern. Aber das ausgeprägte Metall muß sie auch früher erkauft, und das andre Metall, womit sie das Silber oder das Gold bezahlt, muß selbst früher mit irgendeiner Valuta bezahlt worden sein: also wird durch diese Antwort die Frage nur immer weiter hinaus geschoben. So gut wie ich auf dem Markte das Silber oder Gold mit jeder gedenkbaren Ware kaufen kann; so gut könnte es auch die Münze mit jeder gedenkbaren Valuta, mit Kredit, mit Papieren, wie mit Banknoten in London, mit Einlösungsscheinen in Wien, kaufen: nur mit dem Unterschiede, daß sie nach einem festen, bestimmten Verhältnis des zu erkaufenden Metalls zu der Valuta, womit es erkauft wird, ihren Handel schließt, während auf dem Markte alle Verhältnisse um einen unsichtbaren, und unergreiflichen Mittelpunkt her oszillieren.

Deshalb kann die Münze das verlangte Metall nur mit den wenigen Waren kaufen, deren Verhältnis zu dem fixierten Hauptverhältnis, selbst wieder fixiert ist; wenn also die Londner Münze das Verhältnis 1 Unze Gold: 3. 1. 17. s. 10½ d. fixiert hat, womit eigentlich vollwichtiges und vollgültiges Silbergeld gemeint wird, so kann sie diese Unze Gold freilich mit 3. 1. 17. s. 10½ d. in Banknoten zahlen, weil diese als gleichgeltend mit dem darauf verzeichneten Silberwerte fixiert sind; aber sie kann diese Unze Gold schon nicht mit so viel Silberbarren kaufen als 3. 1. 17. s. 10½ auf dem Markte kosten würden: Denn um das Verhältnis ihrer Silbervaluta zu der Unze Gold fixieren zu können, mußte sie zuvor die Silbervaluta selbst fixieren, indem sie die Unze Silber in so und so viel bestimmte Teile, Schillinge und Pence ausprägte.

Dieselbe Unze Silber also, die auf dem Markte im Verhältnis zu den dort umlaufenden Schillingen und Pence fort oszilliert, bald mehr, bald weniger derselben Schillinge und Pence bedeutet, wird in der Münze ein für allemal in die immer gleiche Anzahl von Schillingen eingeteilt: in der einen und in der andern Beziehung hat dasselbige Silber zwei ganz verschiedene Bedeutungen; Silber ist also nicht in allen Fällen gleich dem Silber, so wenig als oben Gold gleich dem Golde.

Das ganze Münzen ist nur möglich dadurch, daß Gold als ungleich gesetzt wird derselben Materie des Goldes, und Silber ungleich derselben Materie des Silbers. Eine Unze Goldes also, die mit Silber, das nach einem fixen Preise ausgeprägt ist, gekauft wird, kann nicht in demselben Verstände mit Silberbarren, nach dem veränderlichen Preise des Marktes gekauft werden. Der Silberpreis der 3. 1. 17. s. 10½ d. für die Unze Gold wäre kein fester Preis, kein Münzpreis, wenn man nach Belieben für dieses fixierte Silber das veränderliche Silber des Marktes setzen könnte.

Indem die Britische Münze ihren Münzpreis festsetzt, so erklärt sie, daß sie die Unze Goldes mit einer bestimmten Anzahl aliquoter Teile einer Unze Silbers bezahlen wolle, oder mit einer solchen Valuta, die durch die Gesetze des Landes (aber nicht bloß durch den Marktpreis) als gleichgeltend mit dieser bestimmten Anzahl aliquoter Teile einer Unze Silbers angeordnet sei: so wie man in St. Domingo das Verhältnis eines Pfundes Kaffee zu einem Pfunde Zucker durch das Gesetz fixieren könnte, während dieses Verhältnis auf dem Markte beweglich und unveränderlich bliebe wie bisher. Wäre nun in diesem Verhältnisse Kaffee oder Zucker, in jenem Gold oder Silber der Maßstab? — Keines von beiden ist absoluter Maßstab des andern; jedes mißt das andre.

Es ist also nur Täuschung, wenn man meint, das eine Glied dieses Verhältnisses könne fixiert, das andere der Disposition des Marktes überlassen werden; entweder werden beide Glieder fixiert, oder es ist überhaupt kein Verhältnis und also auch kein Glied des Verhältnisses fixiert worden.

Nun fragt sich: wer fixiert das Verhältnis? – Die Münze. — Also der Münzdirektor setzt das Verhältnis nach Willkür an? – Nein, er erhält seine Instruktion von der Staatsgewalt. – Also die Staatsgewalt setzt das Verhältnis nach Willkür an? – Wie könnte sie es nach Willkür ansetzen, da sie die Metalle selbst wieder kaufen muß, und wenn sie die Valuta, womit sie kauft, zu hoch ansetzte, keinen finden würde, der sie ihr mit Metallen abkaufte; wie auch, wenn sie die Valuta zu niedrig ansetzte, mit dem verlangten Metalle überschwemmt werden würde. Wodurch wird also die Staatsgewalt dirigiert, wenn sie den Münzpreis ansetzt? vielleicht durch den Marktpreis? — Ließe sie sich durch den Marktpreis bestimmen, so würde sie nie zum Münzen kommen, weil der Marktpreis schon, ehe sie die erkauften Barren eingeschmolzen hätte, ein andrer sein würde. — Ist also die Staatsgewalt bei der Fixierung der Münzpreise ganz unabhängig vom Marktpreise? — Nein, sie muß sich in einem gewissen Gleichgewichte mit dem Marktpreise erhalten, weil das Metall, welches sie empfängt, vom Markte kommt, und die Münze, welche sie ausgibt, dahin zurückkehrt, und jenes nicht gegeben, diese nicht genommen werden würde, wenn sie beide vom Marktpreis allzusehr abwichen.

Also weder das Gold ist absoluter Maßstab, noch das Silber; weder der Marktpreis noch die Staatsgewalt, unabhängig für sich, bestimmt den Münzpreis.

In der frühesten Zeit unsrer nationalen Haushaltung waren die wenigen damals konkurrierenden Werte oder der Markt noch leicht zu übersehn, und da diese Werte in unmittelbarer Berührung mit einander standen, konnten sie auch noch nicht beträchtlich schwanken. Der Wert den die einzelne Ware im Verkehr des Marktes, und der andre, den sie durch das Gesetz hatte, fielen noch sehr nahe zusammen. Das höchste Gut, die Gesamtexistenz, wonach sich, wie hinreichend erwiesen, jeder Wert bestimmen mußte, stand allen noch sehr nahe vor Augen: und so war ein Widerspruch zwischen dem augenblicklichen Wert der Ware auf dem Markte, und dem dauerhaften Werte derselben, mit Beziehung auf die bürgerliche Gesellschaft oder das Gesetz, eben nicht möglich. Das Gesetz und der Markt waren also auch über den Wert des Goldes und Silbers sehr einig. — Daher teilte sich das Pfund Silber in seine Gewichtteile:

das Gesetz und der Markt wägen es mit demselben Gewichte ab. Aber je komplizierter der Verkehr des Marktes wird, je mehr Waren auf den Markt und seine Preise influieren, um so mehr verändert sich auch das Verhältnis der Hauptwaren zu den übrigen, oder das Verhältnis der edeln Metalle zu den Waren; um so schwankender wird, unter den wechselnden Reihen, das Bedürfnis, also auch der Marktpreis der edeln Metalle. — Auf der andern Seite aber strebt das Gesetz unaufhörlich nach einer Befestigung dieser Werte, und der Markt ist selbst dabei interessiert, daß alle Hauptwerte so viel als möglich dauerhaft und über die Schwankungen des Augenblicks erhoben sein möchten, daß es also Münzen gebe, die, wenigstens so weit der Arm des Gesetzes reicht, welches sie ausprägt, in einem unveränderlichen Verhältnis zu den Metallen, und demnach zu allen Waren, die wieder von den Metallen abhängen, ständen. Das Gesetz also, das den Markt regieren soll, indem es ihm nachgibt, bildet aus den früheren Marktpreisen und dem laufenden Marktpreise des edeln Metalles, einen mittleren Preis; aus dem ehemaligen Verhältnisse der edeln Metalle unter einander und zu den Waren, und dem jetzigen Verhältnisse ein mittleres Verhältnis: und dieses ist der Münzpreis.

Es ist dieses die Geschichte nicht bloß des Münzgesetzes, sondern aller Staatsgesetze überhaupt, welche auf ähnliche Weise fortschreiten, um weiter befestigt zu werden, und desto sichrer fortschreiten zu können. Aus den vergangenen Zeiten bringt der Gesetzgeber für jedes Gebiet des politischen Lebens ein gewisses Normalverhältnis oder Normalgesetz herab; dies stellt er dem anderen Verhältnis gegenüber, welches sich aus dem dermaligen Zustande jenes, Gebietes ergibt; aus beiden ergibt sich ein mittleres Verhältnis oder Gesetz, welches weder aus der Vergangenheit noch aus der Gegenwart allein herrührt, sondern nur die gerechte Modifikation beider ist.

Da aber diese einzelnen Gebiete oder besonderen Sphären des politischen und ökonomischen Lebens sich alle unter einander bedingen, und überhaupt nur existieren, in wie fern sie sich durchgängig auf einen gemeinschaftlichen Mittelpunkt beziehen, so wird die Gesetzgebung bei jedem einzelnen, neuerdings festzustellenden Verhältnis, den ganzen vergangenen und gegenwärtigen Zustand der Dinge vor Augen haben müssen: der Münzpreis, oder das wichtige, gesetzliche Verhältnis der edeln Metalle wird also nicht etwa aus dem Durchschnitt der vergangenen Marktpreise, und dem gegenwärtigen Marktpreise mechanisch berechnet werden können, sondern das große ökonomische Verhältnis, welches sich im Laufe der Zeiten aus dem ökonomischen Gesamtleben der Nation ergeben hat, oder der Maßstab, der sich in diesem Gesamtleben gebildet hat, (die Achse dieses Gesamtlebens, wie wir uns früher ausdrückten) wird mit dem Verhältnisse ausgeglichen werden müssen, welches sich aus dem, einheimischen und auswärtigen Bedürfnisse und Vorrate der edeln Metalle wie der übrigen Waren auf dem Markte dieses Augenblicks ergibt.

Auf dem Markte und durch den Marktpreis ergibt sich, was jedes ökonomische Objekt als Ware bedeute, was es bedeute in dem Verhältnis zu der Größe des Vorrates und zu der augenblicklichen Nachfrage; im Zusammenhange mit der ewigen Staatsgesellschaft, in Beziehung auf den Mittelpunkt derselben oder auf das Gesetz aller Gesetze, auf den Maßstab par excellence, ergibt sich was das ökonomische Objekt als Maßstab bedeute: auf dem Markte ergibt sich der arithmetische

Preis dieses Objekts; vor dem Gesetze ergibt sich der geometrische Wert desselben.

Der Maßstab liegt also in dem Gesetze selbst, und in keiner gedenkbaren Ware, als solcher; dasjenige was die Metalle unter einander, und ihren Marktpreis mit ihrem Nationalwerte vermittelt, ist der eigentlich lebendige Maßstab. Dieser Maßstab ist ein idealischer (aber, wie schon bemerkt, kein imaginärer oder auf irgend eine Weise willkürlicher).

Unter dem Vorsitz des Gesetzes haben der augenblickliche Markt und die ewige Gesellschaft dieses besonderen Staates schon in frühesten Zeiten Geld gemacht: jener hat die Materie des Geldes, die edeln Metalle herbeigeschafft, diese hat den Maßstab des Nationalbedürfnisses hergegeben, und aus dieser Verbindung ist die Münze hervorgegangen, welche das Gesetz fixiert, benannt und gestempelt hat. Indes ist der Augenblick und der Markt mit ihm fortgeschritten, aus den Schranken, die ihm das Gesetz angewiesen, heraus getreten. Das Verhältnis muß von neuem festgestellt werden: Der Markt liefert den Barren, die Staatsgesellschaft liefert ihre bisherige Münze, in der nun schon der Maßstab des Nationalbedürfnisses enthalten ist. Das Gesetz aber, welches diesen Maßstab lebendig und ohne materielle Vermischung mit dem Metall, wie es bei der Münze der Fall ist, in sich trägt, vermittelt wieder zwischen dem Barrenpreise und der Münze.

Gesetzt nun, es sei, als der Münzpreis des Silbers = 1 gewesen, aus dem gleichen Marktpreise und dem damaligen Nationalbedürfnisse eine Münze konstruiert worden, die ein Pfund Sterling Silbers wog, so wird diese Münze, wenn der Marktpreis des Silbers weit unter 1 herab gesunken, eine Veränderung erleiden müssen. Die Münzdirektion* kann für das auszumünzende Pfund Silber den Münzpreis 1 nicht mehr bezahlen. – Das Pfund Sterling-Ware ist auf dem Markte wohlfeiler geworden; das fixe Pfund Sterling Maßstab läßt also die Materie des Silbers und die Beziehung auf das Marktpfund fahren, um nicht durch die Schwankungen und Senkungen des Silberpreises seinen Charakter als Maßstab ganz zu verlieren. Durch alle Veränderungen in den Marktpreisen der edeln Metalle hindurch läuft der alte Maßstab fort, wiewohl er ganz verschiedene Massen des edeln Metalles bedeutet; das Pfund Sterling Maßstab wird mehr und mehr zu einem idealischen Wesen, womit die Verhältnisse der Metalle vielmehr unter einander angesetzt und reguliert werden, als daß es durch ausschließende und feste Beziehung auf ein einzelnes Metall dieses zum Standard erheben sollte. Es schwebt vermittelnd über den Verhältnissen des Goldes, des Silbers und der übrigen Waren; tritt als Wortgeld (Schrift- oder Papiergeld) in den Banknoten unabhängig ans Licht, und kommt, da es im Herzen der ganzen Nation lebt und fast im Mittelpunkte aller nationalen Werte steht, dem Maßstabe des Gesetzes selbst sehr nahe; das Gesetz bleibt freilich das allerreinste Geld, und behält noch immer die höhere Funktion, zwischen dem Pfunde Sterling, diesem perpetuierlichen Münzpreise der edeln Metalle, und dem Marktpreise derselben, oder zwischen dem Wortgelde und dem Metallgelde zu vermitteln.

Der Münzpreis der edeln Metalle beruht auf der

* Der Doppelsinn des Wortes Münze, da es bald die prägende Werkstatt bald das ausgeprägte Metall, bald mint, bald coin bedeutet, erschwert die Darstellung sehr. Überhaupt ist die deutsche Sprache für Abhandlungen der Nationalökonomie noch wenig formiert.

Voraussetzung, daß Nationalgeld und Weltgeld unter dem Vorsitze des Gesetzes, schon wahres Geld erzeugt haben, daß schon die Benennung und die Stempelung des Verhältnisses beider vorgenommen sei: dieses durch einen Namen z.B. Pfund Sterling fixierte Verhältnis wird mit dem veränderten Marktpreise von neuem verglichen, und durch Nachgiebigkeit von beiden Seiten ein neues Verhältnis, ein neuer Münzpreis, und demnach ein vollkommeneres Pfund Sterling hervor gebracht.

Wo also überhaupt gemünzt wird, da muß es einen festen Münzpreis der edeln Metalle geben, und einen Münzpreis kann es nur geben, in wie ferne es schon ein solches identisches Geld gibt, wie es späterhin in weiterer Entwickelung der Nationalökonomie aufs Papier ausgedrückt wird. Das eigentliche Wesen des Papiergeldes, nämlich ein idealisches Geld ist also schon vorhanden, in wie ferne es Münze gibt, und ist die unumgängliche Bedingung der Möglichkeit einer Münze.

Münzen heißt den schwankenden Wert der edeln Metalle befestigen; was könnte ihn befestigen als eine Sache von einem höheren, festeren Werte: dieses ist das Gesetz: durch das Münzen wird ein untergeordnetes und augenblickliches Verhältnis, von einem höheren ewigen Verhältnisse, nämlich der bürgerlichen Gesellschaft selbst, abhängig gemacht. — Die bürgerliche Gesellschaft reduziert sich aber in letzter Instanz, wie schon früher gezeigt, auf das Verhältnis Person und Sache. Dieses Verhältnis befestigen, indem man es mit dem Geiste des Glaubens oder des Kredits durchdringt, oder belebt, heißt den Staat befestigen. Da nun das Metall, welches unter den persönlichen Kräften, beides nur verschiedene Ausdrücke für das Verhältnis Person und Sache sind, so kann man die Notwendigkeit jenes Verhältnis zu fixieren, nicht leugnen, ohne zugleich die Feststellung des letzteren zu leugnen, worin die ganze Festigkeit des Staates beruht.

So bald es also eine Münze gibt, muß es einen Münzpreis geben; gibt es einen Münzpreis, so ist das Wesentliche des Papiergeldes schon vorhanden; die Alleinherrschaft des Metalls, wenn es je eine solche gegeben, ist zu Ende; das andere Element des Geldes ist da, welches die Widersacher des Papiergeldes nur als einen Sklaven des Metalls zu begreifen wissen. Schon durch die Münze geht eine wirkliche Transsubstantiation* des Goldstücks in dem Leib des Staats vor sich, welche die Englische Verfassung anerkennt, indem sie de jure, wie schon bemerkt, von keinem Einschmelzen, Ausführen der einmal geprägten Münze, auch von keinem weiteren Marktpreise derselben weiß.

Aus allen diesen Gründen müssen die konsequenten Gegner des Papiergeldes, auch das Wunder des Münzstempels, also die Autorität des Gesetzes über die Haushaltung der Völker leugnen.

Der Mensch strebt nach Einheit, aber so lange er unter dieser etwas Geringeres versteht, als die unendliche Vereinigung, ist er in seinem Tun und Denken allen Täuschungen der Welt preis gegeben. Gesetz, Maß, Maßstab, Standard, Gewicht und Münze, wie sie gemeiniglich zur Sicherstellung der irdischen Geschäfte begehrt werden, sind auf dem Wege der Vereinigung

---

* Wir sagen dies mit Bezug auf Herrn Walther Boyd, einen der scharfsinnigsten und berühmtesten Gegner des Papiergeldes (letter to the r. h. William Pitt. Second edition pag. 103). Alle Beobachtungen und Erfahrungen seines Lebens, sagte er, nötigten ihn zu behaupten, that all the absurdities of the doctrine of transubstantiation are really nothing to the monstrous principle, that a sterile piece of paper is equal to gold.

nichts weiter als bestimmte Stationen, durch die der Weg selbst zum Bewußtsein des Menschen gelangt; die einzelnen Punkte, durch welche die Linie; das arithmetische, wodurch das geometrische; das Endliche, durch welches das Unendliche — das Wissen, wodurch das Glauben zur Anschauung kommt. In dem Verlangen nach diesen Einheiten, versteckt sich überall das höhere und unendliche Verlangen nach dem Kredit: es muss endliche und scheinbare Befriedigungen dieses Verlangens geben, damit durch vielfältige Täuschung das überschwängliche Wesen der Wahrheit selbst zum Bewußtsein komme.

Alle jene Einheiten sind nichts als einzelne Glieder einer unendlichen Progression, deren zwei auf einander folgende zwar den Exponenten ergeben, von denen aber Eines für sich, oder auch der absolute Exponent für sich, das Gesetz des Lebens keineswegs auszudrücken im Stande ist.

Wie oft soll es gesagt werden, daß es ein Gesetz nur gibt, in wie fern man einen Fall — den Exponenten nur, in wie fern man ein Glied der Progression dazu erhält; daß alle Versuche der Menschen den Exponenten an sich, oder ein ewiges Gesetz, Maß, Standard etc. zu ergreifen und festzustellen, vergeblich sind; daß die bloße Forderung einen Widerspruch enthält. Setzen wir den Exponent der Lebensreihe — Gott. Ihn ohne Vermenschlichung und Persönlichkeit zu ergreifen, ist unmöglich. Kommt aber zu dem Exponenten ein Glied der Progression, oder wird Gott zum Menschen, so ist das lebendige Gesetz offenbart, welches sich, ins Unendliche weiter offenbaren muß.

So ist das Gesetz im engeren Sinne der Exponent des bürgerlichen, der Standard der Exponent des ökonomischen Lebens. Die edeln Metalle, bloße Glieder dieser ökonomischen Progression können mit dem Exponenten derselben nie absolut identisch zusammen fallen. Aber der Kredit als Exponent, und die Ware oder das Metall als Glied der Progression können mit einander verbunden das feste Gesetz der ganzen Reihe geben oder den Standards der dann recht ideal und recht real zugleich sein wird.

Siebentes Kapitel
Daß der Wertmaßstab nicht bloß Größen, sondern auch Richtungen und Verhältnisse messen solle

Unter allen vorstehenden Betrachtungen, die ja wohl eben so gut als die Untersuchungen des Adam Smith, auf eine geneigte Entschuldigung ihrer Umständlichkeit und Weitschweifigkeit Anspruch machen dürfen, wenn auch die Darstellung an Klarheit und Faßlichkeit hinter jenem höchst verdienstlichen Werke zurück bleiben sollte, kann dem Leser nicht entgangen sein, daß der Begriff des Maßstabes in einem viel umfassenderen Sinne angewendet worden, als in den früheren Theorien. Wir hatten mehrere Dinge zu messen, welche bisher absichtlich von dem Gebiete der Staatswirtschaft ausgeschlossen wurden — die gesamten idealischen Güter des Lebens — andere Dinge, von welchen diesen vorhandenen Theorien die Vorstellung abging, die sie also überhaupt weder der Aufnahme würdigen, noch verbannen konnten — die nämlich, welche wir Richtungen der Kräfte, Verhältnisse derselben zu einander und zum Mittelpunkte nannten.

Da nun von diesen Richtungen der einzelnen Kräfte auf den Mittelpunkt, und von der Verbindung der sichtbaren Güter mit den aus der Staatswirtschaft verbannten unsichtbaren Gütern, mit andern Worten da von der Vereinigung aller fachlichen und persönlichen Kräfte in eine große Nationalkraft – der Wert jedes einzelnen Gutes abhing, so konnte ein solches Gut oder der Wert desselben, hinfort schwerlich mit einem Maßstabe genügend gemessen werden, der nichts weiter auswies, als die größere oder geringere Handgreiflichkeit.

Alle bisher von der Nationalökonomie beliebten Maßstäbe bestimmen nichts weiter als die Größe, und wenn man den ganz unrecht gewürdigten Vorzug der Ansicht des Adam Smith streng und gerecht bestimmen will, so liegt er darin, daß dieser Mann, ungeachtet seiner übrigen Einseitigkeit, das Unzureichende eines körperlichen Maßstabes wenigstens gründlich empfunden hat.

Es drängte ihn die körperlichen Dinge mit etwas Höherem und Allgemeinerem zu messen als mit körperlichen Dingen; es drängte ihn, obwohl er nirgends zu verstehen gibt, daß es außer der Massengröße überall auch auf die Dauer ankommt, einen Maßstab zu erfinden, der nicht bloß das Räumliche, sondern auch zugleich die Zeit messe, und so ward dieser klare, praktische und materielle Gelehrte so mystisch, unpraktisch und idealistisch, daß er die Arbeit, die Geltung eines Arbeitstages zum Hauptmaßstab aller ökonomischen Größen erklärte.

Es konnte nicht fehlen, daß dieser chimärische Maßstab unter den Händen des Messenten wieder in eine unendliche Mannigfaltigkeit zerfloß.

Es muß auf den ersten Blick einleuchten, daß es genau eben so viele Arten von Arbeit, als es verschiedene Gattungen von Produkten gibt, und daß es genau eben so viele Abstufungen von Größe, Umfang, Intensität der Arbeit als der Produkte gibt. Unumgänglich notwendig war also die neue Untersuchung, welche Arbeit als ein Maßstab aller übrigen Arbeiten zu betrachten sei. Da aber der Begriff der Arbeit um keine Haarbreite allgemeiner aufgefaßt war oder werden konnte, als der Begriff des Produkts, so blieben die geistigen Arbeiten wieder außer dem Kalkül eben so gut als die geistigen Produkte; und die nationalen Richtungen der Tätigkeit, welche durch ihre überwiegende Gewalt alle Maßstäbe und Kalküls der Welt zu zerstören vermögen, blieben außer den Grenzen der Vorstellung wie bisher.

Was war aber das Imposante, das Entdeckungsähnliche in dem Arbeitsmaßstabe des Adam Smith? was hat so vortreffliche Köpfe, die mit vollem Herzen die neue Lehre ergriffen, blenden können? — Es war in den starren und mechanischen Umgebungen der alten Massenökonomie ein erfrischender Anhauch jener lang vergessenen Elemente aller Haushaltung, welche wir von der bitteren und gründlicheren Notdurft unserer Zeit, wieder zu gewinnen, angehalten werden. Es floß in dem Jahrhundert des Adam Smith noch mancher Tropfen Bluts bewußtlos durch das Herz des Menschen, der uns nunmehr abgezapft ist: es konnte mancher Irrtum gedacht und gehegt werden, dessen ungünstiger Einfluß durch einen gewissen Rest natürlicher Gesundheit und natürlichen Glückes wieder aufgehoben wurden; zumal in England. Die besten Köpfe jener Zeit teilten mit Adam Smith den Abscheu vor dem Gräuel des rohen Merkantilismus; korrigierten mit ihrer bloßen praktischen Gesundheit bewußtlos den Irrtum des feineren Merkantilismus, worin sie die Theorie dieses Autors verstrickte; und freuten sich über den Anhauch von so lang entbehrten idealischen Wesen in ökonomischen Dingen, den der neue Maßstab an sich trug; wiewohl bis Ansprüche auf Festigkeit und Bestimmtheit, welche die alte, stark ins Holz geschossene Vernunft zu machen nicht aufhörte, durch diesen Maßstab viel weniger befriedigt werden konnten, als durch das Metallgeld der Merkantilisten. Denn ein gewisses Maß Getreide, so elenden Wertmesser es, ungeachtet der Wichtigkeit seines Gehaltes, abgibt, war immer noch ein viel zuverlässigerer Standard, als ein Arbeitstag des Adam Smith.

Aber nichts desto weniger war der erste Versuch gemacht worden, die Handgreiflichkeit auf etwas Unhandgreifliches, die Massen, oder das Räumliche auf Zeit, auf Dauer, auf ein geistiges Wesen, das Produkt auf das Produzieren, das Was? auf das Wie? zurück zu führen. Weil nun dieses Wie? dieses geistige Prinzip unmittelbar in die gehörige Versteinerung des alten Begriffs und der alten Begreiflichkeit wieder zurück sank; weil es sich immerfort noch, handelte, um den alten hartnäckigen Privatbesitz, um die alten, blanken, teuren Metalle; weil man von dem alten Menschen nichts auszuziehen brauchte, und sich doch ganz behaglich wärmen konnte, an den neuen Lichtstrahlen von Freiheit und Universalindustrie; weil es sich ergab, daß man nur noch viel eigennütziger zu werden brauchte, um zugleich ohne alle Mühe der Menschheit noch viel mehr zu dienen; daß man ein großer Philanthrop und Weltbürger gewesen war, ohne es zu wissen; daß man vermittelst des puren Geizes Almosen geben könnte, ohne es zu wollen — so ist die Popularität des Adam Smith wohl höchst natürlich.

Und daß seine Theorie, ungeachtet der Klagen und Ermahnungen seiner Schule, die Regierungen so wenig angefochten hat, beweist, daß eine viel solidere Notwendigkeit in dieser höheren Sphäre, als in der des Privatlebens herrscht, und daß, was ich schon früher behauptet, die Willkür der Regierungen viel unschädlicher ist, als die der gebildeten Privatmänner, in der Adam Smith das Weltgesetz zu entdecken glaubte; kurz, daß die bloße Stelle der Regierungen, den Personen, die sie erfüllen, eine gewisse edle Unempfindlichkeit gegen solche einzelne Lichtstrahlen, welche die praktische Nacht, die sie umgibt, nur noch dunkler machen können, mitteilt.

Da nun also dieser neue Maßstab im Wesen nichts, sondern nur darin von dem alten des Metallgeldes verschieden ist, daß er unbestimmter und chimärischer ist als jener, da ferner in diesem neuen Maßstabe der Privatarbeit, das Metallgeld nur noch, durch einen falschen Exzeß der Abstraktion, jener einzigen Eigenschaft beraubt worden ist, die ihm Wert und Realität gegeben, nämlich der Persönlichkeit, das heißt: der Gesellschaftlichkeit, der Nationalität; da also durch diese Abstraktion höchstens nur das zum Maßstabe Absolutunfähige konstruiert worden — so hätten wir noch bestimmter den Maßstab, den wir an die Stelle des Metallgeldes setzen, und sein Verhältnis zu dem neuerlich beliebten Maßstabe der Tagarbeit zu beschreiben.

Es muß noch erwiesen werden, daß unser Maßstab durch keinerlei Abstraktionen von den konkreten Maßstäben entstanden ist; daß er in keiner Rücksicht imaginär, sondern vielmehr andringlich real und notwendig ist; ferner, daß er eben so wohl ein idealer Maßstab sei, als er ein realer ist, weil wir die Welt des zu messenden, um das ganze Gebiet des idealen Lebens und der persönlichen Kräfte erweitern; endlich, daß er unter allen gedenkbaren Maßstäben der mittlere sei, oder sich zu ihnen gerade so verhalte, wie jeder besondere Maßstab zu der kleinen Welt, darin er herrscht. Wie der besondere Maßstab nicht durch Abstraktion von den zu messenden Dingen, das heißt: nicht nach der bisher angenommenen Vorstellung, sondern aus der Vermittelung dieser zu messenden Dinge entstehe, ist schon oben hinreichend beschrieben.

Jedermann erinnert sich aus der kleinen mathematischen Vorschule, die er in seiner Jugend durchgemacht, an zweierlei Arten von Messungen, welche die Geometrie darbot: an Längenmessungen und Winkelmessungen. Der Längenmaßstab vermochte über den Winkel nichts zu bestimmen; aus der Länge der Schenkel eines Winkels ließ sich durchaus auf die Natur des Winkels, oder, wie die moderne Barbarei der Mathematik sich ausdrückt, auf die Größe des Winkels, keine Folgerung ziehen. Indes hatte man für die meistenteils arithmetischen Zwecke des gemeinen Lebens, eine Messung der Winkel nach Zahlen eingeführt, deren ausschließende Anwendung nebenher die Veranlassung unzähliger beklagenswürdiger Irrtümer, und des tieferen Verfalls der Geometrie geworden. Der Winkel, oder die Neigung zweier nach einem Vereinigungspunkte strebenden Richtungen, konnte nur in der Totalität aller nach demselben Punkte möglichen Richtungen befriedigend bestimmt werden, das heißt: er konnte wissenschaftlich angeschaut werden, nur vermittelst des Gegenwinkels, den seine beiden Schenkel an ihrer entgegen gesetzten Seite mit einander bildeten, also nur in dem Kreise, der um den Vereinigungspunkt her beschrieben wurde, und dieser Kreis war überhaupt in 360 gleiche Teile geteilt worden.

Auf die Größe eines einzelnen unter diesen gleichen Teilen konnte zuförderst nichts ankommen, so wenig als auf die Größe des Kreises in den der Winkel gedacht wurde; also drückten diese Zahlen nur Verhältnisse und durchaus keine Größen aus, obwohl dies auch nur approximativ und ohne mathematische Bestimmtheit. Also war der Kreis zwar der Maßstab des Winkels, jedoch in einem andern und völlig entgegengesetzten Sinne, als in welchem man sich eines Längenmaßstabes für die Messung der geraden Linie bediente.

Nach diesen und früheren Voraussetzungen gehört zur geometrischen Bestimmung der geraden Linie wesentlich notwendig der Winkel, zur Bestimmung des Winkels der Kreis. Der Kreis aber, wie an einem andern Ort erwiesen werden wird, ist nur zu bestimmen durch

die Kugel. In allen diesen Bestimmungen ist die Größe noch nicht in Anschlag gekommen, sondern nur die Richtung oder das geometrische Verhältnis.
Aber die Linie ist auch groß: sie ist es im Verhältnis zu andern Linien, oder was gerade dasselbe, nur noch bestimmter ausdruckt, im Verhältnis zu andern Kugeln. Bisher hatten wir nur den allgemeinen Charakter der Linie, des Kreises, der Kugel im Auge: jetzt erwägen wir die Linie, den Kreis, die Kugel, in ihrer Besonderheit. Bisher war bloß von den innern Verhältnissen der Kugel die Rede; jetzt erwägen wir, daß sie ein Ganzes, eine Einheit sei, also einem andern ähnlichen Ganzen gegen über stehen, kurz, auch auswärtige Verhältnisse haben müsse.

Die Anschauung, welche sich uns ergibt, wenn wir zwei Wesen gleicher Art mit einander vergleichen, ist das Verhältnis ihrer Größe: so ist das, was sich ergibt, wenn wir zwei gleichartige Linien (Parallellinien) mit einander vergleichen, das Verhältnis der Größen beider; eben so Größenverhältnis zweier Kugeln, wenn wir beide in allen Beziehungen völlig gleichartig setzen. Nur gleichartige Wesen können in ein Größenverhältnis treten; in wie fern wir ihre Größe messen, setzen wir ihre Art gleich: ein bloßes Größenmaß kann also nicht Größe und Art zugleich messen.

Andererseits ist das, was sich ergibt, wenn wir die Größen zweier Wesen gleich setzen, und sie nunmehr vergleichen, ihre Art, ihre Qualität, ihr qualitatives Verhältnis: und um das qualitative Verhältnis zweier Wesen zu messen, müssen wir sie als gleich groß setzen, zum Beispiel: um den Winkel oder um das Verhältnis der Art und Richtung zweier Linien zu messen, müssen wir die Schenkel oder die beiden konvergierenden Linien gleich setzen, wir müssen diese Linien als Radien betrachten. Es ist also nur die Idee des Kreises oder der Kugel, womit diese Verhältnisse der Richtung oder der Art zu bestimmen im Stande sind, wie dies alle Winkel-Messungsinstrumente, Transporteur, Astrolabium, Boussole durch ihre kreisförmige Gestalt andeuten: niemandem aber wird es beifallen, mit diesen Maßstäben direkt Längen und Größen messen zu wollen, weil sie überhaupt nur messen können, so lange auf die Größe keine Rücksicht genommen, oder selbige als gleich gesetzt wird.

Es ist also an jeder gedenkbaren Linie zweierlei zu messen, zuerst die Länge derselben, und dann mit einem ganz verschiedenen Maßstabe, mit der Idee der Kugel ihre Richtung. Wie nun also die gerade Linie, wiewohl sie lang ist, deshalb nicht aufhört, eine bestimmte Richtung zu haben, wie sie also keineswegs bloß lang ist, wenn auch alle mathematischen Lehrbücher der Welt nichts anderes von ihr auszusagen wissen sollten – so würde auch eine bestimmte ökonomische Tätigkeit oder Arbeit, wenn auch Adam Smith nichts weiter von ihr auszusagen wüßte, als wie lang oder wie groß sie sei, nicht aufhören, in einem bestimmten Verhältnisse zu den übrigen ökonomischen Tätigkeiten zu stehen; denn zuerst ist jede ökonomische Tätigkeit, wie schon früher erwiesen, selbst nur anzuschauen als Wechselwirkung zweier ökonomischen Tätigkeiten, einer Person und einer Sache, oder einer Arbeit und eines Materials, eben so wie jede Linie nur zu bestimmen ist durch den Winkel.

Wie aber ferner der Winkel nur durch seinen Gegenwinkel, das heißt: durch den Kreis zu bestimmen ist, so ist der ökonomische Bund, die ökonomische Societät der Person und der Sache, oder der Arbeit und des Materiales, welche nach einem Vereinigungspunkt streben, worin ihre Verbindung eben besteht, nur anzuschauen durch eine Erwägung her Totalität aller übrigen Richtungen, die nach demselben Punkte hinstreben. Wenn uns also dasjenige, was wir Maßstab, Standard nennen, das Wesen einer gewissen ökonomischen Tätigkeit, ihre Art und Größe befriedigend bestimmen sollte, so müßte es aus einem Maßstabe bestehen, der uns die Größe dieser Tätigkeit, und aus einem andern, der uns die Richtung derselben (oder ihre Art) anschaulich machte.

In der Nationalökonomie können aber die gesamten Funktionen nur gedacht werden, als nach einem Vereinigungspunkte strebend, oder nach demjenigen Punkte unendlich zurückstrebend, von welchem sie ausgegangen: wenn man also die Größe der Funktionen, oder nach Adam Smith die Größe der Arbeit, oder eigentlich nach ihm und allen andern die Größe des Produkts zum Zwecke aller Nationalökonomie erhebt, dies auch dadurch betätigt, daß man sich mit einem bloßen Größenmaßstabe begnügt, und doch zugeben muß, daß diese Größe an allen Stellen bedingt sei durch das Verhältnis der Richtungen, das heißt: durch das Verhältnis der ökonomischen Funktion zu allen andern ökonomischen Funktionen derselben Sphäre, welches Verhältnis man unbestimmt und ungemessen läßt, so kann das Resultat um nichts richtiger sein, als das, welches irgend ein anderer Widerspruch ergibt.

Das Produkt, welches man erzeugt sehen will, soll nicht bloß groß sein, sondern in gerechtem Verhältnisse zu allen übrigen Produkten und Bedürfnissen stehen, und die Arbeit, das Mittel jenen Zweck zu erreichen, soll bloß groß sein, und nach einem bloßen Größenmaßstabe beurteilt werden; ja noch mehr, ein Maßstab, der bloß von der Größe auszusagen vermag, soll auf befriedigende Weise den Wert des Produktes bestimmen, der ohne die Verhältnisse der Nationalprodukte unter einander, oder des Marktes, die mit der Größe nichts zu schaffen haben, nicht zu denken ist.

Das ist die große Absurdität in der Forderung, die man bis jetzt überall an einen Geld-Standard gemacht hat: er hat nicht wie der Längenmaßstab, oder wie das Gewicht die bloße Größe, oder die bloße Schwere nachweisen und bestimmen sollen, sondern die Größe, die Schwere, und alle anderen ökonomischen Eigenschaften zugleich. Das Pfund Sterling hat nicht bloß das Silbergewicht, sondern zugleich das Verhältnis des Silbers zu allen andern Produkten, und mit ihnen zu allen andern ökonomischen Funktionen festhalten sollen, und dennoch hat man nie aufgehört, sich das Pfund Sterling als eine bloße Silbermasse zu denken. Es ist gewiß niemanden beigefallen, das alte immerfort vorhandene Pfund Troy, wonach alles Silber abgewogen wird, einen Geld-Standard zu nennen, und doch hat man einen Geld-Standard begehrt, dessen Funktionen dieses alte Schwergewicht vollständig verrichtet.

Also, wie man einen Transporteur konstruiert hat, der nicht nach den 360 Graden, sondern nach dem Verhältnis der Sinus eingeteilt ist, der also in gewissem Grade die Funktionen des Längen- und des Winkelmaßes zugleich verrichtet, so, in ähnlicher, obwohl viel umfassenderer Art müßte der ökonomische Maßstab für die Messung beider, der Verhältnisse und der Größen zugleich konstruiert sein. So muß die Aufgabe, einen Standard zu konstruieren, gedacht werden.

Der Wertmaßstab soll uns bei jedem einzelnen Gebrauch, eine Größe bestimmen, aber außer der Größe auch noch die Art. Wie nun der Längenmaßstab uns angibt eine Zahl, diese Zahl aber nichts bedeutet, wenn sie nicht benannt wird, als Fuß, Elle, Meile oder, wie man sich gleichfalls ausdrücken kann, wenn nicht die Art und Qualität hinzugesetzt wird, — so tut der Wertmaßstab desgleichen, nur daß der Name, die Artbenennung, welche er hinzusetzt, von unendlich umfassenderer Bedeutung ist als die Längenart. Wenn nun in dem Wertausdruck 20 Pfund Sterling, der Name Pfund Sterling keine andere oder höhere Art anzeigte als Pfundgewichte Silbers von einer verlangten Feinheit, so wäre dies offenbar nur ein Schwermaßstab: Wertmaßstab aber kann es nur sein, wenn der Name Pfund Sterling eine viel höhere Qualität und Art in sich schließt, als das bloße Silbergewicht.

Offenbar denkt sich auch jeder einzelne Engländer, wenn er die Worte Pfund Sterling ausspricht, etwas viel Höheres als das Silbergewicht; er denkt sich zum Beispiele, nach Maßgabe seiner reicheren oder ärmeren Station 1/20, 1/200, 1/2000 dessen, was zu seinem jährlichen Auskommen, das heißt zu seiner gesellschaftlichen Existenz gehört er denkt sich darunter 1/4 eines Sack Mehls, und einen Büschel Salz, und zwei Büschel Erbsen und 1/2 Kessel Kohlen — kurz er bezieht das ganze, ihm gerade gegenwärtige Gebiet des ökonomisch Brauchbaren und Nützlichen darauf. Jeder Einzelne hat sein besonderes ökonomisches Gebiet, und indem er dieses besondere Gebiet, im Verhältnisse zu der Totalität aller ökonomischen Gebiete oder zum Nationalvermögen betrachtet, beschreibt er es nach Pfunden Sterling; er hat dabei sein besonderes Bild von Glück und Wohlstand und dennoch zugleich eine in gewissem Grade bestimmte Ansicht von dem Wohlstande des Ganzen. Er hat sein besonderes Pfund Sterling und dennoch wieder darin das allen gemeinschaftliche Geld: er sieht seinen besonderen Regenbogen, und doch auch wieder die allen gemeinschaftliche Sonne. Er strebt nach seinem besonderen Pfund Sterling, und muß doch, er mag wollen oder nicht, dabei in gewissem Grade das allgemeine Pfund Sterling meinen, so wie bei seinem besonderen Interesse das allgemeine Interesse im Auge haben.

Die meisten von denen vorgeblichen Staatswirten, welche sich bis jetzt mit der Theorie des Wertmaßstabes oder des Geldes befaßt, laufen dem Regenbogen nach, ohne auf die Sonne zurückzusehen. Sie verlangen einen Maßstab der alle einzelnen, scheinbar handgreiflichen Güter messe, und versäumen doch die Bedingung zu machen, daß er auch zugleich den Staat selbst messe, nämlich die Richtung, das Verhältnis zum Ganzen, die Art, die gesellschaftliche Art der Güter: so kommen sie der Wertbestimmung nicht näher, bleiben bei der gemeinen Wagschale, und anstatt der Werte wägen sie Silber und Gold; statt des Geldes erfinden sie Gewichte.

Was ist nun die Art, die Qualität, welche zur Zahl hinzukommen muß, damit der Wert bestimmt werde? Bei der Längenbestimmung ist es eine Länge (Elle), bei der Schwerbestimmung ist es eine Schwere, ein Gewicht (Pfund); daß jene Länge und jenes Gewicht nicht etwa durch Spekulation abstrahiert waren von allen Längen und allen Gewichten, daß sie noch weniger willkürlich erfunden waren, sondern daß sie durch unendliche lebendige Vermittelung im Laufe der Zeit, als wahre Mittler aus dem vollen praktischen Leben hervor gegangen sind, ist oben bereits gezeigt worden. Nun aber die Wertbestimmung! sie kann nur geschehen durch einen Wert aller Werte, wie die Längenbestimmung durch eine Länge aller Längen: der Wertmaßstab muß also gleichfalls aus allen gedenkbaren bürgerlichen, gesellschaftlichen Werten heraus gemittelt sein, im Leben, im Fortgange der Zeiten: der Name, die Artbenennung, welche wir der Zahl hinzufügen, wenn wir einen Wert bestimmen, kann also nichts Geringeres bedeuten, als das ökonomische Ganze, den Staat selbst; 20 Pfund Sterling heißt also nicht 400 derjenigen Schillinge, von denen 62 ein Pfund Troy reinen Silbers ausmachen, sondern 20 Teile von England, vom Glauben an England, oder 20 Teile des Kredits von England.

Wenn die Größe bestimmt werden solle, so müsse die Qualität, die Art, gleichgesetzt werden, so drückten wir uns oben in Übereinstimmung mit allen mathematischen Lehrbüchern* der Welt aus. Worin könnten aber die gesamten ökonomischen Objekte gleichgesetzt werden, als im Staate, und was ist ihnen allen gemeinschaftlich, was ist der Gattungsbegriff für alles andere, als der Staat? —

Der Staat aber ist nicht die chaotische Masse dieser ökonomischen Objekte, sondern er ist die nach inneren gerechten Verhältnissen geordnete, sphärisch geordnete Totalität derselben. Die verschiedenen Arten und Qualitäten, die der einzelne Mensch nach einer gewissen gegebenen Größe in sich vereinigte, sind aus ihm heraus getreten; die Art des Ganzen ist dieselbe geblieben, weil die einzelnen Qualitäten (Funktionen) in dem alten Verhältnis der Größen unter einander verbleiben mußten, wie oben beschrieben worden; aber der Mensch hat sich über sich selbst hinaus erweitert, er ist gewachsen; er hat auf den verschiedenen Stufen seiner Entwickelung dasselbe Verhältnis seiner einzelnen Qualitäten und Größen, also dieselbe Art des Ganzen dargestellt; er

---

* Wiewohl sie leider versäumt haben die Umkehrung dieses Satzes, nämlich, daß die Bestimmung der Art, eine Gleichsetzung der Großen voraussetze, in ihrem gehörigen Umfange zu begreifen, worüber dann das eigentliche geometrische Wesen in der Geometrie abhanden gekommen ist.

ist zum Staat geworden, aber dieser Staat ist, wie gleichfalls hinreichend beschrieben, mit dem einzelnen Menschen an Art und Qualität gleich, und nur an Größe von ihm verschieden: sein Maß ist gewachsen, seine Art dieselbe geblieben. —

Wenn dieser so entstandene Staat das eigentliche Maß ist, woran alle einzelnen ökonomischen Objekte in seinem Umkreise gemessen, wenn er das Geld, das tertium comparationis ist, womit diese Objekte alle unter einander verglichen werden, so ist die oben aufgestellte Forderung erfüllt, und wir haben einen Maßstab, der, wie er alle Größen und Arten in sich vereinigt, so auch Art und Größe zugleich mißt; einen Maßstab, der alle Quantitäten und Qualitäten aufs vollständigste und bestimmteste umfaßt, so wie dieses mit der Achse der Kugel im Verhältnis zu allen Größen und Verhältnissen innerhalb der Kugel der Fall ist. —

Jede besondere Haushaltung ist ganz nach demselben Gesetze organisiert, und bildet sich auf gleiche Weise ihren Maßstab. Der einzelne Mensch erweitert sich zur Familie, aber diese Familie bleibt in demselben Totalverhältnisse: sie ist nichts anderes als der aus einander gelegte, aus einander gewachsene Mensch. Die bloßen, in der Gemeinschaft erworbenen Güter, drücken keineswegs das Familienvermögen genügend aus: vielmehr die persönlichen Kräfte, die eben so viele sichere Andeutungen künftiger Güter sind, und alles, was im Umkreise der Familie lebt und webt, muß mit eingeschlossen werden, wenn man das Vermögen dieser Familie beurteilen, ihr Maß kennen will. Das Wort Kredit drückt diese Gesamtheit und das Wesen dieses Maßes am, besten aus.

Eben so lebt und entwickelt sich sphärisch jede Wirtschaft, jedes Handlungshaus, jede ökonomische

Korporation u.s.f.: nach demselben Gesetze wonach sich das Ganze ordnet, ordnet sich auch alles Einzelne im Bezirke des Ganzen. Daß dieses Gesetz der sphärischen Bildung nicht bloß den betrachteten Gegenständen, sondern auch eben sowohl dem betrachtenden Verstande inwohne, und daß dieser, nämlich im Stande der Unschuld oder der Erlösung, überall dieses Gesetz des Lebens den Dingen entgegen bringe, kurz, daß das Gesetz der Kugel der Vermittler nicht bloß der Personen und der Sachen, sondern überhaupt auch des Verstandes und der Dinge sei, werde ich in einer künftigen Kritik der Mathematik weiter ausführen.

Der Kredit eines Handlungshauses ist nicht bloß das Vertrauen in dessen Gesamtvermögen, sondern auch der Glaube, daß dieses Vermögen in jedem verlangten Augenblicke werde realisiert werden können. Der Staat und die Richtung zum Staate nun, ist die eigentliche Realität in allen Dingen: also meinen wir in letzter Instanz mit der Realisierbarkeit des Vermögens eigentlich nichts anderes, als die beständige Umsetzbarkeit des besonderen Vermögens in das Allgemeine; des besondern Kredits, der, wie groß er auch sei, immer noch einer Ergänzung bedürfen wird, in den Allgemeinen; des besonderen Geldes in das Nationalgeld, zum Beispiel: in England der Privat- und Provinzialbanknoten, wie auch der Schatzkammerscheine, oder Regierungsnoten – in Noten der Bank von England, oder in bares Geld.

Das Geld eines Landes, oder der Wertmaßstab desselben ist, wie ich oben erwiesen habe, durch eine unendliche Vermittlung aller besonderen oder Privatmaßstäbe entstanden, die Achse des Nationalvermögens durch eine Vermittelung aller der einzelnen Achsen der Privatvermögen. In England, wo dieser ganze Prozeß der Geld- oder Maßstabserzeugung öffentlicher, vollständiger und natürlicher vor sich gegangen ist, als irgend wo sonst, zeigt es sich deutlich genug, daß der Wertmaßstab nicht bloß auf dem von mir beschriebenen Wege entsteht, sondern auch nur sichrer Maßstab zu sein fortdauert, in wie fern die gesamte Nation und alles Privatvermögen unaufhörlich in der vermittelnden Gelderzeugung begriffen sind. Jeder Provinzialbanquier strebt dahin, sein Privatgeld zum Nationalgelde zu erheben: er strebt nach der größtmöglichen und möglichst allgemeinen Umsetzbarkeit seines Privatgeldes. Es ist in England nicht bloß die Regierung, welche Geld macht, sondern die Bank von England, jede Privatbank, ja jede einzelne Haushaltung (ohne gerade bestimmte Noten auszugeben, aber, in wie fern sie sich an eine bestimmte Bank tätig anschließt) helfen das Geld machen. Alle aber streben zugleich bei diesem Geschäft so wenig als möglich Geldzeichen zu brauchen: und nirgend wird mit den Geldzeichen, sie mögen nun von Metall oder Papier sein, so ökonömisiert als in England.

Es ist im Verhältnis zu den Geschäften von Großbritannien eine unglaublich geringe Summe von nationalem Papier oder Metallen, welche den gesamten Kommerz des Landes trägt: es ist dort nur an der Umsetzbarkeit selbst, an der lebendigen Vermittelung jedes Einzelnen mit dem Allgemeinen gelegen, es ist nur um den unsichtbaren und unergreifbaren Mittelpunkt selbst zu tun. Und wenn die Umsetzbarkeit des Papiers in Metall, oder die gegenwärtig suspendierte Konvertibilität der Banknoten in Metallgeld allgemein gewünscht wird, so wird damit nichts anderes gemeint, als daß Großbritannien in demselben freien und natürlichen Verhältnisse zu der Welthaushaltung stehen möchte, als in welchem jede einzelne Britische Haushaltung zu der Nationalwirtschaft steht: es werden nicht Massen von Metallgeld, sondern es wird nur dieselbe, in diesem Momente freilich unausführbare Konvertibilität alles Nationalgeldes in das Weltgeld gewünscht, mit welcher offenbar ganz idealischen Kraft sich jeder Banquier vollständig begnügen würde, ohne auf die Masse und den Vorrat der Geldzeichen einen weiteren Wert zu legen.

Diese Umsetzbarkeit ist also die große Eigenschaft, die aller Privatkredit mit allem Nationalkredite gemein haben muß, und damit die Verschiedenartigkeit der Größen ihr kein Hindernis in den Weg lege, so muß das quantitative Verhältnis des besonderen Kredits zu dem Allgemeinen, mit einem sichern Maßstabe gemessen werden können, der aber wieder von keiner Sache, wie das Metall, und von keinem abstrakten Begriffe, wie die Arbeit des Adam Smith, sondern nur aus der Totalität des gesamten Nationallebens, die ihn erzeugt hat, hergenommen werden kann.

Je vollkommener also das gesamte Geldwesen eines Landes ist, um so idealischer wird es auch sein, um so deutlicher wird sich der gesamte ökonomische Staatskörper seiner Seele bewußt; um so unmöglicher wird es, daß irgend ein einzelnes Organ, also irgend eine einzelne Ware ausschließend, die Funktionen dieser Seele oder dieses Geldes genügend verrichten könne.

Achtes Kapitel
Von den beiden Elementen des Wertmaßstabes: dem Metallmaßstabe und dem Kreditmaßstabe

Die sämtlichen bisherigen Betrachtungen haben nur dazu dienen sollen, mehrere, über die Natur des Standard oder des Wertmaßstabes umlaufende Irrtümer zu beseitigen. Alle gedenkbaren Absichten bei der Errichtung eines solchen Maßstabes laufen nur darauf hinaus, das wahre und gerechte Verhältnis der verschiedenen Werte unter einander zu errichten, und zu erhalten, oder dieses Verhältnis, welches ohne Einwirkung des Staates, ein unendlich schwankendes sein würde, zu befestigen.

Um so einen Maßstab zu erhalten, käme es vor allen Dingen darauf an, auszumachen, welches das Hauptverhältnis in der Nationalökonomie sei. Es ist die Frage, ob sich alle die unendlichen Verhältnisse, aus denen eine Haushaltung besteht, auf ein einziges Grundverhältnis reduzieren lassen? — Ich habe diese Frage bejaht und erklärt, daß in allen gedenkbaren ökonomischen Verhältnissen das Eine Grundverhältnis: Person und Sache wiederkehre, und daß die Bedingung aller richtigen ökonomischen Ansicht die gerechte Anordnung dieses Verhältnisses sei; die Person, habe ich gesagt, könne nicht unbedingt von der Sache ihr Gesetz empfangen, d. h. eine Sache, Gold oder Silber könne nicht der genügende Standard des Wertes sein; ebenso wenig aber könne die Sache von der unbeschränkten Willkür der Person abhangen, ein bloß persönliches Versprechen, persönlicher Wille oder Meinung, mündlich oder schriftlich ausgedrückt, könne als Standard eben so wenig genügen. — Die ganze Sphäre des Staates habe nur entstehen können, indem Persönliches und Sächliches im höchsten Gleichgewicht um einen Mittelpunkt her angeschlossen sei, indem also das Allerpersönlichste, nämlich das Wort des Menschen, und das Allersächlichste, das edle Metall, deren jenes im Mittelpunkte aller Persönlichkeit, dieses im Mittelpunkte aller Sächlichkeit stehe, zu den beiden Polen dieser Kugel geworden, und nun die Linie, welche sie beide unter einander und mit dem Mittelpunkte verbindet (die Achse) zur Regel, zum Kanon, zum Maßstab der ganzen Kugel und ihrer Bewegung erhoben sei.

Die bürgerliche Gesellschaft, die eigentliche Realität des Staates sei also der rechte Maßstab für alles Einzelne im Staate, um so mehr da sie, als die Totalität aller Größen und Richtungen im Staate, allein im Stande sei, Größe und Richtung der einzelnen ökonomischen Funktion zugleich zu messen, während alle andere Maßstäbe entweder nur die Größe, oder nur die Richtung, also niemals den aus beiden zusammen gesetzten Wert zu bestimmen vermöchten.

Jeder einzelne Staatsbürger hat bei allen seinen Handlungen und Arbeiten offenbar zweierlei Richtschnur: niemand wird entscheiden können, welche von beiden die wesentlichere sei: das Recht und den Nutzen. Weil wir nun in dem gegenwärtigen Werke aus dem Standpunkte der Ökonomie oder des Nutzens sprechen, und dennoch, um über das Einzelne zu entscheiden, das Ganze des Staates, also das eben so wesentliche Recht nicht außer Acht lassen können, so wollen wir das Wort: Recht, in die Sprache der Ökonomie übersetzen, und es den dauernden Nutzen nennen. — Wenn wir nun von einem einzelnen ökonomischen Objekte sprächen, so wäre vielleicht eine Erwägung des Nutzens schlechthin möglich: einen Wertmaßstab verlangen wir aber um des dauernden Nutzen willen eben so sehr, als um des augenblicklichen; er soll uns den Wert nicht bloß für den

Augenblick bestimmen, sondern auch für die Zukunft garantieren. Eine Richtschnur des augenblicklichen Nutzens allein, oder ein festes Metallgeld, kann uns also nie die Dienste leisten, die wir von einem Standard verlangen; sondern die Richtschnur des dauernden Nutzens oder des Rechts muß uns bei der Konstruktion des Wertmaßstabes zu Hülfe kommen, und diese andere Richtschnur nennen wir Gesetz.

Wenn wir also eine bloße Richtschnur des augenblicklichen Nutzen festsetzten, mit anderen Worten, wenn wir den Metallpol unserer Haushaltung fixierten, indem wir das Verhältnis des Goldes und des Silbers ein für allemal bestimmten, indem wir proklamierten, das Gold solle sich zum Silber verhalten wie $1 : 15\ {}^{2850}/_{12640}$, und nun zwischen dem Golde und Silber eine Einheit aufstellten, die Pfund Sterling hieße, und nach Belieben in ${}^{20}/_{66}$ Pfund Troy Silbers von der festgesetzten Feinheit, oder in ${}^{20}/_{21}$ eines Goldstücks, das 5 dwts 9½ gr. desselbigen Pfundes Troy in Golde von der festgesetzten Feinheit enthielte, ausgedrückt werden könnte, so würde es der größte Irrtum sein, diese einseitige Richtschnur an sich, für einen genügenden Wertmaßstab zu hatten. Wir würden aber ganz eben so einseitig und irrig verfahren, wenn wir den Wortpol allein fixierten, die Einheit des Pfundes Sterling willkürlich und eigenmächtig bestimmten, und verlangten, daß diese so despotisch kreierte Einheit, etwa durch die Schrift auf einem Blatte Papier ausgedrückt, für einen Wertmaßstab gelten sollte. Es wäre dieses allerdings ein Akt der Persönlichkeit, der aber die Gegenwirkung der Sachen, durch welche das Agieren der Personen erst möglich wird, aufhöbe, und also, da sich diese Reaktion der Sachen einmal nicht vernichten läßt, zu einem Kriege auf Tod und Leben zwischen der Persönlichkeit und Sächlichkeit, oder zwischen dem Gesetz und den Sachen führen müßte.

Bei dem ewig denkwürdigen Streit über die Depreciation der Londner Banknoten im Jahre 1811, einer Verhandlung, die an Wichtigkeit keiner Deliberation, die je auf dieser Erde über die Heiligtümer der Menschheit geführt worden, nachsteht, teilten sich die beiden streitenden Parteien in die beiden hier angegebenen, einseitigen Ansichten des Maßstabes. Die Committee des Unterhauses hatte sich für den Metallpol entschieden und glaubte den Wertmaßstab nirgends anders als in einem Pfunde Sterling von festgesetztem Gewichte Goldes oder Silbers finden zu können. Die Gegenpartei entschied für den Wortpol, und wollte das Pfund Sterling nicht anders, als wie es durch die öffentliche Meinung existierte, anerkennen. — Das Parlament oder vielmehr Großbritannien selbst entschied diesmal für den Wortpol, nicht etwa als wenn es überhaupt den Maßstab nur in der öffentlichen Meinung anerkannte; sondern weil der Metallpol durch die Weltumstände, Teuerung des Goldes, Ungunst des Wechselkurses u.s.w. sich schon von selbst aufdrängte, so setzte das Parlament für diesmal seinen Akzent, seine ganze Kraft auf den Wortpol.

In keinem europäischen Lande sind die gesamten ökonomischen Verhältnisse auf eine so gerechte Weise angeordnet, und darin so lange erhalten worden, als in Großbritannien. Deshalb wäre nichts so wichtig als die britische Ansicht vom Wertmaßstabe zu kennen, und diesen Maßstab wo möglich selbst in die Hände zu bekommen.

Wir könnten indes diesen Zweck nicht sicherer verfehlen, als wenn wir den einzelnen Briten darüber befragten; den es ist gerade die gründliche Einseitigkeit der Ansicht des Einzelnen neben der Ergebenheit und dem Gehorsam seines Herzens gegen das Ganze, welche uns berechtigt, von Großbritannien selbst einen Orakelspruch in dieser dunkeln und doch so wichtigen Angelegenheit zu erwarten. Wir verlangen ja nur das, was sich aus dem Konflikt aller einseitigen Ansichten ergibt, und daß alle einstigen Ansichten notwendig zum Worte kommen, ist ja eben das vortreffliche Wesen der britischen Verfassung. Den Kampf der britischen Parteien durch den Lauf ganzer Jahrhunderte zu verfolgen, ist gewiß die sicherste und vollständigste Schule der Staatsweisheit, die es überhaupt gibt: aus demselben Grunde aber ist der einzelne Brite, in wie fern man sich an den Buchstaben seiner augenblicklichen Staatsansicht hält, der aller unzuverlässigste Führer: wie wenige außer Burke und Pitt können dafür gelten, daß sie Großbritannien selbst repräsentieren; auch leidet es England nicht, daß je ein Einzelner so groß und unbefangen werde, daß er mit dem Vaterlande verwechselt werden könnte: er soll einseitig sein; daher hat man auch die beiden genannten: Apostaten geschimpft.

Die Ansicht Großbritanniens vom Maßstabe wird sich ergeben, wenn wir die ökonomische Geschichte und Verfassung dieses Landes im Laufe des letzten Jahrhunderts selbst befragen: Wir sehen am Schlusse des siebzehnten Jahrhunderts die Compagnie der Bank von England, als eine reiche und mit mancherlei Privilegien ausgerüstete, übrigens aber völlig freie Korporation entstehen; sie diskontiert mit ihren Noten, sie handelt mit Gold und Silber, sie besorgt mancherlei Geldgeschäfte für die Regierung, sie wechselt auf Verlangen ihre Noten gegen bares Geld um, indes hat sie auf die Bestimmung oder Veränderung des Wertmaßstabes keinen weiteren Einfluß, als irgend ein anderes großes Handlungshaus. — Am Ende des ersten Jahrhunderts ihrer Dauer im Jahre 1797, befiehlt der geheime Rat daß sie ihre Noten in bares Geld umzusetzen aufhören solle; er, und mit ihm das Parlament erklärt also, daß diese Noten, deren Kreation wie das ganze Bankgeschäft überhaupt fortdauerte, auch abgesehen von ihrer Umsetzbarkeit in bares Geld und von ihrer unmittelbaren Beziehung darauf zu zirkulieren hätten, daß die Pfunde Sterling der Banknoten also eben so wohl den vollen Wertmaßstab in sich enthielten, als die in $^{20}/_{21}$ einer Guinee oder in 20 Schillingen enthaltenen Pfunde Sterling.

Was noch mehr sagen will: die ganze Nation erkennt diese Unabhängigkeit der Banknote und des in ihr enthaltenen Maßstabes so vollständig und einmütig an: daß heute, nachdem der Marktpreis des in einer Guinee enthaltenen Goldes um 20 bis 30 pr. Ct. gestiegen ist, und $^{21}/_{20}$ eines Pfundes Sterling in Noten einer Guinee gesetzlich gleich geachtet werden, zwar das Gold verschwunden ist, sich aber keine Spur eines Diskonts der Noten gezeigt hat, und, was das Wichtigste ist, die Preise der Dinge in Banknoten ausgedrückt zwar gestiegen sind, aber durchaus um nichts mehr in dieser Kreditmünze gestiegen, als in der seltenen Goldmünze und in der noch in hinreichender Quantität zirkulierenden Silbermünze des Landes. Diese Silbermünze ist, wohl zu bemerken, so ungleich zerschliffen und abgetragen, als sie am Schlüsse des siebzehnten Jahrhunderts nur sein konnte, wo derselbe Zustand eine gänzliche Handlungsverwirrung herbeizuführen drohte, und die ungeheure, kostspielige Operation der Ummünzung alles vorhandenen Silbers erzwang. Lord Liverpool in seinen vortrefflichen Briefe an den König über die Münzen des Reichs, erklärt die gegenwärtige Unschuld und Folgenlosigkeit derselben Korruption der Silbermünze, die in den Jahren 1694 und 1695 den Handel und Kredit von England mit den schrecklichsten Revolutionen bedrohte, dadurch, daß seitdem das Gold Standard des Wertes geworden sei, und daß das Silber, welches damals allen Verkehr reguliert habe, gegenwärtig nur den kleinen Verkehr und diesen in der Dienstbarkeit und Abhängigkeit vom Golde reguliere. Es ist wahr, die Goldmünze war in jenen Zeiten in, England so wenig, als noch heute in Deutschland, gesetzliche Zahlung (legal tender); niemand war gezwungen, sie anders als nach einem verabredeten Werte anzunehmen, bis die Proklamation vom vierten Jahre Georg des Ersten, den Wert der Guineen auf 21 Schilling festsetzte, und das Statut vom vierzehnten Jahre König Georg des Dritten anordnete, daß keine Schuld über 25. 1. in Silbermünze sollte aufgedrungen werden können, außer nach dem Gewicht, die Unze Silbers zu 5.s. 2. d. — Das gesamte in den Jahren 1696-1699 neu umgeprägte Silbergeld war verschwunden oder korrumpiert, und so mochte es wirklich scheinen, daß sich in der nunmehrigen Lage Großbritanniens das Gold viel mehr als das Silber zum Maßstabe des Wertes eignete. Indes hatte bereits im J. 1773 die Goldmünze das ganze frühere Schicksal der Silbermünze erlebt: in diesem Jahre wurde eine Ummünzung des gesamten Goldes notwendig, die bis in das Jahr 1777 dauerte; und eine der Hauptbeschwerden in der gegenwärtigen Lage von England ist wieder, daß das ganze Produkt dieser und folgender Ummünzungen größtenteils verschwunden ist. Welche besonderen Umstände auch jede von diesen beiden Depreciationen und Ummünzungen und Auswanderungen vor den andern auszeichnen mögen, so ist doch so viel gewiß, daß weder die Korruption der Goldmünze nach dem siebenjährigen Kriege bis auf 1777, noch der gegenwärtige Mangel derselben, der noch überdies von einer bedeutenden Korruption der Silbermünzen begleitet ist, irgend eine unglückliche Folge für den innern Verkehr veranlaßt hat, die an Umfang mit der Handelszerrüttung am Schlusse des siebenzehnten Jahrhunderts zu vergleichen gewesen wäre. Und so möchten wir, nach der Analogie der Behauptung des Lord Liverpool, die andere Behauptung wagen, daß die Folgenlosigkeit der Korruption und des Stillstandes des gesamten Münzwesens nur dadurch zu erklären sei, daß Banknoten der eigentliche Standard des Reiches geworden wären. Der geheime Rat und das Parlament haben durch den Befehl der Suspension der baren Zahlungen, und durch die späteren Prolongationen dieses Gesetzes, sich für dieselbe Ansicht der Sache entschieden.

Bei Erwägung der Lage von Großbritannien, und der ungeheuren Progression seines Handels und seiner Industrie im Laufe des letzten Jahrhunderts, springt es in die Augen, daß ein so bedeutendes Handelsobjekt als die edeln Metalle, viel weniger zum unbedingten Wertmaßstabe geeignet sein müsse, jetzt, als damals, wo die Besorgung des innern Verkehrs noch die Hauptfunktion der edeln Metalle war. Ein Handelsstaat von diesem Umfange, der noch in absoluter Abhängigkeit von den edeln Metallen wäre, läßt sich überhaupt nicht denken: also die Banknoten fortgedacht, so hätte wenigstens der gesamte Verkehr mit dem hintersten Orient, China und Indien, ferner die ungeheure Masse von Industrie, welche durch die bedeutenden Korneinfuhren in den neueren Zeiten gedeckt worden ist, endlich der sächliche Anteil Großbritanniens an den Europäischen Welthändeln, der in bedeutendem Grade wieder den Handel hat tragen helfen, großenteils unterbleiben müssen.

Was ist nun die ganze Institution der Bank von England anderes, als die freie Konzentration des gesamten persönlichen Kredites von Großbritannien. Die Banknote bildet recht eigentlich den Mittelpunkt, oder den vermittelnden Punkt, zunächst zwischen allen persönlichen Verpflichtungen des Volks und der Regierung, zwischen allen Arten von Schatzkammerscheinen, Stocks, Wechseln, Privat- und Provinzialbanknoten im Umfange des Reichs, und dem zu Folge für allen persönlichen Verkehr, für alle Handelsgeschäfte, und mittelbar durch diese für alle gedenkbaren Werte. Sie bildet sehr bestimmt den einen Pol der Haushaltung von Großbritannien, den ich den Wortpol nenne: das jetzt suspendierte Gesetz der Umsetzbarkeit der Banknoten in bares Geld, drückt auch sehr deutlich die Verbindung des Wortpols mit dem Melastpol, oder die Achse der Britischen Nationalökonomie aus.

Die erste Haushaltung von Europa hat also erwiesen, daß, wenn einerseits ein unbegrenzter Verkehr mit dem Auslande, welcher eine wesentliche Bedingung alles innern Wohlstandes ist, nicht ohne Metall-Zirkulation zu denken ist, dieser Verkehr andererseits eben so notwendig, ohne eine wahre Papier-Zirkulation für die Dauer nicht vor sich gehen könne: dem Metall fehlt die für so große Geschäfte notwendige Elastizität; es ist um so vieles wichtiger im Welthandel, als es in dem innern Verkehr unentbehrlich ist; es ist, so lange es kein Papier zur Seite hat, so vielmehr Ware als Geld, und demnach so schwerfällig, daß es mit der erhabenen Versatilität der Geschäfte eines solchen Reiches wie Großbritannien, nicht nur nicht Schritt halten kann, sondern sie notwendig hemmen muß: kurz, das Metallgeld kann die Geldfunktionen erst genügend verrichten, wenn die Möglichkeit da ist, es auch entbehren zu können, wie überhaupt der wahre Genuß und Gebrauch der Güter des

Lebens nur für den möglich ist, der sie auch wieder entbehren, also ohne Zwang, ohne Dependenz von ihnen, also mit Freiheit gebrauchen kann.

Gerade wie die äußere Sprache der Rede, und die innere Sprache der Figuren und Gedanken bei dem einzelnen Menschen sich unter einander bedingen, und das Gleichgewicht, der ebenmäßige Fortschritt beider, Wechselbedingung seines sowohl äußern als innern Fortschritts ist; und wie die Sprachfertigkeit an und für sich, wie sie bei so vielen Menschen unverhältnismäßig gegen die Denkfertigkeit ausgebildet ist, den ganzen höheren Verkehr der Menschen nur hemmen kann, obgleich die Sprache das Hauptmittel dieses Verkehrs ist, so auch das Metallgeld ohne das Papiergeld.

Durch eine der in dem Schicksale einer so großen Haushaltung, als die Britische, unvermeidlichen Wendungen ist im Laufe der letzten fünfzehn Jahre die Metall-Zirkulation aus diesem Lande großenteils verschwunden, und ein Zustand der Dinge herbei geführt, den wir in keiner Rücksicht einseitiger und unnatürlicher finden, als den andern, dessen Unnatürlichkeit und Einseitigkeit man auf dem Kontinente von Europa noch kaum zu ahnden anfängt, den nämlich, wo der gesamte Verkehr nur von einer Metall-Zirkulation getragen wird.

Der freie Wille, die Meinung aller, die öffentliche Meinung hat das große, in alle Haushaltung von Großbritannien verwachsene Institut, welches wir heut die Bank von England nennen, errichtet. Was ursprünglich das Werk einer kleinen Handlungssocietät war, ist durch die Mitwirkung von ganz England im Laufe eines Jahrhunderts zum Stütz- und Anlegungspunkte allen Kredits, zum Vermittler des Ganzen und jedes Einzelnen, der Ökonomie, der Regierung und jeder besonderen Haushaltung geworden.

Jede Handelsunternehmung, alle Industrie, setzt Geld voraus: das besondere Vermögen des Unternehmers, sein Privatkredit muß realisiert, oder, damit ich mich bestimmter ausdrücke, in den Stand des Nationalgeldes erhoben werden, oder des Weltgeldes, wenn die Unternehmung auf das Ausland gerichtet ist. Die Person des Kaufmanns will mit einer bestimmten Ware, einem sächlichen Antipoden in der Sphäre der Nationalökonomie, wie ich dies früher beschrieben, in unmittelbare Beziehung treten. Es ist nicht zu berechnen, wie groß die bestimmte Geldkraft werde sein müssen, welche zur Fortführung und Durchführung eines bestimmten Geschäftes notwendig ist: gibt es also überhaupt nur Metallgeld, so ist klar, daß das zu betreibende Geschäfte nur durch das mögliche Maximum von Vorrat des Metalls gesichert werden könne. Dieses Maximum des Vorrats ist bei den einzelnen Handelsgeschäften nicht vorhanden: der einzelne Kaufmann oder Privatunternehmer ergänzt den Mangel durch seinen Privatkredit, der ihn allerdings in den Stand setzt, die edeln Metalle zu ersparen. Indes so gut wie das Privatprodukt, die einzelne Ware welche der Privatmann erzeugt oder besitzt, und die in seiner Privathaushaltung dieselbige Geldfunktion verrichtet, die in der Nationalhaushaltung, das edle Metall — erst realisiert werden muß, erst in die allgemeine Ware verwandelt werden, wenn die Ökonomie fortrücken soll, eben so gut muß auch der Privatkredit erst realisiert, erst im Allgemeinen in Nationalkredit verwandelt werden. Die allgemeine Ware, die Realität, in welche die Waren umgesetzt werden, wenn sie nach unserer Benennung realisiert werden, ist das Metallgeld: in Staaten, wo nur eine Metall-Zirkulation existiert, wo das Metall das einzige ökonomisch Allgemeine ist, kann auch der Privatkredit wieder in nichts anderem realisiert werden, als in Metallgeld; es ist also klar, daß in solchen Staaten (wenn sie überhaupt noch den Nahmen Staat verdienen) die Schwerfälligkeit, Unnachgiebigkeit des Metalls, welches nur durch seine Masse gilt, sich allen einzelnen Geschäften mitteilt; während, wenn aller Privatkredit eben so gut seinen eigentümlichen Mittelpunkt hätte, als alle Privatwaren in dem Metallgeld den ihrigen haben, die zur Massenkraft des Metalls notwendige Seltenheit desselben geschont, und dennoch das Geschäft durch eine Garantie ganz anderer Art als der Masse, sicher gestellt werden könnte.

Die Realität, par excellence, unter allen Realitäten, Waren, Sachen, ist in Großbritannien so gut wie überall das edle Metall: die Realität, par excellence, in die aller Privatkredit umgesetzt werden muß, um allgemeine Wirkungen hervor zu bringen, ist die Bank von Großbritannien. Die Bank von England ist, noch richtiger ausgedrückt, die Personalität, par excellence, unter allen Personalitäten, Wechseln, Obligationen, persönlichen Verpflichtungen.

Die ökonomischen Objekte sind, wie schon oben erwiesen, nur wesentlich verschieden nach den Graden ihrer Allgemeingültigkeit: das Gesamtbedürfnis der Nation entscheidet, sagte ich, über den Wert, und deshalb ist der Staat selbst als das Allgemeingültigste der vollständigste Wertmaßstab. In der Sprache der bisherigen Ökonomie wird dies sehr richtig, obwohl bewußtlos bezeichnet durch das Wort: Realisieren. Durch die Allgemeingültigkeit ist das Metallgeld res insonderheit. Es gibt aber so unendlich viele Abstufungen des Kredits als der Waren, mit Rücksicht auf die Allgemeingültigkeit. Grade des Kredits sind nichts anderes, als Grade der persönlichen Bedeutung: unter diesen tausendfältigen

Formen des Privatkredits und der Persönlichkeit, muß es einen mittleren Kredit, eine persona insonderheit geben, und in allem besonderen Kredit ein Streben nach der Personalisierung, wie unter den Waren ein Streben nach der Realisierung.

Da nun die Masse des Metallgeldes an der Oberfläche der Erde gegeben, und nur in sehr geringerem Grade von der menschlichen Industrie abhängig ist, so wäre das ganze ökonomische Leben wie eingemauert, wenn die Realisation in dem hier aufgestellten bestimmteren Sinne des Wortes, die einzige Bedingung aller ökonomischen Geschäfte wäre: aber da die Realisation an sich noch nichts hilft, wenn man sich nicht vermittelst der Personalisation, außer der gesellschaftlichen Massenkraft, die in den edeln Metallen liegt, auch der Elastizität, ich möchte sagen, der Seele bemeistern kann, die den Metallen erst Leben und organisches Wachstum, und organische Beweglichkeit einhaucht — so leuchtet hier von neuem, und zwar durch das große Beispiel von Großbritannien bekräftigt, die Notwendigkeit ein, das eigentliche Geld in der ewigen Vermittlung zwischen beiden Geldformen, der persönlichen und der sächlichen, das heißt: wie den unsichtbaren zwischen zwei, Polen schwebenden Mittelpunkt anzuschauen. Jeder Kaufmann, jeder Wirt begehrt bei seinem Geschäft diesen mittleren schwebenden Standpunkt, zwischen dem allgemeinen Kredit und der allgemeinen Ware zu erlangen; und der Britische Kaufmann ist, wenn er in seiner besonderen Haushaltung dasselbe Gleichgewicht zwischen Kredit und Ware, zwischen dem Persönlichen und Sächlichen zu errichten und zu behaupten weiß, welches der Staat im Großen glücklich zu Stande gebracht und behauptet, in dieser glücklichen Lage, vor allen andern Kaufleuten der Welt.

Um also die große Frage zu beantworten, was der eigentliche Wertmaßstab für Großbritannien, und aus dem Standpunkte der Britischen Verfassung sei, wird die Erwägung eines einzelnen Statutes oder Münzgesetzes so wenig hinreichen, als die Erklärung eines einzelnen Engländers. Wie aber die Vorzüglichkeit der Britischen Verfassung überhaupt, in dem Gleichgewichte des Persönlichen und Sächlichen liegt, und wie das, durch das Parlament dargestellte Gleichgewicht zwischen dem Geldinteresse und dem Landinteresse, zwischen dem Talent und dem Besitz, zwischen dem Sein und dem Haben, sich in jeder besondern Haushaltung wiederholt; ja wie jeder ordentliche Engländer die sächliche Einseitigkeit einer bestimmten ökonomischen Funktion vollständig ausdrückt, und doch wieder ein eben so mächtiges persönliches Gefühl von der überschwänglichen Gerechtigkeit und Allseitigkeit des ganzen Großbritanniens nährt – so ist es leicht begreiflich, daß überhaupt in jedem Lande ein bloß sächlicher Wertmaßstab nicht Statt finden könne.

Gesetzt auch in allen Statuten und Parlamentsverhandlungen bis auf das Jahr 1797 herab, werde unter Standard nichts Höheres gemeint, als eine bestimmte, durch ein gewisses Metallgewicht ausgedrückte Einheit, so bewiese dies bloß, daß der eigentliche Wertmaßstab in den Parliamentsverhandlungen his dahin noch nicht zur Sprache gekommen, daß man unter Standard nichts anderes verstanden habe, als den untergeordneten Maßstab der sächlichen Verhältnisse, den der Wertmaßstab keineswegs ausschließt, neben oder über dem aber, wenn auch unausgesprochen ein eigentlicher Wertmaßstab längst bestehen konnte.

Wenn nun im Jahre 1797 der geheime Rat sowohl, als das Parlament das Papier der Bank von England für unabhängig von der Vormundschaft des Metallgeldes erklären; wenn sie, obwohl mit einiger, bei einem so großen Schritte sehr natürlichen Unbestimmtheit und Dunkelheit, jedoch im Wesen nichts anderes verordnen, als daß die Münze von Großbritannien, welche bisher der Wertmaßstab der Banknoten zu sein schien, und die doch wieder in gewisser Hinsicht von dem Welt- oder Marktpreise der edeln Metalle abhängig gewesen war, nunmehr von der Banknote ihren Wert ableiten, also von dieser ihren Maßstab empfangen solle; wenn ganz Großbritannien, von der unermeßlichen Wichtigkeit der Personalisierung alles Privatkredits, wie es scheint, noch viel mehr überzeugt, als von der Notwendigkeit der Realisierung aller besonderen Waren, den Beschluß der Staatsgewalt und der Gesetzgebung einmütig sanktioniert; wenn übrigens ein welthandelndes Volk, den Wert der Realisation, die Wichtigkeit des edeln Metalls, und des daran haftenden Elementes der Sicherheit für alle merkantilischen Geschäfte, durchaus, auch nicht über die schreiendste Notdurft des gefährlichsten Augenblickes vergessen kann — so ist klar, daß der persönliche Wertmaßstab der Banknote nicht etwa im Jahre 1797 erst erfunden, oder errichtet worden sein könne, sondern daß er vielmehr, sowohl von der Gesetzgebung und Staatsgewalt, als von der öffentlichen Meinung des ganzen England längst anerkannt gewesen, und daß die Banknoten durchaus nicht als bloße Surrogate, Substitute oder Notzeichen des Metallgeldes, sondern auf dem Fuße vollkommener Parität mit dem Metallgelde, als wahres eben so mächtiges und unentbehrliches Kreditgeld längst betrachtet und behandelt worden sind.

Wenigstens hätte sich unmittelbar, nach Suspension der Realisation, ein Diskont der Banknoten äußern müssen, sie hätten aus dem mittleren Geldstandpunkte, den sie unter den gesamten Privatkreditpapieren einnehmen, unmittelbar heraus treten müssen, wovon sich bis jetzt kaum eine Spur gezeigt hat. Aller Kredit im Umfange der Reiche Großbritannien, kennt auch heute nur eine einzige Art der Personalisierung, nämlich die, vermittelst der Banknoten; und daß dies neben der großen Steigerung des Goldpreises, und ungeachtet der großen Ungunst des Wechselkurses, das heißt: ungeachtet der steigenden Wichtigkeit der Realisation, für den vermehrten auswärtigen Kriegs- und Handelsverkehr von England, noch heute der Fall ist, dies ist ein Beweis mehr für den Satz, daß die Banknoten ein eben so wesentliches Element des Wertmaßstabes bilden, als die edeln Metalle.

Es bedarf wohl keines Beweises, daß um den Forderungen, die an einen wahren Wertmaßstab gemacht werden, zu genügen, es keineswegs hinreiche, daß nur die Rechnungs- oder Zahlungseinheit des Landes, zum Beispiel: das Pfund Sterling, in Silbergewicht oder durch das Wort einer so mächtigen Korporation wie die Bank von England, gehörig und unabänderlich festgesetzt werde. Denn es kommt nicht darauf an, daß die ökonomischen Werte im Umfange des Landes, jeder einzeln, auf die feste Einheit eines Maßstabes reduziert werden, sondern alle diese ökonomischen Werte sollen vornämlich ihr Verhältnis unter einander behaupten: die Menge solcher Einheiten, die ich heute verleihe, soll noch, wo möglich, nach langen Jahren in demselben Verhältnis zu allen wesentlichen Lebensbedürfnissen, und durch sie mit allen übrigen minder wesentlichen stehen, als worin sie heute zu derselben steht.

Dieser Forderung kann durch die noch so gründliche Fixierung der Rechnungseinheit nicht genügt werden: vielmehr ist diese absolute Fixierung des Maßstabes, während das gesamte zu messende Wesen wächst, einer völligen Zerstörung des Maßstabes gleich zu achten. Deshalb verlangt man mit Recht, daß sich die Masse der Geldzeichen in demselben Verhältnisse vermehren müsse, als sich die gesamte von dem Gelde zu beherrschende Nationalökonomie ausbreitet, und daß man für den relativ sinkenden Wert der Geldeinheit, durch die größere Leichtigkeit sich in Besitz dieser Einheiten zu setzen, entschädigt werden müsse.

Wenn die Nationalökonomie im Gleichgewichte ist, wenn sie sphärisch ausgebildet ist, so ist das Gesetz ihrer Bildung wie ihrer Bewegung ausgedrückt, durch die Achse dieser Sphäre. Diese Achse, habe ich gesagt, ist ihr Wertmaßstab. Denn da die bloße Fixierung einer Metall- Gewichts- oder Worteinheit zu den Wertbestimmungen nicht hinreicht, indem die Vermehrung oder Verminderung der Einheiten alle Verhältnisse stören würde, die wir durch den Wertmaßstab berichtigen oder erhalten wollen, so hat man überhaupt nur eine halbe Vorstellung vom Standard, wenn man nicht wenigstens eben so bestimmt die ganze Summe von Einheiten kennt, womit der Verkehr dieses bestimmten Landes betrieben wird. Wird diese sehr wesentliche Bedingung erfüllt, so erhalten wir eine Größe, die nunmehr in einem sichern Verhältnis zu dem Gesamtverkehr der Nationalhaushaltung steht, die also auch mit diesem Gesamtverkehr wachsen oder abnehmen kann.

Gesetzt ein Pfund Sterling Silberwert sei das Maß der Gesamtbedürfnisse des einzelnen Menschen im Laufe einer Woche, zu einer gewissen Zeit gewesen, und mir würde heut gesagt, daß er über zehn solcher Pfunde Sterling Silberwert wöchentlich disponieren könne, so weiß ich noch nicht, was dieser Mensch nunmehr ökonomisch wert sei, eben weil der bestimmte Silberwert ein durchaus unvollständiger Maßstab war: gesetzt aber, ich wüßte, daß ein solches Pfund Sterling wöchentlich hingereicht habe, als das Gesamtbedürfnis von England wöchentlich mit drei Millionen derselben Pfund Sterling bestritten wurde, und daß das gegenwärtige Gesamtbedürfnis von England dreißig Millionen derselben Pfund Sterling erfordert und beherrscht, so kann ich nun mit ziemlicher Bestimmtheit behaupten, daß der einzelne Mensch das andere Mal gerade so viel wert gewesen sei, als das erste Mal.

Es ist oben gezeigt worden, daß dieses bei allen gedenkbaren Maßstäben der Fall ist: eine Längeneinheit, eine Gewichtseinheit könnte man nach Belieben erfinden, und durch Kunst befestigen; aber mit solchen nach Willkür erfundenen Maßstäben dringen wir nicht durch, weil der Maßstab in einem mittleren Verhältnis aller damit zu messenden Größen stehen muß, welches mittlere Verhältnis, zum Beispiel: bei den Längenmaßstäben, durch die Größe des menschlichen Körpers und seiner Glieder, zwar schon richtig voran gedeutet wird, aber sich erst im Laufe der Zeiten, und im unendlichen Verkehr aller verschiedenen Längen unter einander ergibt.

In viel höherem Grade gilt dies vom Wertmaßstabe: die bloße Größeneinheit entscheidet über den Wert noch nichts, wie sie auch festgestellt sei, denn ich will nicht die bloße Größe wissen, sondern den Wert der, wie hinlänglich gezeigt, aus Größe und Verhältnis zusammen gesetzt ist: der Wertmaßstab muß also aus Größe und Verhältnis zusammengesetzt sein, so gut wie der zu messende Wert. Ein fester Wertmaßstab ist also ein festes Verhältnis zwischen dem Vermögen des Einzelnen im Durchschnitt und dem Nationalvermögen, welches Verhältnis zu bestimmen man freilich erst beiderlei Vermögen auf einerlei Benennung und Einheit reduzieren muß.

Es ist also dringend notwendig den Wertmaßstab, von dem ökonomischen Größenmaßstabe so streng als möglich zu unterscheiden, und nicht Ansprüche an den letzteren zu machen, welche nur der erstere befriedigen könnte. Das Metall an und für sich kann nichts als einen ökonomischen Größenmaßstab hergeben, denn da dessen Vermehrung oder Verminderung nie in dem Gebiete der menschlichen Kunst liegt, so wird sein Totalbelauf, schon wegen der innewohnenden Sprödigkeit und Steifheit, in beständigem Mißverhältnis zu der Welt von Werten stehen, die es messen soll. Das menschliche Wort, der menschliche Kredit hingegen hat anderseits in hohem Grade die Füglichkeit, Nachgiebigkeit und Elastizität, um das andere Element des Wertmaßstabes, nämlich das Verhältnis aller Werte zum Nationalvermögen auszudrücken.

Die Bank von England an sich vermag freilich nicht das bestimmte Silber- oder Goldgewicht in dem Pfunde Sterling fest zu halten, daher wird sie ohne die Bedingung der Umsetzbarkeit ihrer Noten in Metallgeld keinen ganz vollkommenen Wertmaßstab darzustellen im Stande sein, dagegen genügt sie desto mehr der andern eben so wesentlichen Forderung an den Wertmaßstab, nämlich sie kann in der Summe ihrer Noten das Verhältnis der Totalwerte des gesamten Nationalvermögens in zwei verschiedenen Zeiten desto bestimmter aufrecht erhalten, wozu, wie es in der Natur der Sache liegt, das noch so bestimmt fixierte Silbergewicht des Pfundes Sterling, völlig unnütz ist.

So wie nun das Metall, für die mechanischen Zwecke der Zirkulation wegen seiner Sprödigkeit und anderer widerstrebenden Eigenschaften unbrauchbar, erst mit einem anderen Metall versetzt oder legiert werden muß, und das Verhältnis dieser Legierung, der Standard der Feinheit genannt wird; so findet eine zweite und höhere Legierung Statt, indem das Metall zur Wertvermittelung in den Kreis der bürgerlichen Gesellschaft wirklich eintritt. Schon in der Münze wird, wie ich erwiesen habe, das Metall erst durch das Gesetz, durch die Ansetzung und Fixierung des Münzpreises, durch die gesetzliche Benennung auf eine höhere Weise legiert, und nun entsteht das, was ich den Standard der ökonomischen Größe* genannt habe, und was von den staatswirtschaftlichen Schriftstellern, zumal von den Verfassern und Verteidigern des Berichts der Bullion-Committee des Britischen Unterhauses im Jahre 1810 und 1811 allzu voreilig Standard des Wertes genannt wird.

Aus der Existenz eines solchen sicheren Standard der ökonomischen Größe, folgt die Gerechtigkeit des Verhältnisses der gesamten Geldzeichen zu dem Totalwerte des Nationalvermögens noch nicht, und da von diesem Verhältnis die Dauer aller einzelnen Werte abhängt, so kann jener Standard auch nichts über die Werte entscheiden. Es muß erst eine dritte Legierung vor sich gehen, das Metallgeld muß erst mit wirklichem Kreditgelde versetzt werden, damit es in ein festes Verhältnis zu dem Gesamtwert der Nationalökonomie, und so mit allen einzelnen Werten treten könne. So nun entsteht der dritte Standard, der Standard des Wertes.

Diesen dreien Arten des Standard entsprechen nun genau drei Arten der Depreciation, oder der Korruption

* Es wird dem aufmerksamen Leser nicht entgehen, daß wenn meine früher aufgestellte Distinktion zwischen Werth und Preis schon allgemein angenommen wäre, ich diesen zweiten Standard sehr füglich und passend Standard des Preises nennen könnte.

des Standard: die erste, da das Verhältnis des edeln Metalles zu seiner Legierung von unedelm Metalle verändert wird, da man von dem Standard der Feinheit abweicht; die andere, da man eine Veränderung in dem Silber- oder Goldgewicht der Münze absichtlich vornimmt oder einschleichen läßt, da man also den Standard der ökonomischen Größe verliert. Diese beiden Arten der Depreciation sind in der Europäischen Geldgeschichte der drei letzten Jahrhunderte die Außergewöhnlichsten. Eben weil die Nationalökonomie sich noch nicht zur dritten Art des Standard erhoben hatte, weil die Legierung des Metallgeldes vermittelst des Kreditgeldes noch nicht ausgebildet war, also überhaupt noch kein Standard des Wertes existierte, so mußte' man sich wohl an den beiden anderen Standards halten, und selbige durch eine absichtliche Depreciation und Herabsetzung sowohl des Schwergehalts als des Feingehalts in einer Art von Gleichgewicht mit dem Gesamtwert zu erhalten, und sie für eine Bestimmung, der ihre innere Natur widerstrebte, wenigstens, ich möchte sagen, zurecht zu stutzen suchen.

Die abnehmende Reihe von Silbergewichten, welche uns die respektiven Standard des Französischen Pfundes, des Deutschen Gulden und der Mark, und sogar die des Pfund Sterling im Laufe der letzten drei Jahrhunderte zeigen, bedeutet nichts anderes als die zunehmende Reihe von Kreditgeld, die dem auf jenen Standards errichteten Metallgelde eigentlich beständig hätte zur Seite gehen, und selbiges im Gleichgewichte mit dem Gesamtwerte der Nationalökonomie hätte erhalten sollen. Und wenn das Pfund Sterling unter allen Europäischen Münzen seinem ursprünglichen Standard der Feinheit und des Schwergehalts, bei weitem am nächsten geblieben, wenn es nur in dem Verhältnisse 31:10

von seinem ursprünglichen Größenstandard abgefallen ist, und das heutige Pfund Sterling nur etwas weniger als ein Drittel des ursprünglichen vollen Pfundes enthält, während das Französische Livre kaum $^1/_{72}$ seines ursprünglichen Standard enthält, und alle andern Europäischen Münzen gleichfalls in viel bedeutenderem Verhältnis depreciiert sind, so ist diese Erscheinung nur dadurch zu erklären, daß das Kreditgeld in England sich viel früher, als in allen andern Europäischen Reichen, ausbildete, auch schon vor Errichtung der Bank dem Wesen nach, wenn auch nicht in der nachherigen Vollkommenheit vorhanden war, und also die Depreciation der beiden ersten Standards dadurch verhindert, oder Hoch gehemmt wurde, daß sich ein eigentlicher Wertmaßstab (standard of value) bildete, der nun im Jahre 1797 zum vollständigen Bewußtsein erhoben, und gesetzlich anerkannt worden ist.

Die Geschichte der Britischen Nationalökonomie bestätigt diese Vermutung auf das glänzendste; denn wie möchte es wohl sonst zu erklären sein, daß England den Standard der Feinheit seiner Silbermünze seit dem drei und vierzigsten Jahre der Königin Elisabeth, und den seiner Goldmünze seit dem fünfzehnten Jahre der Regierung Carls des Zweiten; ferner den gesetzlichen Schwergehalt seiner Silbermünze seit dem drei und vierzigsten Jahre der Regierung der Königin Elisabeth, und den seiner Goldmünze ebenfalls seit dem fünfzehnten Jahre König Carls des Zweiten; endlich das Verhältnis des Goldes zum Silber, oder den Münzpreis seit dem vierten Jahre Georg des Ersten, aufrecht zu erhalten im Stande gewesen ist? Es war das Kreditsystem Englands – und niemand wird nach dem Vorausgesetzten mich so mißverstehen, als meinte ich unter diesem Ausdruck das Schuldensystem in Spezie — welches die gelegentliche Disharmonie zwischen diesen beiden Standard, und den allgemeinen Revolutionen der Werte glücklich korrigierte. Die Elastizität des Kredits kam der Sprödigkeit der edeln Metalle zu Hülfe, und so besaß England einen wirklichen Wertmaßstab, der so fest als beweglich war, und der gerade in Folge der Beweglichkeit, die er durch die Konzentrierung allen Kredites, oder in letzter Instanz durch die Bank erhalten hatte, den in ihm enthaltenen Größenmaßstab um so unveränderlicher behaupten konnte.

Freilich ist auch dieser Wertmaßstab einer Depreciation unterworfen: es ist die von den Englischen Schriftstellern so genannte Depreciation durch Exzeß. Das Gleichgewicht der Sache und Person, und ihre ebenmäßige Wechselwirkung ist in allen Staatsangelegenheiten, zumal in nationalökonomischer Hinsicht, das oberste Gesetz. Es gibt eine gewisse unverkennbare, durch unzählige Symptome angedeutete Grenze, jenseits der die unbedingte Herrschaft des Kredits, oder der persönlichen Kraft aufhört, und wo die Gewalt, welche die Natur in die Sachen legen mußte, um ein Gleichgewicht zwischen ihnen und der Persönlichkeit möglich zu machen, ewig ihr Recht behaupten wird. Auf dieses Gebiet hat der Kredit nur mittelbaren Einfluß.

Wenn die Bank von England versuchen sollte, ihr Papier gegen andere als persönliche Sicherheit auszugeben, wenn sie je zum Beispiel auf der Hypothek liegender Gründe Banknoten ausliehe, oder wenn sie sich zum Lombard konstituierte, und über die edeln Metalle hinaus auch auf anderweite Realeffekten und Mobilien borgen sollte, kurz, wenn sie direkt zu Personalisieren unternähme, was nur realisiert werden kann, so würde die Depreciation ihres Papiers, und also des Wertmaßstabes selbst eintreten.

So lange aber die Bank sich streng innerhalb derjenigen Hemisphäre der Staatshaushaltung erhält, die sie ökonomisch zu beherrschen und zu vermitteln bestimmt ist, so lange sie ihre Noten gegen sichere Wechselbriefe ausgibt, derjenige Wert also, den sie Personalisieren soll, indem sie ihn in ihr allgemeingültiges Papier umsetzt, die persönlichste Form erhalten hat, welche die Verpflichtungen des Privatmanns in unsern Staaten überhaupt erlangen können; so lange sie die Zeit vollständig in ihrer Gewalt behält, wie dies auch bei keiner andern Sicherheit in dem Grade als bei Wechselbriefen möglich ist; so lange sie also ihre vollständige Elastizität erhält, die in dem Maße verloren gehen würde, als sie sich mit der Trägheit und Steifheit der Sachen befasste – so lange hat sie das ihr anvertraute Element des Wertmaßstabes treu verwaltet, und ihr Papier ist über alle Depreciation erhaben.

Wäre nun durch irgend eine Fügung der Weltumstände der andere Pol der Staatshaushaltung, nämlich der Metallgeldpol, von Metallen entblößt, wie es dermalen in. England der Fall ist, so wird durch die Festigkeit, mit der sich die Bank innerhalb ihrer persönlichen Hemisphäre erhält, die Gefahr, in der das Ganze schwebt, wirklich abgewendet werden. Die Banknoten werden in der anderen Hemisphäre die Funktionen des Metallgeldes verrichten, immer aber symbolisch, deutend auf die Notwendigkeit, die Metalle bei der ersten günstigen Gelegenheit (die nicht fehlen kann, wenn man nur das Bedürfnis nach den Metallen nicht verliert, das heißt: wenn man das Kreditgeld nur nicht zu einem Surrogat des Metallgeldes herabwürdigt, und sich dabei begnügt) wieder in ihre alten und natürlichen Rechte einzusetzen. Da die Bank selbst ihre Noten nie mit dem Metallgelde verwechselt, da sie fortwährend nur mit persönlichen

Verpflichtungen und dem Kredite zu tun hat, und alle Realitäten, welche die Bank honorieren soll, sich erst in sichere Wechselbriefe, in Papiere von einem kurzen und sichern Termin verwandelt haben müssen, so konzentriert sich gleichsam in der Bank, das allen Personen inwohnende dringende Verlangen die Sache par excellence, oder das Metall wieder herbei zu schaffen, während die Banknoten auf der Stelle depreciiert sein würden, so bald sich die Bank des andern Poles wirklich bemächtigen, und ihr Kreditgeld aus seinen Schranken heraus, und zu einer Art von Universalgeld zu erheben, unternähme.

Die Guineen sind aus der Zirkulation von Großbritannien fast verschwunden: das Gesetz in England kennt, wie schon bemerkt, kein Einschmelzen oder Ausführen der Guineen, und in den letzt verflossenen vierzig Jahren, sind unter Autorität des Staates weit über zwanzig Millionen ausgeprägt worden. Durch die Restriktion der Zahlungen der Londoner Bank, insbesondere aber durch die Bestätigung dieser Maßregel von Seiten der öffentlichen Meinung, ist die Banknote von einem Pfunde Sterling gleichgesetzt $^{20}/_{21}$ einer vollwichtigen Guinee.

Diejenigen nun, welche in England die Depreciation der Banknoten behaupten, indem sie sich auf die große Ungunst des Wechselkurses, und auf die Teuerung des Goldes berufen, finden die Präsumtion des Gesetzes, von einer Fortexistenz der Guineen im höchsten Grade absurd. Ich glaube über allen Zweifel erhoben zu haben, daß nicht bloß das Gesetz, sondern auch die ganze Haushaltung von Großbritannien, insbesondere aber, worauf am meisten ankommt, die Bank von England selbst, diese große Präsumtion nährt, und in allen Stü-

cken so agiert, als wären die Guineen wirklich vorhanden. Die Bank beträgt sich wie der, treue Verwalter eines für eine Zeitlang abwesenden Königs, und deshalb weil sie und die öffentliche Meinung ihre Noten nie mit dem Metallgelde eigentlich verwechselt oder vermischt, so repräsentieren die Noten so vollständig die Guineen. Ich frage: ist, was das Gesetz, die öffentliche Meinung, die ganze Staatshaushaltung von Großbritannien, und was die Bank von England als vorhanden präsumiert, und so behandelt, als sei es vorhanden, nicht so gut als wirklich vorhanden? gibt es in diesem Augenblick, wo das Haupt, welches die Krone von England über ein halbes Jahrhundert glorreich getragen, wirklich abwesend ist, gibt es einen König von England? — Wer wird es leugnen? — Wer also kann das Gesetz verlachen, welches die Fortexistenz der Guineen präsumiert? —
Die inneren Geldverhältnisse von Großbritannien sind heute, fünfzehn Jahre nach der Suspension der baren Zahlungen der Londoner Bank, noch ganz dieselben wie vor der Suspension, und bei der promptesten Umsetzbarkeit der Banknoten in Guineen. Die öffentliche Meinung, unterstützt vom Gesetze, gebraucht die Noten als vollständige Repräsentanten der Guineen und zur Realisation der Sachwerte, ohne daß sie je in dem Wahn stände, die Guineen ganz entbehren, und sich der Noten als eines Surrogates der Metalle bedienen zu können: die öffentliche Meinung glaubt so fest, daß das Gold oder die eigentliche Realität am Golde vorhanden sei, als sie glaubt, daß der König, oder der König im Könige, nie abwesend sein, oder sterben könne. Die Bank verhält sich zum Golde, wie sich das Parlament zum Könige verhält; und wie die Gewalt des Prinzen Regenten vom Parlamente zur Repräsentation der Krone delegiert ist, so ist auch die Metallgeldrepräsentierende

Macht der Banknoten von der Bank delegiert, ohne daß weder hier die Bank die Grenze der persönlichen, der Kredit-Hemisphäre überschritte, noch dort das Parlament sich über das ihm angewiesene, persönliche Teil des Staatsgeschäfts oder über die Gesetzgebung hinaus, in das sächliche Teil des Staatsgeschäfts oder in die eigentliche Administration hinüber wagte.

Man betrachte die dermalige wunderbare Lage von Großbritannien etwas näher! Während auf dem Kontinent von Europa die öffentliche Meinung dahin überein kommt, daß alles politische Heil in der Persönlichkeit des Königs, und indem Vorrach des Goldes, oder der edeln Metalle liegt — fehlt in England der König, fehlt daselbst das Gold, beides in dem Kontinental-Sinne des Wortes; und dennoch haben sich weder Parlament und Volk der Staatsgewalt bemeistert, noch die Bank und der Kredit, den sie repräsentiert, die Stelle des Goldes usurpiert: die Realität des sächlichen Vermögens reagiert auf die Persönlichkeit der Bank und des Kredits, gerade eben so, als wenn das Gold in seiner ganzen Macht noch wirklich vorhanden wäre, und wie ehemals, vermittelst des Gesetzes der Konvertibilität jede einzelne Banknote durch eine bare Guinee bekräftigt werden müßte; andererseits reagiert die Realität der königlichen Gewalt mit derselbigen Majestät auf die Persönlichkeit des Parlaments, als wenn der König selbst in voller Jugendkraft an der Spitze der Administration stände.
Dies sind die erhabenen Prüfungen, welche die Freiheit und die Verfassung eines Landes vollenden. Was man von den Ministerialstellen in England gesagt hat, daß sie nämlich das Individuum, welches sich bekleide, wie seine Privatansicht, sein Privatcharakter auch beschaffen sein möge, zwingen, im ministeriellen Geiste zu handeln, gilt im Grunde von allen Stellen in England:

der Thron zwingt den König, was er auch übrigens als Mensch sein möge, zu königlichen Gesinnungen; die Stelle, welche im natürlichen Gange der Dinge das Gold einnimmt, zwingt die Banknote, die das Gold gelegentlich zu repräsentieren genötigt wird, im Geiste des Goldes zu agieren. Kurz, die Persönlichkeit selbst ist so mächtig, daß es auf die einzelne Person und ihre kurzen vergänglichen Eigenschaften, die Sächlichkeit selbst so mächtig, daß es auf die einzelne Sache, welche Zeit und Umstände entwenden können, nicht weiter ankommt. — Der Strom der Weltereignisse kann das Gold mit sich fortreißen, und wer ists, der für den einzelnen Menschen und für das, was man persönliches Talent, persönliche Klugheit, persönlichen Charakter nennt, gut zu sagen wagte: aber, wenn die Verhältnisse des Ganzen so sicher und harmonisch geordnet sind, daß das Einzelne auf nationale Weise handeln und wirken muß, dann kann das Schicksal sein Recht ausüben; es kann ein vermeintliches Nationalbedürfnis nach dem anderen rauben, und dennoch wird die Nation im Entbehren erst recht fühlen lernen, daß sie das eigentlich Notwendige in dem Bedürfnisse behauptet, nämlich die Richtung der Kraft des Dinges oder der Person, die scheinbar entwendet worden: es ist nur die äußere Schale des Goldes, welche geraubt werden kann, der Kern desselben bleibt; es ist nur der vergängliche König, der verloren geht, die ewige Krone bleibt. So ist auch England durch den ganzen Lauf seiner Geschichte sein Entbehren, und jede Nationalkalamität zu Gute gekommen: es ist überall für das scheinbar Verlorene, durch die eigentliche Wesentlichkeit des verlorenen Gutes entschädigt worden. So war in den Kriegen der roten und weißen Rose, ich möchte sagen, die gemeine Krone von England verloren gegangen, und gerade durch diese Kriege und durch den

Mißbrauch schlechter Könige, wie Heinrich des Achten, ist die Idee der wahren königlichen Gewalt, des Königs, who can do no wrong und der nicht stirbt, erobert worden; so ferner ging in den Zeiten der Republik und Cromwells die gemeine Freiheit verloren, und wurde dafür die mit jener Idee der königlichen Gewalt sehr verträgliche Idee der Freiheit erobert, welche die großen Statute der Freiheit in dem Zeitraum von 1660 bis 1668 ausgesprochen haben.

Dahin habe ich mit meiner ganzen Argumentation kommen wollen: die Verhältnisse des Ganzen sind sicher und harmonisch geordnet, also alle die Zwecke, die durch den Wertmaßstab erreicht werden sollen, sind erreicht: ein solcher Standard des Wertes muß also vorhanden und undepreciiert vorhanden sein. Die ganze innere Wohlfahrt eines Reiches reduziert sich auf das Gleichgewicht zwischen der Persönlichkeit und Sächlichkeit: das eigentlich Persönliche in aller Persönlichkeit ist ökonomisch ausgedrückt der Kredit, das eigentlich Reale in aller Sächlichkeit ist das edle Metall. Die Bank von England, völlig unbekümmert um die Realisation und Zirkulation des sächlichen Vermögens, hat fortgefahren allen sichern Privatkredit zu personalisieren, und die ganze Nation, König und Parlament haben die Banknoten zu einstweiligen Repräsentanten des verschwundenen Goldes ernannt. Vor der Restriktion, so möchte ich mich figürlich ausdrücken, bestand die eine Hälfte der Achse der Britischen Nationalökonomie, die Hälfte, welche in die sächliche Hemisphäre hinüber fiel aus Gold, die andere Hälfte in der persönlichen Hemisphäre aus Banknoten.

Beide, Banknoten und Gold, durch ihre beständige Umwechslung, und so durch ihre ewige Wechselwirkung haben sich gegenseitig ihre Eigenschaften mitgeteilt; und dabei übersehe man nicht, daß die Banknoten nicht bloß an der Bank in Guineen umgesetzt worden sind, sondern daß in allen Geschäften ohne Unterschied mit Banknoten Sachen erkauft und realisiert, und mit Gunieen Wechselbriefe und andere persönliche Verpflichtungen personalisiert worden sind, daß also die Banknoten allenthalben frei in die Hemisphäre der Sächlichkeit, die Guineen eben so frei in die Sphäre der Persönlichkeit hinüber gespielt haben, ohne daß die Bank ihre Noten je anders als zur Personalisation des Kredites angewendet und ausgegeben hätte, ohne daß die Bank je bei der Kreation ihrer Noten etwa das so genannte Bedürfnis der Zirkulation, oder die Sicherheit sächlicher Unterpfänder berücksichtigt, ohne daß sie je ein anderes Gesetz dabei befolgt hätte, als (Aussage der Bankdirektoren, in denen, dem Bericht der Bullion-Committee beigefügten minutes of evidence) die Sicherheit der persönlichen Effekten der Regierung, oder der Privaten, auf die ein Vorschuß von ihr begehrt wurde. Wenn das Gesetz also die Identität der Banknoten und der gesetzlichen Münze des Reichs behauptet, so wird damit nur ausgesprochen, was sich in höchster Freiheit selbst schon längst gemacht hat. Erwägt man nun, wie in Ländern, wo es nie etwas anders als eine Metall-Zirkulation, und in Ermanglung einer wahren Bank, nie eine ordentliche Kredit-Zirkulation gegeben hat, das Metall seine Sprödigkeit und Steifheit, und alle seine schwerfälligen Eigenschaften dem gesamten ökonomischen Geschäftsgange mitteilt; wie der Kredit und die solide Unternehmung gerade dadurch gehemmt werden, daß es nichts als Metall gibt, und sich jeder in dessen rohen und handgreiflichen Besitz zu erhalten streben muß; wie der Besitzer des Metalls abhängig wird von dem Metall, und also das Metall vielmehr mit ihm wirtschaftet, als er mit dem Metall: so wird man mich verstehen, wenn ich sage, daß die Guineen durch den hundertjährigen Einfluß der Banknoten, durch den hundertjährigen genauen Umgang mit dem Kredite erst zu wahrem Metallgelde geworden, daß sie in dem Umgange mit den Banknoten die Persönlichkeit sich angeeignet haben, wie die Banknoten umgekehrt in diesem genauen Verkehr die Sächlichkeit, die Dauerbarkeit, und alle eigentümlichen Eigenschaften des Metalls. Nun könnte die Achse der Britischen Nationalökonomie ganz aus Banknoten bestehen, wie sie ganz aus Guineen bestehen konnte: die Banknoten werden in der sächlichen Hemisphäre alle sächlichen Eigenschaften des Goldes zu repräsentieren im Stande sein, und bloß durch die Stelle dazu genötigt werden, eben so, wie die Guineen in der persönlichen Hemisphäre, in der Hemisphäre des Kredits alle persönlichen Eigenschaften, und die ganze Elastizität, die man früher nur den Banknoten zugetraut hat, annehmen. Ja, wenn man in Anschlag bringt, daß das Gold unter allen Verhältnissen viel leichter wieder zu gewinnen ist, als hundertjähriger Kredit, und daß auch die Materie des Goldes, wenn sie einmal verloren, nicht immer mit bloßer Privatkraft wieder zu ersetzen ist, so müßte man, wenn für die Haushaltung von Großbritannien überhaupt eine Gefahr wäre, eine viel größere Gefahr darin finden, wenn die Bank von England, auch ohne Bankerout, durch freies Einziehen ihrer Noten einginge, und die Achse der Ökonomie nunmehr bloß aus Guineen bestände, als da, wie es jetzt der Fall ist, das Geld, das eben so leicht wiederkehrt, als verschwindet, sich entfernte, und Banknoten alle Kreditgeld- und Metallgeldfunktionen zugleich verrichteten.

In der gegenwärtigen Lage der Sache verrichten also

die Banknoten zwei Funktionen, die Personalisierung alles Kredits als Banknoten, und die Realisierung aller sächlichen Werte als Repräsentanten des Goldes, als currency: als Banknoten kehren sie zu einem gewissen Termin, also periodisch zur Bank zurück, als vollgültige Repräsentanten des Goldes haben sie die entschiedene Neigung in der Zirkulation zu verbleiben. Die unbedeutende Totalsumme von ungefähr 24 Millionen Pfund Sterling, hat im Jahre 1811 für beide Funktionen hingereicht – welche im Verhältnis zu der ungeheuren Haushaltung Großbritanniens höchst unbebeutende Zahl, nur durch das erstaunliche Gleichgewicht der inneren Tätigkeit zu erklären ist, welches die Skontrierung und Abrechnung so begünstigt, daß ein großer Teil aller ökonomischen Geschäfte von Großbritannien unmittelbar und ohne Dazwischenkunft irgend eines Geldzeichens, und ohne direkte Vermittelung des Zentralkredits der Bank abgemacht werden kann.

Die beiden Funktionen der Banknoten reagieren also vollständig auf einander, was am besten in die Augen fällt, wenn man sie mit der einförmigen Funktion eines gezwungenen Papiergeldes vergleicht. Während nämlich die Banknoten unaufhörlich vom Zentrum ausströmen, und ganz in demselben Verhältnis zu dem Zentrum zurück strömen, strömt das Papiergeld bloß vom Mittelpunkte aus, und häuft sich in der Peripherie. Auch in dem gegenwärtigen Zustande der Bank, wo die Metall-Realisation nicht Statt findet, könnte man behaupten, daß der in der Vorfassung der Bank begründete Prozeß des regelmäßigen Zurückströmens aller Noten, einer beständigen Realisation gleich zu achten sei, wenigstens in so weit die Noten die Funktionen des Kreditgeldes verrichten. —

In der andern Hemisphäre zeigt sich nun das Bedürfnis nach Metallgelde, und in Ermanglung desselben nach Banknoten, als Repräsentanten des Sachgeldes: da aber die Bank bei ihrem alten Kreditsysteme verharrt, und keine Noten für das bloße Bedürfnis der Zirkulation ausgibt, so muß sich die sächliche Hemisphäre mit dem gesetzlichen Zeitraum begnügen, welcher der Banknote zu ihrer Zirkulation vergönnt wird. Nun freilich diskontiert die Bank nicht ruckweise, in gewissen Terminen, so daß etwa zu einer gesetzlichen Zeit all ihr Papier ausgegeben würde, und zu einer andern wieder zurück kehren müßte, sondern von einem Tage zum andern: indes wird die einzelne Note überall von zweierlei entgegengesetzten Kräften regiert, die eine, welche nach der Bank zurückstrebt, die andere, welche abwärts von der Bank nach der Zirkulation hinstrebt: beide Kräfte kapitulieren mit einander und regulieren sich unter einander. Alles wahre Zirkulationsbedürfnis wird sich leicht in ein Kreditbedürfnis verwandeln, und von der Bank Noten extrahieren können: aller wahre Überfluß der Zirkulation wird sich in ein Debet an die Bank verwandeln, und sich dergestalt selbst vernichten können.

Kurz die Banknoten, in wie großen Massen sie auch existierten, zerfallen in zweierlei Papier, das sich unter einander vollständig beschränkt und balanciert; je nachdem dieselbe Banknote aus der einen Hemisphäre in die andere hinüber spielt, wird sie wechselweis bloß durch die Stelle etwas durchaus Entgegengesetztes: als Repräsentant des Metallgeldes reagiert und protestiert sie gegen sich in ihrer früheren Qualität als Banknote und umgekehrt. Nur in so fern, als die Banknote die ihrer Natur als Kreditgeld vollständig entgegen gesetzte Natur des Metallgeldes unparteiisch anzunehmen weiß, ist sie mehr als Surrogat, ist sie Repräsentant des Metallgeldes. Ihre Summe ist, so lange auf die inneren Verhältnisse allein Rücksicht genommen wird, immer die möglichst geringe, ein Exzeß ist nicht möglich, also eine Teuerung der Lebensbedürfnisse kann durch sie nicht veranlaßt werden: wird der Kredit der Bank selbst, oder ihrer Schuldner nicht depreciirt, so ist keine anderweitige Depreciation gedenkbar, und dann errichtet und verwaltet und behauptet die Bank den Wertmaßstab des Reichs.

Man hat in neueren Zeiten, unter mancherlei dreisten und unbestimmten Grundsätzen über die Behandlung des Papiergeldes auch den Satz aufgestellt, daß es auf die Anzahl der Geldzeichen überhaupt nicht ankomme, daß tausend Millionen dieselben Funktionen verrichteten als hundert Millionen, und daß der ganze Unterschied sich am Ende nur auf einen größeren oder geringeren Aufwand von Mühe im Zählen, Transportieren und Berechnen der Summen reduziere. Ich will hier nicht betrachten, was der Übergang von den kleinen Zahlen auf die großen Zahlen in der Berechnung, auf die Gemüter der Völker für einen Einfluß habe, und wie viel darauf ankomme, sich auch in den Zahlen selbst im Gleichgewichte mit den Nachbarstaaten zu erhalten. Ich will nur das Unbestimmte jenes Grundsatzes zeigen.

Einsichtsvolle praktische Staatswirte haben die Bedingung hinzugefügt: die Anzahl sei gleichgültig, in wie fern sie sich nur nicht vermehre oder vermindere, und in wie fern sich nur der Wert des einzelnen unter diesen Geldzeichen dauerhaft fixiere. Ich drücke ihn folgender Gestalt aus: die Anzahl ist gleichgültig, und es läßt sich aus der bloßen Zahl, wie groß oder wie gering sie sei, weder auf einen Exzeß noch auf einen Mangel der Zirkulation schließen, vorausgesetzt, daß die inneren ökonomischen Verhältnisse, alle verschiedenen Richtungen der ökonomischen Funktionen, im Gleichgewichte sind;

vorausgesetzt, daß alle diese Verhältnisse nach dem Schema der Kugel, das, wie ich gezeigt, auf die ökonomische Verfassung von Großbritannien sehr wohl anzuwenden ist, gerecht, fest, harmonisch und unendlich auf einander reagieren.

Ich sage nicht: vorausgesetzt, daß diese Geldzeichen gleichförmig unter alle ökonomische Funktionen verteilt sind, obgleich dieser Ausdruck dasselbe sagt, so bald eine gewisse innere Notwendigkeit da ist, daß die Gleichförmigkeit der Verteilung dauerhaft sei. Die Anzahl der Geldzeichen ist gleichgültig, wenn die Stelle die Hand, in der sich das Geldzeichen befindet, solche Gewalt über dasselbe hat, daß, wie die eine Hemisphäre des Staats gegen die andere, und jede ökonomische Funktion gegen eine entgegen gesetzte reagiert, so auch die eine Hälfte der Geldzeichen gegen die andere vollständig reagiert. Dies kann nur der Fall sein, wenn der Staat übrigens ein gründliches Gleichgewicht seiner Ökonomie schon erlangt hat; die Zirkulation setzt ein vollständiges und gerechtes System, von Zirkulationskanälen voraus.

Die Anzahl ist nicht gleichgültig, so bald der Doppelcharakter, die Doppelfunktion desselben Geldzeichens mangelt, die ich in den Noten der Bank von England nachgewiesen habe. Die gesamten Geldzeichen müssen durch die Einrichtung der Nationalwirtschaft gezwungen sein, sich unter einander in so vollständige Opposition zu setzen, daß sie einander arithmetisch aufheben, und das arithmetische Resultat =0 geben.

Führen die Geldzeichen nicht unter einander diesen unendlichen Krieg den die Natur dadurch angedeutet hat, daß sie jedem Staate, ursprünglich zwei entgegen gesetzte Geldformen, das Metallgeld und das Kreditgeld gegeben, so entstehen jene Häufungen des Bluts an einzelnen Teilen des Körpers, die von den schrecklichsten Folgen sind: nun wird die Zahl für den Staatsmann sehr wichtig, nun erst wird die arithmetische Verminderung, der Aderlaß notwendig, der aber so lange eine bloße Palliative bleibt als der Organische, der Konstitutionsfehler der die einseitige Bluthäufung veranlaßt, nicht selbst durch Mittel gehoben wird, die ganz außerhalb dem Gebiete der Zahl und der Berechnung liegen. Ist hingegen die gesamte Organisation gesund; ist das System von unendlichen Oppositionen, welches wir am Staatskörper sowohl als am menschlichen Körper Organisation nennen, im Gleichgewicht; sind, wie ich mich ausdrücke, die geometrischen Verhältnisse der Ökonomie in gehöriger sphärischer Ordnung, dann kommt die Größe gar nicht in Betracht: wohl bemerkt, in wie fern bloß von dem Innern des menschlichen Körpers oder des Staatskörpers die Rede ist. Wie groß die Kraft auch im Ganzen sei, so muß doch jede einzelne Funktion der besonderen Kraft in dem gerechten Verhältnis zum Ganzen stehen, also genügend groß sein. Die Anzahl der Geldzeichen ist dann immer ein sicherer Wertmaßstab; vorausgesetzt, daß das einzelne Geldzeichen nur sich selbst gleich sei, oder der in dem Wertmaßstab enthaltene ökonomische Größenmaßstab zuverlässig sei.

Nun aber ist weder der menschliche Körper, noch der Staatskörper zu isolieren, oder auf sich selbst zu beschränken: der Staatskörper erlangt nur vermittelst unendlicher Berührungen mit der Außenwelt, mit allen anderen Staaten die oben beschriebene Fülle der inneren Organisationen, und behaupten sich in dieser Fülle nur vermittelst jener Berührungen. Gesetzt auch, die Natur hätte den Staat mit diesem, Gleichgewichte der Kräfte ursprünglich erschaffen, wie den einzelnen Menschen – und daß dieses wirklich der Fall ist, habe ich gezeigt —

so helfen die Kräfte, und dieses Gleichgewicht der Kräfte nicht, wenn sie nicht zum Bewußtsein ihres Trägers kommen, das heißt: zum Gesetz, zum Staatsgesetze erhebt; und wie möchte er sie fühlen lernen, außer in der Berührung, wie möchte er sie erkennen lernen, außer in dem Spiegel anderer Staaten?

Dasselbige Oppositionsverhältnis demnach, welches wir im Innern des Staates bemerkt und beschrieben haben, muß sich also auch wieder in allen seinen äußeren Verhältnissen einstellen. Ökonomisch ausgedrückt: alle ökonomischen Funktionen des Weltverkehrs müssen denselbigen Oppositionscharakter annehmen, der die innere Haushaltung des Staates angeordnet, systematisiert hat; und wie im einzelnen Staate die Größen der einzelnen Kräfte so lange sehr wichtig bleiben, als der Staat sich noch zu dem Gleichgewichte der inneren Kräfte aus dem Chaos emporarbeitet, und selbiges noch nicht erreicht hat, wie da nur vermittelst der Größen die Gerechtigkeit der geometrischen Verhältnisse, vermittelst der Ausgleichung der Radien die Kugel zu erreichen ist, — so bleibt im äußeren Staatenverkehr die Gesamtgröße der ökonomischen Macht des einzelnen Staates, das heißt: die Größe seines Wertmaßstabes von erheblichster Bedeutung, bevor der Staatenbund selbst errichtet und sphärisch vollendet ist. Da dieses aber eine unendliche Aufgabe ist, so wird die Größe des Wertmaßstabes eines besonderen Staates, und mit ihr aller andern Größen im Umfange des besondern Staates nie gleichgültig sein.

Das unendliche Bedürfnis der Vereinigung beherrscht die großen Verhältnisse unter den Staaten eben sowohl, als alle kleineren Verhältnisse innerhalb des einzelnen Staates: es zeigt sich dort in der Welthaushaltnng dasselbe nur in unendlicher Opposition zu befriedigende Streben nach einem Mittelpunkte, oder, wie wir dieses Streben in der Beschreibung der Staatshaushaltung genannt haben, nach dem eigentlichen Gelde. Das Weltgeld nun, so gut als das Nationalgeld, zerfällt wiederum in zwei einander ewig bedingende Geldformen, in Kreditgeld und Sach- (oder Metall-) Geld.

Die Hauptschwierigkeit, welche die bisherigen staatswirtschaftlichen Theorien in den Materien des Wechselkurses und des Weltwertstandard, der sich in dem Kurse und in den Gold- und Silberpreisen offenbaren sollte, fanden — lag vornämlich darin, daß man überhaupt nur von Einer Form des Weltgeldes nämlich der sächlichen, der metallischen wissen wollte; ich habe das Pari des Wechselkurses selten anders definieren hören, als daß es die Äquivalenz des Gold- und Silbergehaltes und Gewichts in den metallischen Zirkulationen zweier verschiedener Länder sei; und doch hätte das Gewicht, welches in Welthandel auf die gemünzten Metalle im Verhältnis zu den Barren gelegt wird, schon darauf hindeuten sollen, daß die Kreditverhältnisse — man versteht mich, wenn ich sage die persönlichen Verhältnisse — der Staaten unter einander auf die Festsetzung dieses Pari eben so gut Einfluß haben, als die sächlichen metallischen.

In jeder Periode des Welthandels pflegt sich in dem Mittelpunkte der diesen Handel dirigierenden Staaten, und zwar geographisch in ihrer Mitte, eine Handelsstadt, eine Bank zu erheben, auf welche die gesamten Geldverhältnisse der umliegenden Staaten vorzugsweise bezogen werden. In früheren Zeiten waren Venedig und Genua solche Schwerpunkte des Völkerverkehrs; in den beiden letzten Jahrhunderten waren die Niederländischen und Deutschen Küsten der Nordsee, und zumal Amsterdam und Hamburg die dazu besonders geeigneten Stellen von Europa: auch Augsburg hatte vermöge seiner geographischen Lage einen ähnlichen Beruf. In den neuesten Zeiten hat Hamburg diese große Bestimmung zum Vorteil aller Nationen in bisher unbekannter Vollkommenheit erfüllt. Offenbar aber zerfiel das Geschäft von Hamburg in zwei durchaus verschiedene Funktionen; einerseits vermittelte es den Kredit, andererseits den Metallgeldverkehr der umliegenden Staaten. Die Wichtigkeit sowohl des Hamburger Wechsels, als des noch besonders zu unterscheidenden Bankgeldes von Hamburg für alle Nordischen, ja für alle Handelsstaaten, Großbritannien nicht ausgenommen, ist allgemein anerkannt und empfunden worden; und der gewaltige Einfluß der bloßen zentralen Lage Hamburgs, ohne alle Begleitung von äußerer politischen Massenkraft, ist der beste Beweis für das Dasein jenes zentripetalen Strebens in allen staatswirtschaftlichen Angelegenheiten, dessen gründliche Betrachtung von der Wissenschaft allzu lange versäumt worden ist. — Man kann sagen, daß, wenn es auch keine Sonne gäbe, so müsse sich bloß durch die Beziehungen der Planeten unter einander, da, wo jetzt die Sonne ist, ein zentraler Weltkörper bilden. Eben so mußte aus den Verhältnissen Englands, Frankreichs, Rußlands, Deutschlands die kommerzielle Macht Hamburgs hervor gehen.

Nichts aber kann der, unserer gegenwärtigen Darstellung zum Grunde gelegten Lehre von den Wechsel- oder Geschlechtsverhältnissen aller politischen Kräfte günstiger sein, als der Umstand, daß in dem neueren Europa solche Zentralpunkte des Gesamtverkehres, wenn man auf politische und militärische Massenkraft sieht, in einer gewissen äußeren Ohnmacht und Hülflosigkeit erschienen. Alle diese großmächtigen politischen Weltkörper bewegen sich um ein anscheinend schwaches, um ein gleichsam weibliches, welches bloß durch seine Art, durch sein Geschlecht, durch seine Stellung, durch sein Verhältnis und nicht durch seine Größe, die Wirksamkeit aller jener gewaltigen Mächte empfindlich beschränkt. Wie viel hat die Hamburger Kurszahl ausgerichtet, welche Unternehmungen gehemmt, wie oft ist sie Richtschnur der gesamten Finanzadministration mächtiger Staaten gewesen? und doch deutet diese Zahl keineswegs große Warenmassen, sondern nur Verhältnisse an. Es ist dieses eine Erfahrung, die man im Kleinen auf der Börse jedes Landes macht: die Zahl, welche der Kurstag ergibt, leitet gleichfalls ihren gebieterischen Einfluß keineswegs von der Masse der Geschäfte her; vielmehr einige wenige Geschäfte können bloß dadurch, daß sie an dieser Zentralstelle allen Verkehrs gemacht werden, das Schicksal der gesamten Finanzen und unzähliger anderer viel größeren Geschäfte, bloß deshalb, weil diese Letzteren nicht im Mittelpunkte gemacht werden, bestimmen.

Dieses große, und in so vielen Fällen furchtbare Geheimnis des Zentrums der Staatswirtschaft, hat schon manchen Staatswirt, der mit den gewöhnlichen ökonomischen Massen wohl zu hantieren wußte, zur Verzweiflung gebracht. Mit keinem Vorrate von Produkten, von edeln Metallen, oder andern berühmten Werten ist dagegen etwas Gründliches auszurichten. Das ganze Geheimnis aber liegt nur darin, daß man auf die unsichtbaren Bedürfnisse und Güter des Menschen keine Rücksicht nimmt. Man ahndet wohl eine Gewalt der öffentlichen Meinung, aber man sieht nicht die in dieser so genannten Meinung eingewickelte große Gewißheit und Unwidersprechlichkeit des akumulierten Kredits, hört nicht das in diesem scheinbar oberflächlichen zusammen geschwatzten Wesen verborgene unwiderlegliche Orakel. So, im Mittelpunkte aller Europäischen Macht, „ein Knecht der Knechte“ stand einst die geistliche Herrschaft, und aller irdische Kredit, durch natürliche Verwandtschaft, gruppierte sich darum her: und die geistliche Herrschaft mußte es empfinden, als der merkantilische Kredit sich von ihr losriß, und sein Zentrum von den Küsten des Mittelländischen Meeres an die Küsten der Nordsee hinüber getragen wurde. Hier, in seinem neuen Wohnsitz mußte der irdische Kredit notwendig ein religiöses Zentrum zu errichten streben: von dem Gelingen dieses Strebens hing seine eigene Dauer ab, und jetzt wissen wir, daß es nicht gelungen ist.

Diese Verwandtschaft, oder ohne Umstände, diese Unzertrennlichkeit, diese Identität des göttlichen und irdischen Kredits, welche sehr wohl empfunden wurde damals, als noch Markt und Kirche die Menschen gleichzeitig, und wie zu einem und demselben Zwecke zu versammeln Pflegte, gilt gegenwärtig für eine mystische Paradoxie einzelner Schwärmer: daher die unendliche Reihe von Absurditäten, die über Völkerrecht, Weltmarkt und Welthandel in dem letzt verflossenen merkantilischen und kosmopolitischen Jahrhundert vorgetragen worden sind; und so kann man sagen, daß die Welt aus Furcht vor dem Dunkel und dem Geheimnis — in das allerdickste Dunkel verfallen ist.

Wohlan also: Im Verkehr der Völker gilt es, eben so wie im inneren Staatsverkehr, die göttlichen Bedürfnisse um nichts weniger als die irdischen: sie streben nach einem Mittelpunkte, in welchem alle unsichtbare sowohl als sichtbare, alle persönliche sowohl als alle sächliche Kraft zusammen treffen muß, und den wir eben sowohl Weltkredit, als vollständig Deutsch, Weltglaube nennen können. Die höchste sächliche Kraft, nämlich die des edeln Metalls, und die höchste persönliche, nämlich die des Wortes, welche beide durch ihre Wechselwirkung der gesamten inneren Staatsorganisation Gesetz und Moral hergeben, treten in der Welthaushaltung noch reiner und noch gebieterischer ans Licht. Da nun die sächliche Hemisphäre des politischen Lebens in den letztverflossenen Jahrhunderten allein anerkannt worden ist, und die verkannte persönliche Hälfte der Welt ihr Dasein in diesem Zeiträume nur durch ungeheure Erschütterungen und Störungen jenes mechanischen Wesens zu erkennen geben konnte; so mußten die allein vergötterten Metalle, gegen die keine Hülfe war, als in den persönlichen Verhältnissen, und die nur durch die ganz entgegengesetzte Gewalt des Glaubens, den man verschmähte, in ihren Schranken erhalten werden konnten, eine tyrannische Botmäßigkeit auch über alle höheren Interessen der Menschheit ausüben. Daher die gefürchtete Gewalt eines so unsicheren, schwankenden, launischen Regenten, als des Marktpreises der edeln Metalle über die Zirkulation, den Handel, den Verkehr, die Finanzen aller Europäischen Völker.

Der Wertmaßstab der Welthaushaltung wäre also im natürlichen Zustande der Dinge eben sowohl, als der nationale Wertmaßstab aus einem metallischen Elemente, und einem Kredit-Elemente zusammengesetzt: er müßte eben sowohl die Richtung aller völkerökonomischen Werte nach dem Mittelpunkt der Welthaushaltung, als die metallische Größe dieser Werte messen. So lange noch Hamburg stand, drückte der dort notierte Kurs zu allen Haupthandelsplätzen der Welt auch wirklich vielmehr, als das bloße Verhältnis der respektiven metallischen Zirkulationen zu dem fixierten Bankgelde aus, obwohl das höhere Glaubensband der Völker mangelte, und also der Kurs und alle übrigen Anzeichen vom Stande des Völkerverkehrs, worauf bloß merkantilische und weltliche Ereignisse influieren konnten, dem Zufalle preis gegeben lieben.

Wenn nun im Laufe der letzten zwanzig Jahre eine Europäische Macht den Schwerpunkt des Welthandels, und also des äußeren Völkerverkehrs auf ihr Gebiet herüber gezogen hätte, und diese Macht zugleich in der oben beschriebenen Art ihre Kreditverfassung so ausgebildet, ihre Persönlichkeit so erhoben hätte, daß ihre Gesetzgebung, ihre Moral eins geworden wäre mit ihrer merkantilischen Verfassung, daß dort dasjenige, was in dem gemeinen Weltverkehr Kredit heißt, sich von dem weltumfassenden Wesen, welches in Deutschland Glauben heißt, kaum mehr unterscheiden ließe, so würde ein Kanon aller Haushaltung, sowohl der Welt als der Nationalökonomie vorhanden sein, und der Welthandel von daher vielmehr sein Gesetz empfangen. Wenn man nun den augenblicklichen hohen Goldpreis, oder den dermaligen ungünstigen Wechselkurs für ein Kennzeichen des Verfalls der Werte in solchem Lande halten wollte, so würde man damit nichts anderes behaupten, als daß der unvollständige Wertmaßstab, der bloße Größenmaßstab des zerrissenen, und seiner religiösen Garantie beraubten, also ganz zufälligen Weltmarktes über den Wertmaßstab einer vollständigen, durch und durch lebendigen und regelmäßigen Haushaltung entscheiden müßte, welches unmöglich ist.

Nach allem diesen ist nunmehr das Wesen des Wertmaßstabes klar; nicht gerade klar für die rohe greifende Hand, aber für das Gemüt des vollständigen Bürgers, Menschen und Staatsmanns. Die erste Frage bei aller Wertbestimmung ist, in welchem Verhältnis stehen Metall- und Kreditgeld unseres Landes, und mit ihnen alle persönlichen und sächlichen Verhältnisse: sind diese im Gleichgewichte, imsphärischen Gleichgewichte, dann kann schon keine bedeutende Disproportion der Werte Statt finden. Nun erst kommt um des auswärtigen Verkehrs Willen die andere Frage in Anregung: Welches ist die Größe der in Metall oder in Kredit ausgedrückten Einheit, womit die Größen der Werte gemessen werden? und in welcher Menge sind die, solche Einheit ausdrückenden Geldzeichen vorhanden? — daß die aus den letzteren Fragen sich ergebenden äußeren Zahlenverhältnisse, nur für den einen Wert haben, der sie durch eine lebendige Anschauung vom ganzen Staate, und durch eine bewegliche Rücksicht auf die inneren sphärischen oder geometrischen Verhältnisse der gesamten Nationalhaushaltung zu ergänzen weiß, glaube ich über allen Zweifel erhoben zu haben.

Der ganz vollständige, von puplic spirit erfüllte, seinem Vaterlande hingegebene Mensch, im Gegensatz des egoistischen Arbeiters bei Adam Smith, ist also der einzige genügende Maßstab des Wertes aller Güter im Umkreise dieses Vaterlandes: und wenn die öffentliche Meinung, ich möchte sagen, das innerste Fleisch der Realität des politischen Lebens ergriffen hat, wie meiner obigen Beschreibung nach die Banknote das Wesen des Geldes, und wie die Sachen überhaupt von der Persönlichkeit ergriffen werden sollen, dann sind Wechselkurs, Marktpreis des Goldes, und alle gemeinen Wertmesser des Marktes ungenügend und unbestimmt neben ihr.

Die Dauerhaftigkeit und Festigkeit der edeln Metalle ist bloßer Trug und Schein, wenn sie nicht von solcher öffentlicher Meinung, oder von solchem Nationalglauben erst recht befestigt und verewigt sind. Ist aber dieses der glückliche Fall dann ist die momentane Abwesenheit der Materie der edeln Metalle auch nichts weiter als ein Beweis ihrer Entbehrlichkeit, und dann ist das Problem ihrer Herbeischaffung für die augenblickliche Erleichterung auswärtiger Unternehmungen, auch nur eine Aufgabe für die gemeine und mechanische Politik.

Neuntes Kapitel
Vom Überfluß und vom Mangel des Geldes

Seitdem die Europäischen Staaten wider ihren Willen mit Papier-Zirkulationen überschwemmt worden sind, hat man an sehr vielen Stellen die Klage über die unverhältnismäßige Menge an Geldzeichen gehört, und da dieser Überfluß dem gemeinsten Verstande sehr nahe zusammen zu hängen schien mit der Depreciation der Geldzeichen, so war es wohl sehr natürlich, daß man alles Heil in die Verminderung derselben gesetzt hat. Wir haben indes schon in dem vorstehenden Kapitel einigen Verdacht gegen alle die Schlüsse erregt, die man aus der arithmetischen Summe dieser Geldzeichen in einem gegebenen Staate, sehr voreilig zu ziehen für gut findet. Wir haben ferner bereits früher der sonderbaren Erscheinung erwähnt, die in neueren Zeiten an sehr vielen Orten den Überfluß der Geldzeichen begleitet hat, nämlich des empfindlichsten Geldmangels, so daß also das auf der einen Seite durch den Überfluß depreciierte und ungebührlich wohlfeil gewordene Geld, auf der anderen Seite wieder teurer war, als je.

Es ist dieses eine alte nur etwas vergessene Bemerkung, die sich im gemeinen Leben und bei Erwägung der ökonomischen Angelegenheiten des Privatmannes, in manche sehr bekannte Formeln eingekleidet hat: je mehr der Mensch hat, je mehr will er haben, je mehr braucht er, je mehr fehlt ihm, oder: wer mit kleinen Summen hauszuhalten nicht versteht, der wird es mit großen Summen noch viel weniger vermögen; oder, im Gebiet des wissenschaftlichen Lebens: je mehr ich weiß, um so bestimmter erfahre ich, daß ich wenig weiß u.s.f. — Es wäre also nach dieser sehr natürlichen Analogie sehr wahrscheinlich, daß die großen Geldmassen in der

Staatshaushaltung nur dazu dienten, die Mängel dieser Staatshaushaltung noch viel fühlbarer, und die inneren Mißverhältnisse augenscheinlicher zu machen.

Wenn zum Beispiel ein Teil der Nation so gestellt wäre, daß ihm der Erwerb des Geldes besonders leicht, ein anderer Teil wieder, daß ihm dieser Erwerb besonders schwer fiele; wenn der Nährstand auf den besonderen Erwerb gerichtet, also beständiger Meister des Geldes, der Wehr- und Lehrstand hingegen auf die Sorge des Ganzen gerichtet, und dabei abhängig vom Gelde wäre, so könnten die vermehrten Massen des Geldes diesen organischen Fehler des Staates nur noch um vieles empfindlicher und gefährlicher machen. Es würde also, wie sich auch wirklich zeigt, das widersprechende Geschrei über Mangel und Überfluß des Geldes zugleich vernommen werden; und so könnten wir auch aus eben dieser widersprechenden Klage schließen, daß ein organischer Fehler vorhanden sei, dem durch eine bloße Vermehrung des mangelnden, oder durch eine bloße Verminderung des Überfließenden nicht abgeholfen werden könne.

Es kann Gefahr beim Verzuge sein, eine Verminderung, eine Reduktion notwendig, nachdem eine plötzliche und willkürliche Vermehrung vorgenommen: aber der wahre Arzt weiß, daß diese Aderlässe mit der eigentlichen Kur, welche die innerliche Organisation ergreifen muß, nichts zu tun haben.

Wo zu viel Geldzeichen vorhanden sind, da sind auch sicherlich zu gleicher Zeit wieder zu wenig, eben so, wie, wo zu viel Blut auch wieder Mangel des Bluts: das zu Viel und zu Wenig deutet auf Häufungen in einzelnen Organen, und auf Stockungen in Andern. Obgleich nun plötzliche und willkürliche Kreationen solcher Geldzeichen, diejenigen Gewerbe, Stände und

Organe, welche mit der Geldwirtschaft unmittelbar zu tun haben, zu überhäufen, die andern hingegen, welche nur mittelbar auf den Erwerb des Geldes gestellt sind, in relativen Mangel zu versetzen streben, und demnach beiderlei Organe in ihrer Einseitigkeit und Kränklichkeit zu bestärken dienen, so darf man dennoch nie hoffen, durch die bloße Einziehung der Geldzeichen diese organischen Fehler wieder zu heben: das verwöhnte und von der Harmonie des Ganzen abtrünnige Organ wird sich, so lange der Arzt nicht in die inneren Verhältnisse eingreift, so lange er nicht Art und Richtung dieser schädlichen Funktion zu verbessern weiß, im Überfluß zu erhalten wissen.

Gesetzt ein Papier habe für eine Zeitlang das Metall wirklich repräsentiert und ergänzt, darauf sei es durch unnatürliche Kreationen so vermehrt worden, daß derjenige Teil der Nation, welcher unmittelbar mit dem Gelde hantiert, der dabei alle Vorteile des Augenblicks benutzen kann, der also für den Wucher, im weitesten Sinne des Worts besonders geeignet ist, übermäßig begünstigt wäre, während der andere Teil der Gesellschaft, der mit dem Grundeigentum oder mit dem Staate selbst, als Zivil- oder Militärbeamter, wirtschaftet, alle diese Vorteile entbehren muß; gesetzt in Folge dieser unnatürlichen Begünstigung habe also das Geld einmal eine bestimmte Richtung nach der Seite des Wuchers hin erhalten, so mögen wir die Masse des Papiere vermindern wie wir wollen, das begünstigte Organ oder der Wucher wird das Vakuum unmittelbar zu erfüllen wissen; denn wir haben dieses Organ nicht bloß mit Blut überfüllt, sondern wir haben es auch, da das Geld einmal in der Wechselwirkung zwischen dem Einzelnen und dem Ganzen erzeugt wird, zur Bluterzeugung besonders fähig gemacht; oder wir mögen die Masse des baren Geldes vermehren, wie wir wollen, so wird es gleichsam magnetisch dorthin gezogen werden, wo einmal die größte Geldkraft etabliert ist; das Mißverhältnis wird nur größer werden durch alle diese mechanischen Operationen, alle anderen Organe werden mit dem begünstigten Organe nun erst recht in Kriegszustand geraten: alle anderweiten Lebenssäfte werden relativ mangeln; ein Gefühl der Unzulänglichkeit, des Entbehrens — und was ist die Steigerung aller Preise, die Teuerung aller Bedürfnisse und Lebensmittel in der Staatswirtschaft anders — wird den ganzen Körper ergreifen.

Wie nun die Klage über die unverhältnismäßige Menge der Geldzeichen immer andeutet, daß auch wieder ein Mangel an diesen Geldzeichen Statt findet, was sich schon in dem hohen Diskont der Wechsel äußert, welcher jenen Überfluß allezeit zu begleiten pflegt — so ist andererseits die Klage über die unverhältnismäßige Teuerung der Produkte und Lebensbedürfnisse, ein Zeichen des relativen Überflusses derselben: wären Geld und Produkte gleichförmig und verhältnismäßig verteilt nach Maßgabe des Bedürfnisses, so würden beiderlei Klagen nicht Statt finden: die verhältnismäßige Verteilung aber kann nur dauerhaft Statt finden, in wie fern alle Kräfte, die arbeitenden wie die bedürfenden sphärisch und harmonisch geordnet sind, das heißt: in wie fern alles Einzelne in gerechter Beziehung auf das Ganze oder auf den Mittelpunkt steht.

Wenn nun ein und derselbige Staatsbürger mit einem Atemzuge klagt: 1) über den Überfluß des Geldes, 2) über den Geldmangel, 3) über die Teuerung der Produkte, 4) über den Vorrach der Produkte und die Überfüllung des Marktes mit Waren — so leuchtet ein, daß in den Größen, in den Summen und Massen an sich der

Fehler nicht liegen könne, daß es einen tieferen Grund des Übels geben, daß nicht in den Sachen sondern in den Personen, nicht in der zirkulierenden Materie der Waren oder des Geldes, sondern in dem Organismus des Trägers dieser Materie, dem Grunde der unglücklichen Erscheinung nachgespürt werden müsse. So lange man ausschließend das arithmetische Verhältnis der Waren und Geldzeichen ins Auge faßt, und die Persönlichkeit derer, die sich zwischen diesen Verhältnissen mit Leichtigkeit bewegen sollen, derer, um derentwillen diese Verhältnisse überhaupt angeordnet werden sollen, das heißt: derer, welche die oben bezeichneten vier widersprechenden Klagen führen, vernachlässigt, so lange ist an keine Hülfe zu denken.

Was ist aber die Persönlichkeit dieser Träger der sächlichen Verhältnisse? was ist das eigentlich Persönliche und Wirkliche in aller Person? — Nichts anders als die Beziehung dieser Persönlichkeit auf die Person insonderheit, das heißt: auf den Staat. Neben den Sachen auf die Persönlichkeit Rücksicht zu nehmen, heißt also, neben den Einzelheiten der Dinge, die sich Addieren, Subtrahieren, Summenweis, Massenweis anschauen lassen, auf die Verhältnisse, auf die geometrischen sphärischen Verhältnisse zum Ganzen, auf die Lebensrichtungen aller dieser Dinge nach dem Mittelpunkte des Lebens hin Rücksicht nehmen; und dieses ist die große und doch so natürliche Kunst, welche unsere Theorie nicht minder als unsere Praxis verlernt hat.

Es ist die verderbliche Formel des absoluten Privateigentums und Privatlebens, oder der Vereinzelung und der Versächlichung aller Dinge, aller Verhältnisse, welche unserer Rettung zunächst und an allen Stellen im Wege steht.

Wir haben oben in der Darstellung der Kredit-

Zirkulation von Großbritannien darauf aufmerksam gemacht, daß die Banknoten in ihrer Funktion als Kreditgeld vollständig reagieren gegen die andere Funktion, welche sie als Repräsentanten des Metallgeldes verrichten. Dies ist in jeder natürlichen und geordneten Zirkulation der Fall: auch abgesehen von dem Vorrate der Waren, setzt sich im gesunden Zustande der Haushaltung das Geld in sich selbst, bloß durch das Gleichgewicht der beiden Funktionen die es verrichtet, oder der beiden Formen, unter denen es überall, wie ich erwiesen, notwendig erscheint, ins Gleichgewicht: als Kreditgeld stellt es eine Kraft dar, welche der andern Kraft, die es als Metallgeld darstellt, vollständig widerstrebt.

Alle gedenkbaren Geldgeschäfte reduzieren sich auf die zwei Hauptformen: die erste, da es für eine Sache hingegeben wird, die andere, da man eine persönliche Verpflichtung dafür empfängt; die erste nennen wir die sächliche, die zweite die Kredit-Funktion des Geldes. Da nun das Geld selbst in einer von den beiden Formen erscheinen muß, nämlich als Sachgeld, oder als Kreditgeld, so entstehen vier Hauptklassen der Geldgeschäfte, 1. der gemeine Kauf, da Sachgeld für eine Sache hingegeben wird, 2. der Kauf mit Kredit, da Kreditgeld für Sachen hingegeben wird, 3. die gemeine Anleihe und dergleichen, da Sachgeld für eine persönliche Verpflichtung hingegeben wird, 4. die Anleihe und dergleichen mit Kredit, da Kreditgeld für eine persönliche Verpflichtung hingegeben wird, zu welcher letzteren Gattung eigentlich das ganze Geschäft der Bank von England gehört.

In den bisherigen staatswirtschaftlichen Theorien wird entweder das gesamte Schuldenwesen oder Kreditgeschäft, als eine Anomalie von dem ordentlichen Gange der Ökonomie betrachtet, und vielmehr als notwendiges Übel, denn als wesentliches Glied aller Haushaltung behandelt, oder man statuiert doch nur solche persönliche Verpflichtungen, die auf bestimmte Sachen, Unterpfänder, Hypotheken u.s.f. basiert sind. Da nun der ganze Gesichtspunkt dieser Theorie von dem Begriffe des absoluten Privateigentums verrückt ist; da die Theorie des Geldes so wenig verstanden wird, daß man eigentlich nur mit dem sogenannten innerlichen Wert (intrinsical value) des Geldes, mit dem Wert des Geldes als Ware, als Privat-Äquivalent zu tun hat; da man nicht einsieht, daß das Streben nach dem Gelde nichts anderes ist, als das Streben, sein Privateigentum zum Staatseigentum zu erheben, oder durch die ganze bürgerliche Gesellschaft und ihre vereinigte Kraft zu garantieren — so stellt man die erste unter den hergezählten Klassen der Geldgeschäfte als die Regel auf, und alle anderen im Grunde nur als Anomalien von dem gemeinen Kauf, und dreht sich mit diesem ganzen vorgeblichen Systeme um die Theorie des Preises und des Marktes.

Darin aber lag die große Schwierigkeit, welche man bis jetzt überall in Erklärung des Geldumlaufes gefunden hat, daß man nämlich den sichtbaren Teil der Zirkulation ohne den unsichtbaren, den sächlichen Teil ohne den persönlichen, das handgreifliche Geld ohne das Kreditgeld, in dem System seiner Bewegung anschaulich machen wollte: man begann diese allerdings verwickelte Untersuchung mit demselben Vorurteil, wie alle staatswirtschaftlichen Untersuchungen überhaupt; nämlich damit, daß der gemeine Kauf für bares Geld die Regel unter den Geldgeschäften, dagegen alle andere Form und Anwendung des Geldes nur Ausnahme sei. Denken wir uns das Verhältnis des Menschen zur bürgerlichen Gesellschaft überhaupt, wie des Kaufmanns zu der Gesamtheit seiner Handelsfreunde, und lassen wir den Nebenmenschen, wie den einzelnen Korrespondenten des Kaufmanns, einstweilen aus der Betrachtung; nennen wir den gesamten Besitz, und die Arbeit des Menschen sein Kredit, und alles was er damit zu erreichen denkt, was er von der bürgerlichen Gesellschaft gewinnen will, fein Debet: was er begehrt und bedarf, kann nur die Gesellschaft gewähren, es ist also ihr Kredit, wie andererseits, was er besitzt und vermag, und womit er wieder seines Orts die Gesellschaft unterstützt, ihr Debet ist. Der Staat selbst ist die große Balance des gesamten Kredit und Debet; er ist zugleich das große Ausgleichende und Balancierende in diesem Verhältnisse, und überträgt bei weiterer Entwicklung einen Teil dieser erhabenen Funktion dem Metallgelde. So lang, nun der Markt noch ohne Metallgeld bestand, fiel es ganz deutlich in die Augen, daß diese Ausgleichung nicht in jedem Moment vollständig abgeschlossen werden konnte: in unzähligen einzelnen Fällen wurden Äquivalente gegen einander ausgetauscht oder balanciert, aber in eben so vielen andern Fällen verblieb es auf beiden Seiten bei einem Kredit. Wenn nun das Metallgeld eingeführt ist, so ändert sich im Wesen des großen Geschäftes nichts, nur daß das Resultat der einzelnen Ausgleichung noch bestimmter in die Augen fällt: das Metallgeld, welches der Einzelne empfangen hat, und das Kredit, welches ihm verbleibt, sind nunmehr bei der Abrechnung deutlicher zu unterscheiden.

Da er nun aber kein Bedenken tragen wird, bei einem Überschlage seines Vermögens Kredit und Kasse in eine Rubrik zu setzen, und aus der Summe beider seinen Aktivstand zu beurteilen; da also dieses Kredit notwendig und an allen Stellen das Metallgeld begleitet, so ist es klar, daß eine genügende Theorie der Zirkulation so lange unmöglich ist als das Metallgeld außer Begleitung und Wechselwirkung des Kredits gedacht wird; ferner, daß Metallgeld durch die sächlichen Verhältnisse, die einer Auseinandersetzung fällig, sind, die zentrifugale Kraft der Haushaltung repräsentiert, während andererseits das Kreditgeld in allen seinen Formen, da es die gesamten neuangeknüpften und unabgemachten persönlichen Verbindungen darstellt, als zentripetale Kraft dem Metallgelde entgegen wirkt; daß also endlich das Kreditgeld, in wie fern es nur seinen persönlichen Charakter behauptet, und nicht als ein Surrogat des Metallgeldes behandelt wird, notwendig mit dem Sachgelde im Gleichgewichte stehen müsse. Im Großen und auf die Dauer werden sich allenthalben die Auseinandersetzungsfähigkeit der Menschen, und ihre Verknüpfungsfähigkeit unter einander bedingen; je mehr die Gesellschaft sich sächlich auseinander zu setzen vermögen wird, um so innigere persönliche Verbindungen wird sie eingehen können, um so gewisser wird das Geld im zweiten Falle gerade um so viel in den Mittelpunkt der Gesellschaft zurück streben, als es im ersteren Falle aus der Gesellschaft heraus zu treten, aufgespeichert zu werden, Sache, Ware zu werden streben wird.

Wenn eine Regierung die Masse der umlaufenden Geldzeichen plötzlich, willkürlich und bedeutend vermehrt, so wird nicht bloß die Auseinandersetzungsfähigkeit der einzelnen Haushaltungen erhöht, sondern es entstehen ganz in demselben Verhältnisse auch neue Verknüpfungen und Verpflichtungen unter diesen Haushaltungen; mit andern Worten, die Regierung kann das Sachgeld nicht vermehren, ohne das Kreditgeld zu vermehren; es reagiert also unmittelbar eine persönliche Gegenkraft gegen den sächlichen Überfluß. Weil aber das Sachgeld nur willkürlich und von einer äußern

Macht gegeben ist, und nicht im Mittelpunkte der wirklich vorhandenen sächlichen Verhältnisse steht, so erhebt sich von der andern Seite ein eben so künstlicher und scheinbarer Privatkredit, der sich im Wucher und in der Agiotage vornehmlich äußern wird. Dieses große ökonomische Scheinleben wird die ganzen innern Verhältnisse der Haushaltung verderben; die Organisation des Staates selbst wird in Unordnung gebracht werden.

Aber nicht die Summe, nicht die Masse der Geldzeichen muß als die Ursache dieser Übel betrachtet werden, sondern es ist die Willkür in der Kreation der Geldzeichen. Der Staat hat an und für sich einen ganz unendlichen Kredit: wenn die Regierung in gleichem Maße das innere ökonomische Leben zu steigern, die Wechselwirkung aller ökonomischen Verhältnisse zu erhöhen versteht, so gibt es eigentlich keine Grenze für die Vermehrung der Geldzeichen. Aber indem sie diese ihre sächliche Kraft zu realisieren unternimmt, muß sie in demselben Maße auch ihren Kredit, ihre persönliche Kraft zu personalisieren verstehen, das heißt: da der ganze Staat, nämlich Volk und Regierung gemeinschaftlich in demselben Maße zunähme.

Eben so wenig als in der bloßen Fülle der Geldzeichen die Quelle des Übels gesucht werden darf, eben so wenig darf von der Verminderung derselben das Heil und die Rettung des Ganzen erwartet werden, wenn auch Fälle eintreten sollten, wo für die augenblickliche Erleichterung eine Verminderung ratsam sein sollte. Sie ist immer nur ratsam, in wie fern sie der Regierung Luft und Raum gibt, mit ganz anderer und tieferer Kunst die Organisation der Haushaltung selbst, und ihre inneren Verhältnisse anzugreifen und wieder herzustellen. Ohne diesen Vorbehalt, und unabhängig von dieser gründlichen Kur, wird das Übel eben durch die Verminderung erst recht unheilbar.

Der ganze Körper soll das Blut erzeugen, nicht aber soll ein einzelnes Organ für diese Bluterzeugung besonders eingerichtet und privilegiert werden. Die Regierung erzeugt also nur Geld, wirkliches Geld, in wie fern sie das Ganze, und alle seine Bedürfnisse, nicht aber etwa nur einen einseitigen Geldmangel, oder ein besonderes und augenblickliches Bedürfnis im Auge hat. Es sind aber einzelne Organe des Staats besonders empfänglich für die Aneignung der Geldzeichen, andern hingegen kommen die Wohltaten dieser Geldzeichen nur mittelbar zu Gute. Sobald die Regierung also die Geldzeichen mechanisch vermehrt, ohne in demselben Maße jene andern Organe, denen die Vorteile der Geldvermehrung nur indirekt zu gute kommen, zu stärken, ohne um so kräftiger und gerechter das Ganze zu umfassen, so überträgt sie im Grunde nur das Privilegium der Gelderzeugung, das sie im Namen des Ganzen ausübt, auf ein einzelnes Organ. Sollte sie nun die Geldzeichen eben so mechanisch vermindern, ohne zugleich eine Radikalkur zu unternehmen; sollte sie also ihr Privilegium der Gelderzeugung nicht bloß aufheben, sondern das bisher erzeugte Geld zurücknehmen, so gibt sie damit nur dem Privatkredit, das heißt, dem verwöhnten verderbten Privatkredit, oder dem Wucher die förmliche Befugnis in die Hände, die Lücken zu ergänzen, selbst Geldmarken zu machen, und somit seinen verderblichen und vernichtenden Einfluß auf das Ganze nun erst recht zu äußern.

Ich glaube hinreichend, vielleicht nur mit zu großer Umständlichkeit erwiesen zu haben, wie sehr die Vernachlässigung der ökonomischen Verhältnisse alle staatswirtschaftlichen Gesichtspunkte überhaupt verrückt habe, und wie völlig unwirksam alle kalkulatorischen Handgriffe an und für sich bei einem Geschäft sein müssen, welches unzählige Dinge umfaßt, die weder der Zahl noch irgend einer Berechnung zu unterwerfen sind. Der wahre Land- und Hauswirt, und der große Kaufmann haben dies zu allen Zeiten empfunden und ausgeübt, wenn sie sich davon auch nicht gerade wissenschaftliche Rechenschaft gegeben. Was aber in Privatverhältnissen dem Gefühl überlassen werden darf, muß in Staatsangelegenheiten zum Bewußtsein, zum Gesetz erhoben, und anerkannt werden, weil hier viele sich in Einem Gefühl vereinigen müssen, welches nur möglich ist, in wie fern es wirklich ausgesprochen wird.

In früheren Zeiten ist es wohl von vielen gemeinschaftlich empfunden worden, daß alle Werte und alle Wirksamkeiten im Staate nur mit Rücksicht auf das Heil des Ganzen, also mit Rücksicht auf ihre Richtung nach dem Mittelpunkte beurteilt werden könnten. Aber: un peuple, qui a perdu ses moeurs, sagt der Marquis de Bonald, en voulant se donner des loix écrites, s'est imposé la necessité de tout ecrire, et meme les moeurs. — Völker, welche das Gefühl des Ganzen und Öffentlichen verloren haben, indem sie römisches Gesetz, römisches Privateigentum und römischen Egoismus angenommen, können bei der Schrift- und Zahlbestimmung ihrer Privatverhältnisse nicht stehen bleiben. Das Ganze bleibt in seiner tiefsten Verwirrung noch immer mächtiger als alle Einzelnen zusammen genommen: was früher mit unsichtbarer Gewalt als Sitte, als Gefühl das Ganze verband, muß nunmehr ausgesprochen, abgeschrieben werden: reicht die Sprache nicht aus, so müssen die Urformen, das heißt: die Geometrie, zu Hülfe genommen werden.

Es wird überhaupt in allen andern Wissenschaften etwas Ähnliches geschehen müssen. Denn, wiewohl die

Sprache, in ihrer gerechten und vollkommenen Ausübung, wie man sich aus den Werken der großen Dichter aller Zeiten davon überzeugen kann, sowohl ein bezeichnendes als ein abbildendes, ein arithmetisches sowohl als ein geometrisches Element enthält, so hat doch die Barbarei unsrer sowohl, als aller andern Alexandrischen Zeiten, das Wesen der Wissenschaft in eine strenge Aussonderung des bezeichnenden oder arithmetischen Elementes der Sprache gesetzt. Dasjenige höchst Wesentliche, ja Heilige, welches die Poesie durch ihren Rhythmus, durch ihre Bilder, und durch den Wechsel ihrer Formen ausdrückt, glaubte man in der Wissenschaft nicht bloß entbehren zu können, sondern nicht dulden zu dürfen. Ja man räumte es der Poesie selbst nur als ein äußeres Beiwesen, als einen unwesentlichen Schmuck, als ein Gewand, als ein Mittel zur Verstärkung und Belebung ihrer Eindrücke ein. Wissenschaft war dasjenige, was ausschließend in Zeichen, in Zahlen, in Chiffern verkehrte: und nach dem Grade des Mangels alles bildenden Vermögens sollte die Strenge, die Exaktheit der Wissenschaft beurteilt werden. Wenn daher einige wenige größere Seelen für die Wissenschaft die künstlerische Form reklamiert haben, so haben sie damit etwas viel Höheres als die äußere Geschliffenheit oder die Eleganz des Gewandes, gemeint. Sie haben das zum Denken so gut als zum Dichten unentbehrliche bildende Vermögen zurück verlangt; und meine Elemente der Mathematik werden auf unüberwindliche Weise zeigen, daß die Geometrie der eigentliche Bürge dieser Vollständigkeit und Befriedigung der Wissenschaft sei.

Nachdem ich mich, so weit für jetzt über diese, in eben so tiefer Verderbnis befangene Wissenschaft der Geometrie ein Verständnis möglich war, ihrer bedient, so beschließe ich diesen ersten Abschnitt meiner Arbeit, indem ich diejenige ökonomische Verfassung, welche ihren innern Verhältnissen am treuesten geblieben ist, weil sie sich von der Tyrannei der Zahlen und der Buchstaben am entferntesten gehalten hat, in einer geometrischen Figur abbilde, die wahrscheinlich nach allem Vorausgeschickten keiner weiteren Erklärung bedürfen wird.

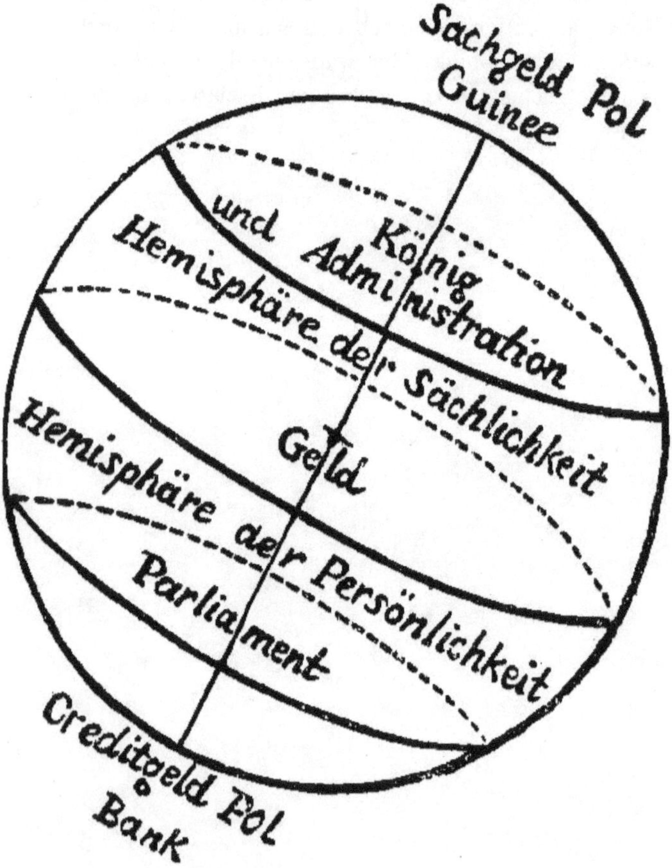
Sachgeld Pol
Guinee
und König
Administration
Hemisphäre der Sächlichkeit
Geld
Hemisphäre der Persönlichkeit
Parliament
Creditgeld Pol
Bank

www.ingramcontent.com/pod-product-compliance
Lightning Source LLC
La Vergne TN
LVHW102230300926
849160LV00006B/85